王钧林

1956 年生，山东莱阳人。曲阜师范大学孔子文化研究院特聘教授，尼山世界儒学中心孔子研究院特聘专家、尼山学者，山东师范大学齐鲁文化研究院教授，山东省泰山产业领军人才，山东省大舜文化研究会会长，中国孔子基金会理事、学术委员。1995 年破格晋升为教授；1996 年获国务院颁发"政府特殊津贴"。先后担任《齐鲁学刊》《海岱学刊》《孔子研究》主编，出版《中国儒学史》（先秦卷）、《门外说儒》等多部专著，发表学术论文数十篇。

尼山儒学文库
第一辑
总主编：杨朝明

儒学的知识、
思想与智慧

王钧林 著

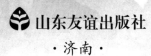
山东友谊出版社
·济南·

图书在版编目（CIP）数据

儒学的知识、思想与智慧 / 王钧林著 . -- 济南：
山东友谊出版社 , 2022.1
（尼山儒学文库 / 杨朝明总主编 . 第一辑）
ISBN 978-7-5516-2381-0

Ⅰ . ①儒… Ⅱ . ①王… Ⅲ . ①儒学—文集 Ⅳ .
① B222.05-53

中国版本图书馆 CIP 数据核字 (2021) 第 201791 号

儒学的知识、思想与智慧

RUXUE DE ZHISHI SIXIANG YU ZHIHUI

责任编辑：赵婷婷
装帧设计：刘一凡

主管单位：山东出版传媒股份有限公司
出版发行：山东友谊出版社
　　　　　地址：济南市英雄山路 189 号　邮政编码：250002
　　　　　电话：出版管理部（0531）82098756
　　　　　　　　发行综合部（0531）82705187
　　　　　网址：www.sdyouyi.com.cn
印　　刷：济南乾丰云印刷科技有限公司

开本：710 mm×1000 mm　1/16
印张：21.5　　　　　　　字数：330 千字
版次：2022 年 1 月第 1 版　印次：2022 年 1 月第 1 次印刷
定价：86.00 元

总 序

2013年11月26日，习近平总书记在考察孔子研究院时指出：世界儒学传播，中国要保持充分话语权；要"大力弘扬中国传统文化"，搞好"四个讲清楚"，要引导人们更加全面客观地认识历史的中国、当代的中国，使我国在东亚文化圈中居于主动。

多年来，孔子研究院牢记总书记嘱托，依托山东省泰山学者工程、济宁市尼山学者工程，全面开展儒学人才高地建设，重点引进了一批国内外著名儒学研究高端人才。他们齐聚孔子故里，围绕儒家思想的研究与阐发，深入思考"两创"时代课题，回应时代的重大关切；他们举办"春秋讲坛"、高端儒学会讲等学术活动，与新时代儒学研究发展同步；他们参加亚洲文明对话大会、尼山世界文明论坛、世界儒学大会等国内外重要学术会议，或登台演讲，或提交论文，在不同的舞台上发出了中华文化的时代强音，握牢了儒学研究领域的话语权；他们立足"原点"，开展儒学研究，提出了许多富有创新意义的学术观点，取得了一批具有时代高度的标志性成果，展现了当代儒学研究的前沿风貌。

尼山是儒学的发源地，也是中国传统文化的重要发祥地。就像孔子"元功济古，至道纳来"那样，尼山作为孔子出生地，同样具有极其重要的象征意义。她虽然"奇不过三山，高不过五岳"，但令人仰止。可以说，尼山是"一座震古烁今的文明之山"，是"一座弥高弥新的思想之山"，是"一座栖息心灵的精神之山"，是"一座弦歌不辍的教化之山"，是"一座光耀四海的智慧之山"。2019 年 8 月，山东省整合力量，正式成立尼山世界儒学中心，确立了打造世界儒学研究高地、儒学人才集聚和培养高地、儒学普及推广高地、儒学国际交流传播高地的发展目标，新时代世界儒学的发展将从尼山再出发。

为认真解答"四个讲清楚"的重大历史与现实课题，深入做好"两个结合"文章，全面加强儒学思想文化研究，及时有效地回顾、总结、前瞻，我们将孔子研究院部分特聘专家近年来具有代表性的学术论文、研究报告、访谈演讲文稿、著作摘录等予以汇总，结集为《尼山儒学文库》（第一辑）。这些专家中，有山东省特聘儒学大家、泰山学者特聘专家、泰山学者青年专家，也有济宁市尼山学者，整体上以中国学者为主，旁涉美国、韩国学者，可以说具有很强的代表性。

《尼山儒学文库》注重思想性、学术性、时代性、普及性的统一，强调学者的学术观点和学术贡献，既有宏观的儒学元典研究，也有微观的专题思考，有助于读者了解当代儒学研究领域代表性学者之所思所想，把握新时代儒学研究的发展方向，进而反躬自省，浸润于中华优秀传统文化。我们希望读者在品读本套书的过程中，能够体悟经典、了解儒家文明，感触中华文化的独特魅力。

是为序。

杨朝明

2021 年 8 月 16 日

目 录

儒家智慧

儒学与当今社会

儒家文化与儒家文明研究

儒学史研究

儒学教材的编纂与研究

儒家智慧

儒家智慧：当今儒学转型的初步构想

在传承和发展中华优秀传统文化方兴未艾之际，回首反思改革开放以来儒学研究的四十余年历程，一则可见儒学研究取得了重大进展与成就，二则可见儒学仍停留在学术殿堂，虽然前有辉后有光，亮象牙之塔，炫学人之目，却未曾见诸当今行事而深切著明。这不免引人遐思：儒学何以成了如今这般模样？儒学是义理之学，不知其义，不明其理，以其昏昏使人昭昭，如何其可！所以我们要沉潜于儒学的义理世界，一探究竟。沉潜既久，耽于义理，而忽略儒学的经世致用，这又不免导致一偏。如何纠偏？十几年来不少学人做出了种种努力，比如，从学理上研讨儒学的现代价值及应用，在实践上推动儒学走进社区、街道、乡村。这些努力虽见成效，却并非彰明较著，尽如人意。究其原因，不是努力不够，而是思路有问题：我们长期习惯于从传统儒学宝库中寻觅一些有价值的思想、理论、方法以供研讨，而没有意识到当今儒学有一个从儒家思想向儒家智慧转型的大问题。这或许才是当今儒学致知与致用不能兼得的根本原因所在。

　　儒学包括儒家思想和儒家智慧。四十余年来，学人研讨儒学时多论儒家思想而罕言儒家智慧。这一多一少说明了什么？无人追问。儒家思想与儒家智慧有何分别？人们未遑察觉。

　　其实，思想与智慧各有各的定义、内涵与边界。思想有两义，一是动词义，指"现在进行时"的思与想，相当于英语中的 thinking，与思维、思考、思虑、思索相近；二是名词义，指"过去完成时"的思与想，相当于英语中的 thought。应予注意的是，当思想为名词的时候，无论是指哪个学派或个人的思想，还是指某一领域或方面的思想，都不是一些思与想的碎片，而是有条理、有系统的思想构造，呈现为某种思想体系。智慧是一种人类能够获得的最高级别的认识能力，它由多种认识要素融合而成，其中包括了三大功能：一是认知、辨识、判断的功能，二是学习、理解、思考的功能，三是直觉、洞察、领悟的功能。智慧的认知、思考、直觉的功能与一般的认识并无本质的区别，只是智慧能够把这些功能推向极致而已。

　　就儒学而言，儒家思想与儒家智慧本来是一体的，二者的分别犹如知与知识、思与思想。儒家思想是儒家智慧的结晶或"产品"。儒家智慧在其所识所思所想的层面上的一切"产出"，一旦形成为思想、理论、学说、主义，不妨说是条理化、凝固化的儒家智慧，换言之，是"过去完成时"的儒家智慧。儒家智慧"产出"儒家思想的一般路径是，在某一时间节点上，站在儒家立场，用儒学眼光发现问题，用儒家智慧分析和解决问题，从而形成一系列的看法、意见、观点、设想、方案、理论，等等，然后按照问题自身的逻辑结构打造成儒家思想。另一比较罕见的路径是，站在儒家立场，运用儒家智慧直接面对某一问题，困心衡虑，左支右绌，陷入长期困扰而不得其解，一旦灵感闪现，以顿悟的形式获得突破，就会创立新的理念、新的学说。在这两种路径中，儒家立场的认定与坚守特别重要，它以必不可少的前提条件一以贯之于儒家思想与儒家智慧，是我们辨别一种思想和智慧何以是儒学的基本标识。

一个时代的儒家思想有始有终，当其终结的时候，就会变成下一个时代的"精神遗产"，从而与该时代的儒家智慧同时并存。这时，儒家思想作为"精神遗产"，其承载者从人变成了文献，存在于故纸堆中，失去了活力和灵魂；它之所以还有价值，一方面它向世人提供了现成的儒家立场、原则和核心价值观，另一方面它是上一个时代儒家智慧的结晶，人们总是能够找到恰当的方式方法从中获取智慧的因子，以充实于同时代的儒家智慧之中。与儒家思想比较而言，儒家智慧的承载者是人不是文献，它永远存在于人们的精神活动中，充满了活力；它不是一成不变的，而是永远处于不断充实、提升的过程之中。儒家智慧不愿意面对历史世界，当其不得不面对的时候，它能够发现昔日成功的经验与奥秘；儒家智慧更喜欢置身于现实世界，当其生于斯世的时候，它总是千方百计地将现实世界建设得更加合乎人性和适宜人的发展；儒家智慧偶尔也向往未来的理想世界，当其"适彼乐土"的时候，它描绘出了"小康""大同"的美好社会蓝图。

每一时代的儒者群体主要不是运用文献中的儒家思想而是运用他们头脑中的儒家智慧来认识世界和改造世界。

时空转换至当下，我们需要儒家思想，因为儒家思想能够向我们提供两千多年中华民族修己安人、治国理政的历史经验与传统智慧；与此同时，我们更需要"转识成智"，将儒家思想转换成为儒家智慧，以充实和增强我们应对时代挑战和推动社会发展的能力。

二、儒学的分期、形态及其转型

以形态学的视角审视儒学过去、现在、未来的发展，似乎可以构建一种

"宏大叙事"式的儒学形态分类及其历史分期。①概括地说,儒学在三个时间维度——过去、现在、未来,各有其独立存在的形态。过去有儒学的私学和官学形态,这两种形态就其共有的主体性而言,都是体用不二,有其体亦有其用,即存有即活动,形式上可以两分,实质上可以归为一类;与现在对应的是儒学的思想遗产形态,它丧失了其主体性,体用两分,有其体无其用,即存有不活动,处于死寂状态;未来将是儒学的智慧形态,儒学必将重获其慧命,在更高的发展水平上重新返回其即存有即活动的生命状态。

儒学约于公元前六世纪末、五世纪初由孔子创立,以私学形态问世。所谓私学,是与官学相对应,指儒家在民间自发形成、自由讲学、自主创造时期的学问、思想与智慧。儒学的私学形态终结于公元前二世纪前期汉武帝确立"罢黜百家,独尊儒术"的国策后,这是儒学发展第一期的终点,又是第二期的起点。儒学由私学转变为官学,上升为主流意识形态,成为修身、齐家、治国、平天下的日用智慧和指导思想。儒学的官学形态维持长达两千余年,是儒学稳固、繁荣的发展期,而且还滋生出次一级的儒学形态,如两汉的经学、宋代的道学、明代的心学等。需要说明的是,无论处于私学形态还是官学形态,儒学都是活的,有生命力的,人们以其存在于头脑中的儒家智慧应对日常生活,思考宇宙人生,而以其存在于文献中的儒家思想不断输入、充

① 拙文草就后,就正于杨春梅教授,她提出两点质疑:一、儒学的四种形态——私学、官学、思想遗产、智慧命名方式不统一,前两者是着眼于儒学与社会和国家的关系,后两者是着眼于儒学的主体性,亦即儒学的思想遗产形态丧失了其主体性,只存有不活动,儒学的智慧形态恢复了其主体性,即存有即活动。二、儒学第三期,即儒学的思想遗产形态,不能视为一种独立存在的形态,只能看作是一种过渡性的形态。杨春梅教授的"术业"不是专攻儒学,而有如此敏锐犀利的眼光,令人佩服。关于第一点,我有过考虑,求其统一很难,于是各随其方便拈一名词予以命名。关于第二点,我的基本看法是,现在的时间维度与儒学现存的思想遗产形态相对应。尽管儒学的思想遗产形态存在时间仅仅百年左右,但它具有鲜明的特征:丧失其主体性,有体无用,即存有不活动,以及它属于历史,不属于现在,等等,似乎可以视其为独立存在的形态。儒学的思想遗产形态是现代中国社会的产物,它能够持续多长时间,还是未知数。感谢杨春梅教授,我已根据她的看法和意见做了相应的补充说明。

实、转化、提升儒家智慧。儒学的官学形态终结于1912年中华民国建立，其后，儒学进入思想遗产形态。[1] 这是儒学发展的第三期。所谓思想遗产形态，是指儒学失去了官学地位，沦落为失去了生命力的精神遗产，并且随着时代的变迁而浮沉，有时被贬为历史的包袱、垃圾，有时被誉为思想的宝库。从民国初年以迄于今，儒学一直以这种思想遗产形态存在于世。儒学的私学、官学、思想遗产三种形态依次连接，每一种形态都是一个相对独立存在的"单位"，自有其内在的结构和相应的功能。而这三种形态正好对应儒学发展的三个时期，[2] 自然成为儒学历史分期的基本依据。

儒学三种形态之间的转换，都是由重大的历史转折所促成的。儒学由私学形态向官学形态的转换，是为适应几百年的乱世转向治世，以及"秦制"新秩序确立的时代需要，这次转换导致儒学的地位跳跃式升级：由邹鲁地区的地方性思想体系一跃而成为当时居主流地位的、具有普遍指导意义的思想体系。儒学由官学形态向思想遗产形态的转换，是共和制取代帝制的政治运动和新文化运动联手促成的，这次转换导致儒学的地位断崖式下滑：由高居庙堂之上的官学突然坠地，沦落为旧文化的堡垒而遭受攻击批判。其后，借20世纪80年代思想解放的春风，一阳来复，渐次变逆境为顺境，近年尤渐入佳境。

---

[1] 事实上并非如此泾渭分明。我在《儒家文化的边缘化，1905—1919》（载《孔子研究》2009年第6期）一文中做了分析，指出20世纪初三大事件导致儒学从其独尊地位跌落下去，逐渐边缘化。这三大事件分别是：(1)1905年废除科举，儒学脱离教育与人才选拔体制；(2)1912年中华民国建立，宣示以民主共和思想为主导，儒学不再享有治国理政指导思想的地位；(3)1919年"五四"新文化运动，以反礼教和"打倒孔家店"的形式给予儒学最后一击。这三次事件前后不过十五年，却彻底终结了儒学的官学形态，结束了儒学第二期的历史。

[2] 现代新儒家有一个儒学发展的三期说，认为周秦儒学为第一期，宋明儒学为第二期，现代新儒学为第三期。这一说法是着眼于儒家心性哲学而提出的，其完全无视汉唐经学的存在，多少令人不解。视域转换，着眼于形态学而划分出儒学的三种形态，每一形态自成其一个独立的发展期，从而提出新分期说，这只是一个尝试。不同的分期说，可以并存而争鸣。

应该看到，即使处于佳境，儒学仍然没有摆脱"传统"的樊篱；即使冠以"优秀"二字，传统也仍然是传统，是从过去的时代传承或延续下来的，而不是从当今的社会实践中产生的。因此，如同美国学者列文森（Joseph R. Levenson，1920—1969）所说，思想遗产形态的儒学已经被"博物馆化"了，变成了类似于博物馆内的陈列品，它只属于历史，不属于当今。这是儒学在当今社会被边缘化的重要原因。尽管近年来不少有识之士致力于将儒学从其思想遗产形态中拯救出来，起衰振瘵，赋予其思想资源的名号，以为当今社会取精用宏。然而，思想遗产与思想资源并无多少实质性的差别，两者都有待加工，未经加工不可直接应用。在当今"儒学热"持续升温的情势之下，人们不愿意再看到儒学被当作思想遗产而束之高阁，而是希望儒学回归社会，参与实践，指导生活，解决当今中国社会发展所面临的诸多问题。时代的要求与呼唤决定了儒学的思想遗产形态是短命的，不能维持长久，它必须迅速地化茧成蝶，完成形态的转变，从儒家思想转变为儒家智慧。

儒家智慧是未来儒学可能的存在形态，这里所用"可能"二字，无非是表明，儒学未来的形态转换并非直线式、决定论式的，而是面临多种路径①，端看我们如何选择。

审中华文化复兴之时，度人类主流文明发展之势，我们应有的选择是：

推动儒学重返古代那种自由讲学、自由争鸣的大讲坛；

祖述孔颜曾孟，以为本土根柢；宪章四书五经，以为价值导向；②

开拓万古心胸，兼取世界各国之长，融会贯通，创新发展；

不追求儒学一家独尊，而要与各家各派的思想并行不悖，相互取长补短，

---

① 近二三十年，不少学人认为儒学未来的路径选择应是儒学的宗教化，并提出了一些建立儒教或孔教的设想。20世纪初我国已经有过大规模的儒学宗教化的试验，不幸失败；如今再次提出这一试验，恐难望其成。

② 祖述、宪章云云，是指返回儒家元典，注重儒家圣贤奠定的中华文化的精神根柢与价值导向。此价值导向以"五常"仁、义、礼、智、信为基本内容，当然，时至今日，"五常"已不敷用，还要再辅以自由、平等、民主、法治等社会主义核心价值观。

共谋和合发展；

不攀附，不夤缘，坚持独立之精神，自由之思想；

不奢望儒家智慧包办一切，要在多元文化并存互鉴的大背景下，坚持以我为主，为我所用，用儒家智慧甄别、选择中外一切有用的知识、思想和智慧，以求切实有效地解决应该解决的问题；

不故步自封，不墨守成规，而是与时俱进，不断充实、丰富、创新、发展儒家智慧，务使儒家智慧之光照亮现在和未来之路。

这些选择可望又可及，如果我们做出了这些选择，毫无疑问，我们将有幸预见一次即将发生的儒学转型，有幸迎来一个儒学的智慧形态。第一期儒学的生命，沐浴着自由的阳光，有着充沛的、旺盛的生命力和创造力。第二期儒学的生命，虽然依附于体制，牺牲了部分的独立和自由，但也从体制中获得了源源不断的支持，所以能够长盛不衰。只有第三期儒学不幸变为思想遗产，失去了生命。生死两途哪堪问，谁怜儒学变游魂。儒学是近两千五百年中国精神文化的主干，儒学命脉中断意味着什么，我们应该很清楚。如今，我们应该有"救亡"意识，力求激活儒学，接续儒学命脉，而从第三期儒学的思想遗产形态转换出儒学的智慧形态无疑是正确的选择。这是当今儒学发展的应有之势。我们顺势引领儒学走上第四期转型之路，是合乎时宜的明智之举。走上转型之路，并不意味着转型必然成功。要保障转型成功，我们还需要做一些"明体达用""转识成智"的工夫。

三、转识成智：路径与方法

儒学的第四期转型，是儒家思想[①]向儒家智慧的转型。我们有理由相信，当今儒学是否能够及时而成功地转型，一是在于我们是否对儒学的当下处境拥有清醒的认识，是否有促成当今儒学转型的觉醒意识；二是在于我们是否能够设计出儒学第四期转型的正确路径。我们固然对儒学转型成功持乐观态度，但也应该有功成不必在我、不必在当今的预料。或许儒学第四期转型不

---

① 这里及下文所说的儒家思想，指儒家的思想遗产，即儒学第三期的存在形态。

会发生在当今，而是在未来某个时间节点。

从20世纪20年代现代新儒家提出的"老树发新芽"及20世纪50年代阐述的"返本开新"，到近二三十年来我国思想界、学术界倡导的综合创新、儒学现代化、传承与创新等，基本上形成了一个大体一致的思路：儒学在当今的发展重在延续其学理命脉，然后在此基础上吸收和消化已有的新知新学，培养或开发出适应新时代的新儒学。这一思路得以成立的前提在于，认识到传统儒学和现代儒学是一脉相承的，连接二者之间的桥梁是传承与创新；经由传承和创新，传统儒学就能转化为现代儒学。由于当今儒学陷入了创新的焦虑之中，而创新之难，难于上青天，这导致儒学在当今的发展实际上偏重传承一途。"儒学热"持续升温，固然营造出了儒学复兴的繁荣景象，却也难掩其创造性转化、创新性发展一直乏力的事实。这不能不令人深思，问题究竟出在哪里？

须知，传统儒学与现代儒学的根本区别不在于学理，而在于生死，在于形态各异。在传统社会，儒学是活的，存在于百姓日常生活之中、国家政治生活之中。人们崇奉儒学，是因为儒学有其可用的价值；人们运用儒学，是因为儒学有解决问题的智慧。所以，尽管每一时代都有以往各个时代层累堆积的儒家思想，而人们却是"弱水三千，只取一瓢饮"，单取儒家智慧而用之：所知是儒家智慧之知，所识是儒家智慧之识，所思是儒家智慧之思，所想是儒家智慧之想；知识、思想全部包涵于儒家智慧之中。而到了现代社会，儒学是死的，它变成了思想遗产，被搁置于我们打造的思想宝库之中，几乎退出了现代社会生活。人们或有儒学之知，却不见知而后行，知与行严重脱节。通过这个简单的梳理与区分，我们就可以确认：当今儒学发展的根本问题在于转型和变法，即转儒学的思想形态为智慧形态，变儒学的思想之法为智慧之法。不转型，不足以激活儒学；不变法，不足以应用儒学。这是我们今天应有的觉醒意识。

认识到当今儒学转型是一回事，如何实现当今儒学转型又是另一回事。

儒学第四期转型从其思想形态转变为智慧形态，一个可供借鉴、选择的路径是"转识成智"。

"转识成智"是佛教唯识宗提出的，冯契（1915—1995）曾经用来探讨知识转化为智慧的路径与机理，[①] 这是一个有益的启示。"转识成智"对于当今儒学转型同样适用，不过，我们可以照搬"转识成智"的形式，却不可以照抄"识"与"智"这两个概念的内涵，而是要做出一些相应的改造和界定。"识"在这里指儒家已有的知识和思想；"智"指儒家智慧，既包括了能够认识和把握"性与天道"的超越性智慧，又指在社会实践中能够发现、分析、解决问题的日用智慧。所谓"转识成智"，简单地说，就是化儒家思想为儒家智慧，以切实解决儒学知行合一的问题。

如何"转识成智"？是平转还是跃升？唯识宗和冯契不约而同，都把智慧视为一种超越性的认识能力；一旦拥有了智慧，唯识宗认为可以成佛，冯契认为可以达到认识事物本质的境界，所以两者都把"转识成智"视为从"识"到"智"的飞跃上升。然而，在我们这里，"转识成智"作为当今儒学转型的路径选择，主要是平转，即在同一平等的层面上实现儒家思想向儒家智慧的转化。儒学"转识成智"的目的，也不是为了实现什么高远的理想目标，而只是为了激活儒学，化思想为智慧，改变儒学在当今有其体无其用的存在状况。

当今儒学的"转识成智"，首先要紧扣儒学的生死关，来一个起死回生之转。前面已经揭示，儒家思想与儒家智慧两者的形态差异，其实是生与死的差异。儒家智慧拥有天然的生命力，是即存有即活动，一如人的生存与人的生命活动同时并存一样；儒家思想则不然，当其作为精神遗产存放在学术殿堂而未能走向社会实践之时，它有其体而无其用，无其用说明其不活动，不

---

① 冯契是20世纪对知识与智慧有觉醒意识的中国哲学家。他创立的智慧学，指明知识只有转化为智慧才能提升生命境界；他敏锐地发现了知识通向智慧的路径，并借用佛教唯识宗的"转识成智"做了多方面的揭示、论证和说明。参见冯契"智慧说三篇"，载《冯契文集》（第一、二、三卷），华东师范大学出版社1996年版。

活动说明其处于死寂状态。处于死寂状态的儒家思想自然转化不出儒家智慧。因此，所谓"转识成智"，一大关键是启动儒学之用，这是激活儒学的不二法门。激活儒学，促成儒学起死回生，恢复其原有的生命力，是儒学"转识成智"的第一工夫。

启用儒学，激活儒学，推动儒学从学术殿堂走向社会，走向百姓日用，这并不意味着从儒学的"源头活水"那里会自然而然地流淌出儒家智慧。儒学"转识成智"还需要另外的转而成之的工夫。

一方面，在儒学宝库中有一些不证自明的思想观念，如良知，可运用"直转"的易简工夫。在从孟子到王阳明的时代，良知的要义之一是智慧，是拥有通贯天人、洞察物我的高超的认识能力。王阳明（1472—1529）创立"致良知"的学说，突出强调一个"致"字。"致"是发现，是求得，是一番"知"的工夫；发现、求得之后，"致"是一番"知行合一"的工夫。"致良知"启迪人们必须固守良知，必须将良知置于事事物物之上，用于发现真、善、美，用于指导为人处世的生活实践。而到了现代社会，良知却变成了被一系列思想、理论、学说层层包裹的观念，人们高谈良知，因为良知是一个话题，却不谈论如何在日常生活中应用良知。在此情形下，良知的"转识成智"，其枢纽在于我们对于良知是智慧有无真正的醒悟意识。此醒悟意识不是从纸上得来，而是从躬行实践中得来。有之，直认良知是智慧，将良知贯彻应用于日常生活之中，则良知的"转识成智"是直捷简易的；无之，良知是智慧的要义将永远处在晦盲之中，良知的"转识成智"也就无从谈起。

另一方面，在儒学宝库中，像良知这样可以直接转成智慧的思想资源比较珍贵而稀少，大量的儒家思想资源还需要我们做一些"曲成"的工夫。"曲成"的工夫概念来源于《易传·系辞上》"曲成万物而不遗"一语。在这里，"曲成"与"直转"相对应，是指经由迂回曲折的路径和方式完成儒学"转识成智"的事业。儒家思想和儒家智慧本来是一体的，儒家思想是儒家智慧的结晶，自然蕴含着儒家智慧。我们可以从儒家思想资源中提炼出我们这个时代所需要的儒家智慧。提炼需要观察、取样、分析、组合等多个环节的加工过程。其中，观察的环节是将古今所有的儒家思想资源都置于我们的视野之内，取样的环节是精选优质的思想板块，分析的环节是将选取的思想板块分解成若干不同的要素，组合的环节是将这些不同的要素按认识的原理与结构组装起来，使其成为智慧的产品。儒学的"转识成智"必须经过这么一套循序渐进的提炼的"工艺"，才有可能获得成功。

　　无论"直转"的儒家智慧还是"曲成"的儒家智慧，全部来自传统儒学的创造性转化，"转识成智"不过是创造性转化的一种具体的形式而已。传统的儒家智慧有其巨大的成功，亦有其先天的不足。以儒家擅长的治国、平天下而论，传统的儒家政治智慧不但塑造了令周边国家和民族仰慕不已的礼义之邦，而且还提出和阐明了中国人迄今仍然向往的"小康""大同"的社会理想，这是传统的儒家政治智慧取得成功的一面。与此相对应的是有缺陷一面，众所周知，传统的儒家政治智慧已经创立了本来可与民主相通的民本思想，可是，令人百思不得其解的是，本来可通，竟然历两三千年不得其通，不通的要害不在民有，不在民享，而在民治。现代新儒家的奠基人之一梁漱溟（1893—1988）对此感慨发问："在中国虽政治上民有民享之义，早见发挥，而二三千年卒不见民治之制度。岂止制度未立，试问谁曾设想及此？三点本相联，那两点从孟子到黄梨洲可云发挥甚至，而此一点竟为数千年设想所不及，讵非怪事？"[1] 不知民治之义，这无论如何都是传统的儒家政治智慧的短板。仅此一例，可知经由"转识成智"而来的、本质上仍然属于传统的儒家智慧亟须"他山之石"的补足。取人之长，补己之短，是为了达到自身的自足圆满，这可使儒家智慧能够应对复杂多变的现代社会。然而，仅仅求得一个自足圆满仍然不够，儒家智慧更需要一个创新发展的改造与提升。如果说"转识成智"是儒家思想向儒家智慧的创造性转化，那么，接下来就应该是儒家智慧的创新性发展。这是比"转识成智"更复杂更艰巨的理论挑战。牟宗三

---

[1] 梁漱溟：《中国文化要义》，见中国文化书院学术委员会编：《梁漱溟全集》第3卷，山东人民出版社1990年版，第252页。

（1909—1995）早已捷足先登，创立了良知坎陷说^①，实现了良知在当今的创新性发展，我们为什么不一思为之？

当今及未来儒学的复兴，如果不以儒学转型为契机，而继续在其思想遗产的形态上制造繁荣，实现量的扩张，那么，仍没有多少实质性的意义。我们必须认识到儒学转型的契机已经到来，抓住这个契机，经由"转识成智"实现儒家思想向儒家智慧的转型，使儒学由此不但复活而且复兴，重新获得其应有的慧命，才是正确的儒学复兴之路。儒学以其智慧的形态走向复兴后，需再谋创新，突破已有的认知和思维范式，创立与时代和社会的发展相适应的新的认知和思维范式，促使儒家智慧不断更新提升，成为堪与当今和未来其他先进民族的智慧媲美的中国智慧，指导我们的实践，引领我们的脚步，实现我们的梦想。

（本文原载《齐鲁学刊》2019 年第 6 期）

---

① 牟宗三的良知坎陷说被誉为有原创性，其要义是，认为良知在德性的层面自足圆满，而在见闻认知的层面有所不足。原因在于良知是主客一体，这就需要良知自觉地后退一步，分离出客体，形成主客二分对列的认知格局，以便良知能够认识客观事物，开出科学与民主的客观知识。这应该算作在认识论领域对良知的创新性发展。

中华民族治国理政的历史经验与传统智慧

——王钧林先生访谈录

一、政道与治道

武卫华(以下简称武):钧林兄,你我都是干编辑出身,你还是我的前任,这次访谈我们直奔主题。我认真读过《习近平谈治国理政》,感觉总书记谈得很全面,很透彻,执政思路很清晰。总书记反复强调要大力弘扬中华优秀传统文化,2014年10月13日,中共中央政治局还专门就如何借鉴我国历史上治国理政的经验和智慧进行了一次集体学习。看到这些,我们就明白了:总书记谈的治国理政,与中国历史上治国理政的实践、经验、智慧,有着一脉相承的联系。我们的历史学者、儒学专家有必要认真研究中国几千年治国理政的经验与智慧啊。

王钧林(以下简称王):卫华兄的眼光很敏锐,一眼就看出了古今治国理政的内在关联,也一眼就看出了学术研究应走向经世致用的迫切需要。但是,要打通古今,打磨出一面古代治国理政的镜子,似乎还有一些困难。原因在于,以往我们偏重研究中国古代政治思想、政治制度等,很少将治国理政单独拿出来做专门的研究。

武：政治思想、政治制度不就是治国理政的内容吗？

王：政治思想与政治制度包括在治国理政之中。政治制度是治国理政借以运行的组织系统；政治思想涉及的面宽泛一些，它的一个研究方向是政治的基本原理，比如，孙中山将政治区分为政权与治权，现代新儒家的牟宗三又进一步将政治区分为政道与治道。治国理政属于治道、治权的范畴。

武：原来牟宗三的政道与治道的区分，是与孙中山的政权与治权的区分一脉相承而来的。治国理政就算作治道、治权范畴，也不能说与政道、政权没有关系吧？治国理政有一个前提，即政权的合法性。一个政权如果没有合法性，又怎能治国理政？

王：我这里借用孙中山、牟宗三的说法，是为了给我们的讨论划出一个界限，治国理政更多的属于治道而不属于政道，我们应该在治道的层面上讨论治国理政问题。我承认政道与治道关系密切：政道提供一个政权的合法性基础以及安排社会秩序的基本原理，治道是在政权合法性基础之上，维护社会正常运转的治理系统。从这个意义上说，政道是第一义，治道是第二义，没有第一义，何来第二义？治国理政就是第二义层面上的问题。政权与治权也同样如此。孙中山明确指出：政权是指国家主权，主权在民。从这个意义上说，政权也就是民权。我国《宪法》规定国家一切权力属于人民，说的就是政权问题。治权是指国家治理权，《宪法》规定：人民行使国家权力的机关是全国人民代表大会和地方各级人民代表大会。这是治权。治国理政就属于治权的范畴。

武：做这样明晰的划分，不是笼统地谈问题，很有意义。

王：牟宗三还有一个观点，认为中国传统政治在政道方面比较薄弱，在治道方面很发达。我不同意这一说法。说政道弱，梳理一下中国历朝历代各个政权如何论证其合法性，再看看古代思想家和政治家如何论证人道效法天道以安排人世间秩序，就知道在中国传统政治中，政道是何等的充实而有光辉！说治道强，古人知道天下不是一人的天下，是天下人共有的天下；天下人拥有天下的所有权，理应也拥有天下的经营权和管理权。唐代的柳宗元曾经打了个比喻，如果把天下比作一个店铺，谁拥有这个店铺，谁就拥有这个店铺的经营权。那么，谁拥有天下这个店铺？天下人！可是，天下人却不知如何经营、管理这个店铺，于是出资雇佣了一些伙计。这些伙计不务正业，结帮拉伙，贪污腐败，不搞垮这个店铺不罢休。聪明睿智的柳宗元看出了问题所在，也知道应该及时赶走那些搞腐败的伙计们，然而，换了一拨又一拨的人，沉疴没有根除，旧病还会复发。柳宗元始终没有想出一个店铺老板直接经营店铺的办法。店铺老板是天下人，天下人如何经营这个店铺？换言之，天下人如何治天下？民治如何实现？柳宗元想象不出。所以，梁漱溟谈到孙中山的民有、民享、民治"三民主义"时，大发感慨：中国人在政治上早有民有、民享学说，而两三千年来却始终不见民治制度；不仅不见民治制度，连民治学说都想也想不到，这岂不是怪事？连民治学说、民治制度都没有发明，能说治道强吗？

武：牟宗三说中国古代政道弱、治道强，好歹还承认一个治道强。你否定了治道强，小心弄成一个历史虚无主义啊。

王：这倒不会。我只是做学理分析，先弄明白那个道、那个理。政道明了，再来谈治道，就顺理成章了。

武：这好像有点书生之见。哦，没有冒犯吧。政道是虚的，刀把子是实的。在打江山、坐江山的古代，遇到司马迁说的"秦失其鹿，天下共逐之"的情况，谁能打下江山，谁就坐江山。

王：这不算冒犯，的确是书生之见。我承认你说的是事实。历史上从夏代到清代近四千年间的改朝换代，几乎都是在腥风血雨中完成的。打下来的天下，抢来的江山，哪有什么合法性可言！然而，不容否认，不少朝代政权稳固之后，慢慢走向正轨，出现治理有方、社会安宁的局面。这也是事实。这说明，政道与治道在某种特定的历史阶段是相互脱节而不挂钩的。再举一个"盗亦有道"的例子吧。"盗亦有道"的道就是治道。《庄子》一书描述了一伙强盗聚在一起，他们能够猜测到哪家藏有宝物，是圣；抢先去偷，是勇；掩护他人自己最后撤退，是义；知道可偷不可偷，是智；分配赃物公平合理，是仁。圣、勇、义、智、仁这五条就是强盗团伙的治道。没有这五条治道，强盗团伙恐怕一天也维持不下去。强盗们聚在一起，哪有什么政道？哪有什么合法性？但是，他们有治道。

不错，古人承认和接受"胜者为王，败者为寇"的逻辑，但是，必须清楚，这种承认和接受是被迫的，是无奈的。"胜者为王"的统治者心里也清楚，所以，他们再糟糕再愚蠢，也知道掩饰一下，没有政道也要制造出个政道，鼓捣出一个合法性给人们看。年初，孟祥才先生告诉我，他正在写一篇文章，专门考察历朝历代是怎么论证其合法性的。什么天命说，什么禅让说，什么血统说，等等，其中不少是无根之说。无根归无根，却有用，有用在论证其合法性。拿得出政道，拿得出合法性，你才能治国，才能理政啊。

二、帝道、王道、霸道：三种治国理政模式

武：从某种意义上说，政道是虚的，治道是实的。我们先搁置政道，集中谈谈治国理政好吗？

王：好。治道就是治国理政之道。治国理政是动态的政治操作，比较复杂，其要件至少有五个：模式选择、思想指导、制度规矩、执行力、合法性。

先说模式选择。我们以秦国为例。公元前4世纪，秦孝公即位不久，召见了不远千里来到秦国的法家代表人物商鞅，二人讨论了三种治道模式：帝道、王道和霸道。经过一番比较，秦孝公最后选择了霸道作为秦国治国理政的基本模式。大致说来，帝道是无为而治，为道家所倡导；王道是以德服人，为儒家所倡导；霸道是以力服人，为法家所倡导。第二，秦国既然选定了霸道，自然就要以法家思想作指导。第三，霸道体现在制度和规矩上，就是秦国奉行的以法为教，以吏为师。第四，以赏罚提高官员、民众对于政令、法令的执行力。第五，合法性，这里不是指政权的合法性，而是指一项政治措施、一个政策、一个法令的合法性；是否具有合法性，就看其是否有利于富国强兵。这是典型的功利性目的，以合目的性代替合法性。历史证明，秦孝

公和商鞅选取的霸道治国模式为此后百余年秦国忠实奉行，在治国理政上确实卓有成效，使秦国迅速崛起，最终扫灭六国，一统天下。而且，法家推行的这套霸道治国模式不仅仅在秦国盛行，在整个战国时代的二百余年间也大行其道。

武：从秦孝公到秦始皇，秦国确立了霸道治国模式，看起来好像取得了巨大成功，可是，秦始皇之后，秦国也遭遇了二世而亡的巨大失败。汉代思想家贾谊作的《过秦论》，对秦的失败有分析、有总结。

王：贾谊的《过秦论》反映了汉代人的认识水平。今天，我们应该有新的认识。我认为，不能以秦帝国一朝一夕的崩溃完全否定秦国推行霸道治国模式百余年的成功。不止如此，中国历史上最重要的制度发明——郡县制，就是从霸道治国模式中孕育出来的，这一制度实行了两千多年，至今不变。霸道治国模式的失败，首先是败在了它固有的结构性缺陷上，如暴力过重、教化过轻，这些缺陷一直没有得到恰当的修正；其次是败在了不知一张一弛、张弛适中的道理上，一味地强调严刑峻法，弄得人人紧张，时间久了，谁受得了？而最直接的原因是，霸道治国模式表面上看是法治，实质是人治，它的得失成败与是否得人直接相关：幸得君主英明，是一番强盛的景象；不幸得君主昏庸，是另一番衰败的景象。

武：法家倡导的霸道治国模式，就顶层一人而言是人治，除开这个顶层一人，下面就是法治了吧，至少法治的东西居多。我们今天倡导法治，应该从中吸取一些有益的经验教训。

王：对，值得吸取的东西还很多。总之，不能一味否定。不过，那个顶层一人，也就是皇帝的无法无天，是最要命的！

武：霸道治国模式在历史上真正实行过，并且卓有成效。道家倡导的那一套无为而治的帝道模式呢，是不是空中楼阁？

王：应该承认帝道有理想化的色彩。那时，人们喜欢托古，把帝道说成是尧舜之道，得到儒家、法家、道家、墨家、农家等诸子百家的共同追捧。"垂拱无为""垂衣裳而天下治"等都是追捧帝道的话。战国时代，人们连孟子鼓吹的王道治国模式都被认为是迂阔之论，何况比王道更加理想化的帝道。然而，谁也没有想到，道家黄老学派将帝道治国模式加以修正，到了汉代初年，竟然推行开来，并且取得了"文景之治"的光辉成就！历史就是这么任性，你越说它不行，它就越展示给你看。

武：有意思，历史实践成了检验帝道、王道、霸道是否可行的标准。你说道家黄老学派修正了帝道治国模式，他们做了哪些修正？

王：道家黄老学派是从道家中分化出来的一个务实的学派，他们奉黄帝、老子为宗师，兼采儒家、法家、墨家、名家、阴阳家对他们有利有用的思想观点，融会贯通，创造出了一个有强大实用性和操作性的治道模式。帝道治国模式的核心是"无为而治"，他们把这个"无为而治"修正为"君无为而臣有为"。很巧妙，这既不违背"无为而治"的原则，又避免了君臣都不作为、无所事事的弊端。把君臣分开，君可以无为，臣必须有为，这样来治国理政就具有了可操作性。这是一条最重要的修正。

第二条修正，是他们从法家那儿拿来"尚法"的观念，做了一些变通改造，再充实到治国理政实践中去。他们崇尚法律，要求依法治国，但又与法家有很大的不同。他们批评法家把法律搞得很周密很复杂，让人动辄得咎，无所适从；他们喜欢简化法律，简化到最简单，就像刘邦与关中父老约法三章一样。管用的法律不在多，就那么三条，大家都遵守，就足以治国安邦了。最简单的几条法律摆在那儿，上下一体遵守，还会有什么事儿？所以，道家黄老学派的一个代表人物慎到就说："上下无事，唯法所在。"也就是说，有法律在，且人人遵守，天下就无事；若有人不遵守，找事、挑事，天下就不太平。

武：哦，对不起，打断一下。"上下无事，唯法所在"，这话说得好！上上下下，人人守法，天下太平，不会有事。有事，是不守法的人制造出来的。

王：对。道家黄老学派很重视法律对于治国理政的重要性，在这点上，他们学了法家那一套，但又做了改变，最大的改变是简化了法律，使法简单易行，不那么复杂。另外，也不搞苛法，不那么严酷。

我们再接着说，第三条是将老子说的"道法自然"贯彻落实到治国理政中，重因循，轻改作。重因循，一是因循自然，尊重自然规律，效法天道；一是因循已定的法律，不轻易变动，不轻易改作。汉代名相萧何、曹参都崇奉黄老学说，彼此相知甚深。萧何死的时候，推荐曹参继任丞相。曹参上任后，无所事事，日夜饮酒。司马迁说他是"举事无所变更，一遵萧何约束"，后来有一个成语"萧规曹随"就是从这儿来的。汉惠帝年轻，看不出其中的玄机，就责问曹参为什么不问事，曹参反问："陛下，你觉得，论圣武，你与高帝比如何？"惠帝赶紧说："我怎么敢望先帝啊！"曹参又问："陛下，你觉得，论贤明，我和萧何比如何？"惠帝说："你好像不及萧何。"曹参说："陛下说得对啊！高帝与萧何打天下，定法令。法令摆在那儿，你垂拱，我守职，照着做，不就行了吗？"曹参当政奉行清净无为、与民休息的政策，赢得了民众的爱戴，他死后，有民歌颂扬他"载其清净，民以宁一"。

武：霸道、帝道两种治国模式，历史上都曾经实行过，也都取得了成功，其中必有它们的合理、可取之处。但是，它们不能行之久远，汉初推行的帝道治国模式的修正版，更是短命。这又说明它们必有其内在的缺陷。与帝道、霸道相比，王道治国模式又是怎样的情景呢？

王：历史上，儒家倡导的王道治国模式排在法家、道家之后，是最后一个运用于政治实践中的，并且行之久远，同样取得了巨大的、辉煌的成就：它连续塑造了几个模范，其中最著名的就是"贞观之治"。它所取得的政治清明、社会稳定、人民安居乐业等几项成果，在历朝历代并不少见，但是，达到它这样的高度，却比较少见。十年前，我曾经与我的一个同学辩论中外社会治理孰优孰劣的问题。我举了一个例子，就是唐太宗在贞观年间做的一件事：他下令把当时全国羁押的死囚犯390多人，全部放回家，并告诉这些死囚犯好好与家人团聚，过个年，等到第二年秋天问斩的时候，再回来引颈受戮。这实际上是政府与死囚犯的一个约定。结果呢，第二年，390多个死囚犯一个不少都按时返回了。连死囚犯都受到感化、感召，遵守约定，讲诚信，可以想象当时政府公信度多么高！政府的公信度、公信力是政治清明的一个最直接、最明显的表现。

武：宋代的欧阳修写了一篇《纵囚论》，批评唐太宗此举是沽名钓誉，因为在他看来，君子讲诚信，小人不讲诚信，死囚犯又是小人中尤为可恶的人，怎么可以和他们讲诚信呢？

王：那是欧阳修的意见。其实，死囚犯也是人，也有情义。问题是如何启发、感化他们。明代大儒王阳明做地方官的时候，抓了一个为非作歹、罪大恶极的惯犯。这个惯犯自称没有良知，人们也都认为他没有良知，王阳明却认为他有良知。在提审的时候，王阳明在大堂上叫这个惯犯依次脱下上衣、裤子、内裤，到了脱内裤的时候，这个惯犯左看右看，不肯脱了。王阳明因势利导，说你为什么不脱内裤，是因为你还有羞耻之心，羞耻之心就是你的良知。一席话说得这个惯犯心服口服，老老实实招供了。如果欧阳修晚生几百年，看到王阳明审案的故事，就不会认为死囚犯不可救药了。

武："贞观之治"达到的治理水平，即使放在历史长河中看是短暂的，是昙花一现，但仍然是我国古代历史上国家治理所能达到的辉煌顶点。

王：不止如此。历史上，通过奉行王道治国模式，部分王朝还塑造了"礼义之邦"的形象。战国时代，鲁国重用儒生，以仁政治国，虽然在富国强兵上不见什么成效，却塑造了一个"礼义之邦"的国家形象。与鲁国不同，秦国重用法家，以霸道治国，塑造了一个"虎狼之国"的国家形象。你看，一个是"礼义之邦"，一个是"虎狼之国"，对比多么鲜明！当然，在"争于气力"的战国时代，"虎狼之国"勇于进取，日益强大，其国家形象的价值取向并非一无可取。

武：我看，在当今世界，主流虽然是和平，但是，天下并不太平，弱肉强食的丛林法则仍然存在于一些人的头脑中，所以，我们在建设"礼义之邦"的同时，不能丢掉讲武尚武的传统。

王："礼义之邦"崇文，"虎狼之国"尚武。一文一武，各有所重。一文一武是中华民族治国理政的文化基因，一个也不能少。

我们再接着说"礼义之邦"。到了大一统的时代，汉代独尊儒学以后，中国人在更广阔的时空范围内塑造了"礼义之邦"的国家形象。历朝历代，中国周边各国、各族以及来华使者、商人、旅行者、传教士，等等，无不仰慕中华之风，视中国人塑造的"礼义之邦"为国家的典范、样板，纷纷前来参观学习。明朝末年，朝鲜使臣洪翼汉来到中国，称赞"华人大有信义且极仁厚也"。崇明县知县张世臣写了一首歌颂"渤海澄澜"景观的诗，其中有两句"最喜白鱼呈上国，到今重译向中华"(《重修崇明县志》)，真实反映了当时周边各国向往中华的情景。

我曾经总结、概括中国历史上"礼义之邦"的五大特征：一是坚持以仁、义、礼、智、信为核心价值观；二是国民有温良、恭敬、礼让的文明素养；三是社会秩序优良，人人安分守己；四是实行公平合理的人才选择制度；五是有以德服人的泱泱大国之风。

武：习近平总书记早在 2013 年就提出了塑造我国国家形象的问题。总书记提出，要注重塑造我国的国家形象，重点展示中国历史底蕴深厚、各民族多元一体、文化多样和谐的文明大国形象，政治清明、经济发展、文化繁荣、社会稳定、人民团结、山河秀美的东方大国形象，坚持和平发展、促进共同发展、维护国际公平正义、为人类作出贡献的负责任大国形象，对外更加开放、更加具有亲和力、充满希望、充满活力的社会主义大国形象。借鉴历史，是不是再追加一个"礼义之邦"的大国形象？看看最近一二十年来极少数国人在境外旅游的一些不文明表现，觉得很有必要培养和提升国民文明素养。"礼义之邦"的国家形象，是在国民个人形象的基础上建立起来的，也是靠国民个人形象维护和展现出来的。

王：对！塑造"礼义之邦"的国家形象，人人有责。如果每一位国民都能做到讲卫生，爱整洁，守秩序，有教养，谈吐优雅，举止得体，接人待物温和恭敬、彬彬有礼，何愁塑造不出"礼义之邦"的国家形象？

三、儒家治国理政的经验与智慧

武：比起帝道和霸道，王道治国模式应用于政治实践的时间更长，从汉武帝"独尊儒术"算起，到清代有两千余年吧，取得的成就也更大更显著，为什么？

王：这个为什么，说来话长。一言以蔽之，它适合中国传统社会。首先，应该说明，王道治国模式有原版，有修正版。原版是孔孟设计的王道、仁政的治国理政模式，修正版是贾谊、董仲舒等人概括、提炼出来的德主刑辅的治国理政模式，并在汉武帝"罢黜百家，独尊儒术"以后逐步推行开来。这个修正版比原版扩容了，它采纳了霸道治国的长处。汉宣帝点拨太子："汉家制度"是"霸王道杂之"，道破了这个修正版的实质。所谓德主刑辅，有一个如何摆正德与刑的比例关系的问题。从总体看，从长远看，德与刑是主次关系，但是，德与刑又是变量的概念，二者各占多大比重，从来没有明确的规定，可以因时制宜予以调整，这就给统治者提供了莫大的空间。在历史上，常见德的比重下降，刑的比重上升，二者势均力敌，甚至在某些特定的时期，德与刑的主次关系反转过来，以刑为主，这时，德主刑辅的模式实际上就是"霸王道杂之"的模式。

武：也可以说，原版是理论版，修正版是实践版。这两者之间的差别是不是可以这样说：理论版不实用，迂远而阔于事情，脱离政治生活；实践版则不同，它切合实际，具有可操作性。

王：原版和修正版二者大同小异。小异的地方，你说得对。至于大同，就是人们常说的以德治国了。

武：说起以德治国，从20世纪90年代我们就提倡过、讨论过。习近平总书记上任以来几次指出："国无德不兴，人无德不立。"2014年10月中共中央政治局就我国历史上的国家治理进行第十八次集体学习，总书记在讲话中提到了为政以德、德主刑辅等，认为这些都能给当前的治理体系提供有益借鉴。

王：以往我们谈论以德治国，基本上都是限定在治道的层面上，这其实谈浅了。

武：此话怎讲？你要放在政道层面上谈？

王：以德治国，放在治道的层面上看，是德治；如果放在政道的层面上看，以德治国的表述不准确，应该采用孔子的原话"为政以德"，推行道德政治，简称德政。德政与德治有联系有区别。以往谈德治多，谈德政少。那么，问题来了，德政是什么？德政的价值和意义又是什么？我们可以从三个方面来谈。

第一，国家是公权力机关。建立国家的目的，我们认为是为了保障一国之民的生存与安全，提升一国之民的福祉；而在古人的认识里，除此以外，还为了推动全体国民集体向善。儒家讲"大学之道"，是"明明德，在亲民，在止于至善"。这个"止于至善"在古人看来就是国家存在的目的，而且是最高目的。这就规定了国家政治的指向性：一切治国理政的路线、方针、政策、手段等，都必须是万法归宗，最终归于推动全体国民集体向善这个目的。

第二，周代刚刚建立的时候，特别强调"敬德"，即全社会尊重、推崇、奉行道德，以道德为核心安排一切典章制度。知名历史学家王国维在他的名作《殷周制度论》中说，周代的制度典礼，都是为道德而设，反过来说，周代的制度典礼，都是道德的器械。这是难得一见的真知灼见啊！道德的精神贯注于国家机关和典章制度之中，这是一种什么情况？是全部国家机关沉浸在道德之中，沉浸在善之中啊。这样一来，哪还有恶的藏身之地？哪还有不良秩序的容身之所？王国维的"器械"说，比较准确地表明了，国家机关和典章制度只是道德的衍生物，仅仅具有工具价值，道德才是实至名归的本体价值、目的价值。

第三，也是最重要的，德政有其坚实的形上根柢。对于这个形上根柢，古人有不同的认识，我们讨论其中的两种吧。一种是认为德政有超越的形上根柢，即天。道德从属于人道范畴，人道来自天道，必须效法天道。正因为如此，古人才有"皇天无亲，惟德是辅""天道无亲，常与善人"一类的信念。天或天道"惟德是辅"，国家政治也就必须把道德摆在第一位。一种是认为德政有内在的形上根柢，即孟子所说的良心。良心是仁、义、礼、智各种道德的总根源。孟子又把良心称为"不忍人之心"，他说："有不忍人之心，斯有不忍人之政。"这个"不忍人之政"就是仁政。可见，良心是仁政的根柢、基础。孟子又说："以不忍人之心，行不忍人之政，治天下可运之掌上。"天是外在的、超越的，良心是内在的。无论天还是良心，都是形而上的存有，是第一义的存有，道德是第二义的存有，德政是第三义的存有。明白了这个逻辑，就知道德政根柢深厚，确实不俗。

可见，德政不是别的，就是将道德奉为一切政治设施和政治活动的灵魂。道德是政治的本体、本源，政治不过是道德的器用而已。德政时时刻刻规范着、校正着国家与社会的发展方向，使其始终指向"止于至善"的目的。

再来看孔子说的"为政以德，譬如北辰，居其所而众星共之"，就会明白，孔子在这里谈的不是德治，而是德政。

武：把德政和德治区分开来，做这么复杂的分析说明，这是你的工作。听你这么一讲，德政的轮廓比较清晰了。我们准确地理解与把握了德政，再来谈德治，就容易给它一个恰当的定位了。

王：是的。所谓德治，简单地说，就是以德治国。在治道的层面上，以德治国，是以德为用，凸显了道德的工具性价值和作用。对于国民来说，以道德信念引导人，以道德教化培育人，以道德规范约束人；对于社会来说，以道德整饬秩序，以道德促成和谐，以道德弘扬正气；对于国家来说，以道德维系人心，以道德保障清廉，以道德促成和平。所有这些，无一不是以德为用。

必须说明的是，德政必然要求以德治为实现其目的的主要路径与手段，同时，德政不排除法治，并且视法治为实现其目的的次要路径与手段。这就是德主刑辅的由来。

武：德治、法治之外，还有礼治。礼治应该有一个什么样的定位？

王：礼治介于德治、法治之间。礼是道德的节文，法是道德的底线，德、礼、法三者有内在关联。德治的功能与作用，在于教化、训导、规范；如果不敷用的话，再辅以礼治，礼治的功能与作用在于规范、约束、整饬；如果不敷用的话，再辅以法治，法治的功能与作用在于警示、惩罚、制裁。德治、礼治、法治一脉相承，一线贯通。

以国民修身为例,德治的做法是通过道德的教化与训练,帮助国民养成温良恭俭让的人格;如果做不到这一点,那就再加上礼治,礼治的要求是"非礼勿视,非礼勿听,非礼勿言,非礼勿动",直接规范人的言行;如果仍然有问题,礼也约束不了人,那就得用法治了。法治的作用,是给人们的言行划出不可触碰和逾越的红线,触碰者必受惩罚,逾越者必受制裁。德治是春风化雨,礼治多了一份约束力,法治是强制性的,三者缺一不可。

武:德治、礼治、法治都包括在儒家倡导的治国理政模式之中?

王:是的。不少人有一种片面理解,一提德治,就认为是儒家的;一提法治,就认为是法家的。其实,儒家也讲法治,法家也讲德治,差别在于德治、法治的主次不同。德主刑辅是儒家倡导的,反之,刑主德辅是法家倡导的。我们将儒家倡导的治国理政模式概括为德治,不过是一种提纲挈领的说法而已。

武:儒家一向重视修身、齐家、治国、平天下,形成了治国理政的智慧。儒家治国理政的智慧,在政道已立、治道已定的总体框架下,是如何具体应用的?

王:转入这个话题,可谈的内容那就太多了。先从政在得民说起吧。儒家有着丰富的民本思想,认同商周以来"民为邦本,本固邦宁"的传统理念,深知民心民意是政治的根本,人心向背是决定国家兴衰的关键。"水能载舟,亦能覆舟",是两千多年前荀子首先提出来的,为历代明君引为处理君民关系的鉴戒。这些是我们熟知的,不必详述。我想着重说明,民心民意是一个政权的合法性基础,合法性不是静止的、一成不变的,而是动态的、不断变化的。历史上任何政权的合法性,都处在加加减减的消长过程之中。合法性的充盈增长,意味着民心民意不断凝聚;合法性的衰减流失,意味着民心民意的不断丧失。因此,民心民意归根结底是政道的问题,是政道能否挺立的问题。我们必须从政道的高度上认识民心民意。从治道上谈政在得民,其实是指下达一项政令、发布一项政策、采取一条措施,等等,必须合乎民心民意,赢得民心民意,而做到了这一点,实际上也就是在向政权不断注入民心民意,夯实其合法性基础。

武：赢得民心民意，是治国理政的第一要务。我们接着一条一条地梳理。

王：好的，但是，每一条只能谈个梗概。

第二条是重视道德教化。儒家在治国理政时很重视道德教化。东汉王符说："人君之治，莫大于道，莫盛于德，莫美于教，莫神于化。"《贞观政要》引述王符的话，就变成了"人君之治，莫大于道德教化"了。儒家倡导的道德理念和道德规范，有多少条目，我没有具体统计，大概来说有上百之多。推行道德教化时，这上百条规范怎么做？无从下手啊。所以，从孔孟时代起，儒家就开始着手构建核心价值观，什么三达德：智、仁、勇；什么五常：仁、义、礼、智、信；什么八德：孝、悌、忠、信、礼、义、廉、耻，等等。有了核心价值观，提纲挈领，以简驭繁，便于国民认识和接受，便于引领社会风尚。这是推行道德教化的简便易行之道。

第三条是以身作则。儒家坚持认为，一切从事治国理政的公务人员，必须以身作则，率先垂范，为国民做出榜样。孔子说："政者，正也。"这个"正"应该贯彻落实到治国理政的方方面面。如何贯彻落实？孔子当面告诉鲁国执政大臣："子帅以正，孰敢不正？"即上层执政者做到了身正，上行上效，下层不令而从；否则，就是虽令不从。所以，对执政者个人来说，第一要求就是这个"正"字，先正己，然后才能正人。身正必须有心正的支撑。内外俱正，身心俱正，就会保证执政者做正人，走正路，做正事，树正气。

武：还有一个正，即正名。正名也是治国理政的重要内容。

王：正名可以列为第四条。正名，是正名分的意思。每一位社会成员都有一个名分，循名责实，给予其应有的身份、地位、权利，他就会安分守己，维持社会秩序。个别僭越者的犯上作乱，另当别论。这实际上是对国民身份、地位、权利的制度安排。优良的制度安排，一是循名责实，做到名实相符；二是随着一个人的名实变化，及时做出调整，做到新的名实相符，与时俱进。儒家坚持并维护名实相符的制度安排，劝导人们安分守己，取其所当取，弃其所当取。这就是历史上所谓的名教。名教这个词凸显了一个人的名分的作用和意义，一事当前，做不做，先要审核名分；一利当前，取不取，也要先审核名分。由于历史上夏商周三代社会典章制度被概括称之为礼，这种名实相符的制度安排又被称为礼教。名教、礼教似乎被污名化了，透视其精神实质，无非是一个人的名分所表达的欲求，必定有一个适宜的范围，法与制度给予这个适宜范围以明确的界定，不可漠视，不可逾越。

武：历史上，魏晋时期批名教，近代"五四"时期批礼教，一是批其僵化的形式，二是批其名节观念害人，三是批其维护和巩固了社会等级制度。名教、礼教已经污名化了，你这是为其正名啊。不过，我承认你说的透视其精神实质有道理。我反对的是名教、礼教的僵化形式；它一旦僵化，就会束缚人，特别是束缚人心，这个危害比较大。

王：是的，僵化形式与精神实质应该仔细区分。这个不能细讲，细讲费工夫。

武：你刚才讲到中国传统社会的制度安排，这是儒家治国理政的一个极其重要的方面。有规矩，才有方圆。儒家治国理政是如何进行制度安排的？

王：我从第五条公平正义说起吧。应该承认，两千多年来，儒家在制度的设计和安排上没多大作为，儒家的主要贡献不在于此，而是在于将社会制度中固有的精神挖掘出来，发扬光大，使其成为治国理政的根本理念和基本原则。这个固有精神就是公平正义。我写过一篇《正义与社会》的文章，强调正义是社会制度的第一美德。那篇文章不是写现代社会的正义，而是写传统社会的正义，主要是儒家的正义。儒家讲的王道、仁政，无一不贯彻、高扬公平正义的精神。比如说王道，儒家经典《尚书》反复申明："无偏无党，王道荡荡；无党无偏，王道平平；无反无侧，王道正直。"强调王道是没有偏私、没有朋党、没有左右、没有过与不及的公平正直。儒家论证公平正义出自天道，天道有"三无私"：天无私覆，地无私载，日月无私照。人道效法天道，必须坚持无私无偏的公平正义。前面谈到名实相符的制度安排，名实相符表示一个人的名分和他实际所应得的相等，这被看作是公平；少于或大于实际所应得，就被看作不公平。不平则鸣，议论纷纷。父子至亲，父亲有两个儿子，尚需公平对待；若不能公平对待，就会发生一子满意、一子怨恨的情况，何况国家？全体国民更需要被公平对待。制度法令同样有一个公平正义的问题。儒家强调治国理政必须奉行公平正义的理念，高扬公平正义的精神，秉持公平正义的原则。

武：治国理政要选用优秀人才。选拔优秀人才时就有一个公平正义的问题。

王：公平选拔人才是第六条。什么样的人算作优秀人才？古往今来，大家认识一致，即德才兼备的人是优秀人才。可是，如何选拔优秀人才却在不断探讨中。从发现人才，到举荐人才，再到考试选拔人才，人才选拔越来越制度化；而制度化的选拔机制就是贯彻并凸显公平正义的原则。特别是科举考试，这是中国人的一大制度发明。以前无论发现人才，还是举荐人才，都是靠人来完成的；有了科举考试，就换成靠制度来完成了。选拔人才，靠制度比靠人更能够最大限度地避免个人好恶因素、亲朋故友因素等，比较好地贯彻公平正义的原则。可是，制度也有局限性。科举考试只是考取一个从政资格，能否录用为官，还要看吏部的考察。至于执政大臣、六部尚书、州郡长官等职，任用谁，要看皇帝本人的考察。考察权、任用权限定在一个极其狭小的圈子里。孟子对于如何突破这个狭小的圈子，将考察权置于国人的大范围内，提出过一个很好的建议，他说："左右皆曰贤，未可也；诸大夫皆曰贤，未可也；国人皆曰贤，然后察之；见贤焉，然后用之。""国人皆曰贤"就是民主考察。孟子以后的两千多年，历朝历代选拔治国人才，都没有做过"国人皆曰贤"的民主考察，真是愧对圣贤啊。

武：愧对圣贤，不止一端。廉洁清明，戒奢从俭，哪一项不是圣贤的教导？可是，奢侈腐败之风总是制止不了，为什么？根本原因何在？

王：你提到廉洁清明，戒奢从俭，我们将其列为第七条吧。奢侈腐败之风产生的根本原因在于贪婪人性的弱点和制度的不完善。想要根绝奢侈腐败之风是非常困难的，要花大力气，如果解决不好，普通民众也会参与腐败。贪污腐败与权力的运用不当相关。权力运用得当，贪污受贿之风就会减弱，权力运用不当，贪污受贿之风就会加剧。儒家当然知道制度建设对于制约权力的重要性，可是，儒家只是从政者，而不是主政者；儒家在制度建设上力不从心，只好转而从良知自觉、道德自律上入手，提升人们对政治清明的认识和对贪污腐败的抵制。子思倡导的"慎独"说，告诉人们即使一个人独处一室或一地，也要恪守道德，严格自律。杨震的"四知"说，告诉人们任何权力的交易都暴露在天知、地知、你知、我知的视野之下，天知、地知是神明知，你知、我知是良心知。敬畏神明，敬畏良心，就要洁身自好，不做触犯神明、违背良心的事儿。

武：儒家反腐倡廉，在制度建设方面做得不够好；在思想教育、道德自律方面做得比较到位。历史经验一再证明，仅靠思想教育、道德自律，反腐倡廉效果不是很显著。现在我们正在进行的反腐倡廉，应该借鉴儒家的经验教训，多在制度建设上下功夫，营造一个能够切实有效地监督权力、约束权力的制度环境。

王：第八条是调节社会上的贫富差距，将其控制在一个合理的范围以内。在中国古代历史上，有一个王朝兴亡的周期率。导致这一周期率发生的因素，除了腐败以外，还有贫富悬殊。一个王朝建立之初，贫富差别往往不大，可是，不知不觉就开始了贫富差别的加速度发展，以至于贫富悬殊过大，不可收拾，引发农民暴动，促成新一轮王朝更替。孔子早就说过："有国有家者，不患贫而患不均，不患寡而患不安。盖均无贫，和无寡，安无倾。"他提出了一个"均—和—安"的政治逻辑。"均"是平均财富的意思，"和"是和谐的意思，"安"是安定、安宁的意思。平均财富，不是指要搞绝对平均主义，而是指国家政权利用宏观调控政策与手段尽量缩小贫富差别的意思。西汉初年的丞相陈平，早年在乡里主持分肉，分得很公平，父老乡亲交口称赞。陈平胸怀大志，感慨地说："他年我陈平若能治国理政，也会像分肉一样做到公平、平均啊。"国家政权有责任、有义务解决社会财富分配"不均"的问题，以使其趋向于"均"。儒家反复提醒、甚至警示最高统治者必须运用宏观调控手段，缩小贫富差距，调节贫富矛盾。孔子认为，缩小贫富差距，使贫富差距达到一个可以接受的程度，再推行教化，就可以建设一个"贫而乐""富而有礼"的社会。为富不仁，贫者不能生存，是造成社会动荡的重要根源。孟子指出，减少税收和徭役、使民以时、保证农民有田可耕，都是可取可用的宏观调控政策和手段。这些道理人人皆知，可是，说起来容易做起来难。一个王朝到了社会矛盾尖锐不可调和、游民暴增的时候，就会败象显现，气数将尽，大家眼睁睁看着呼啦啦似大厦将倾，这真是无可奈何的事情。

武：你刚才提到"均—和—安"的政治逻辑，这是孔子发明的，知识产权归孔子。这个政治逻辑，展示了孔子治国理政的智慧。孔子还有个"庶—富—教"的治国三部曲。"庶"是指人口繁衍增多；"富"是指发展经济，富裕起来；"教"是指实行教育，提升民众文化素质。"庶""富""教"，再加上"均""和""安"，这六个字是不是可以概括孔子治国理政思想的基本内容？

王："庶""富""教""均""和""安"这六个字，的确包括了治国理政的基本方面，但还不够全面，还要再补充一点。

武：孔子说"不患寡而患不均"，这里的"寡"应该没有确定的指向，可以看作是财富，也可以看作是发展的机会。这样一来，就可以对"均"做扩大理解："均"不仅仅指平均财富，也可以指就业、晋升一类的机会均等。这么理解是不是合乎孔子原意，我没有把握，但是，一定有利于强化"均—和—安"的政治逻辑。因为，促成社会和谐的，除了均富以外，还有机会均等。我们对"均"做扩大理解，赋予其更丰富的内容，这样是否有利于保障社会的公平正义？

王：对"均"做扩大理解，在诠释学上是允许的。诠释学不仅要弄明白孔子原话的本义，还要挖掘出孔子原话中的题中应有之义。

至于对"均"做扩大理解，是否有利于保障公平正义，这个问题比较复杂一些，牵涉如何理解和看待公平正义的问题。在正常范围内，大致平均分配社会财富，大致平均享有发展的机会，无疑合乎公平正义。然而，社会成员中还有少数的鳏、寡、孤、独、疾病、衰老者，他们丧失了劳动能力和谋生能力，甚至丧失了生活自理能力，是弱势群体。让他们和正常人一样参与社会财富的平均分配，比如，分几亩农田给他们，他们耕种不了啊；让他们和正常人一样享有发展机会，比如，给他们经商、做工、当兵、参政的机会，他们做不了啊。怎么办？孟子认为，实施仁政，首先要考虑扶助弱势群体，运用国家力量，对其提供优惠政策和必要的救助。张载认为，要把弱势群体看作自己的兄弟姐妹，给予关爱和帮助。在儒家思想的指导和影响下，中国传统社会往往设有专门的慈善和救济机构，负责照顾和扶助弱势群体。是否照顾和扶助弱势群体，是衡量一个社会的文明发展程度的标尺。美国政治学家罗尔斯写了一本《正义论》的书。他论证了社会财富和发展机会在社会成员之间的分配适当向弱势群体倾斜，是合乎公平正义的。可惜，罗尔斯不了解孟子早就有了类似的观点，他若了解，一定会惊讶孟子有先见之明。

武：扶助弱势群体，应该单独列为一条，即第九条。还有吗？

王：有，第十条是必须有强大的军事武装。刚才提到孔子的"庶""富""教""均""和""安"这六个字，包括了孔子治国理政思想的基本方面，但还不够全面，还要再补充一点。这要补充的一点就是一个"武"字。孔子在鲁国从政，为大司寇，一段时间内还曾经做过代理宰相处理政务。孔子从政期间，协助鲁定公处理齐鲁两国外交事务，提出了一个著名观点，即"有文事者必有武备"。"武备"就是军事武装、军事准备。鲁国采纳了孔子的这个观点，并且让孔子本人参与齐鲁两国"夹谷之会"，结果，在孔子智慧的指导下，鲁国取得了重大外交胜利。"文事"是指和平的外交事务。我们触类旁通，举一反三，可以领悟到在和平年代不能放松警惕，而是要加强国防建设，拥有强大的军事武装，保障国家安全。这应该看作是儒家治国理政智慧中不可或缺的一条。

武：我们谈到现在，谈了十条，都是儒家治国理政的一些正面的经验和智慧，负面的东西还没有涉及，我觉得这有必要谈谈，谈清楚了，才知道如何扬长，如何避短。

王：转入谈谈儒家治国理政之短，先要知道儒家不是主政者，只是从政者，明确这个定位很重要。儒家只能做与其身份、地位、权力相符的事情。

我说的这个从政，是个宽泛的概念，既指"学而优则仕"的儒者，也包括学而优不入仕的儒者。孔子不是说父子兄弟讲孝悌，端正了家风，也算是为政了吗？不必讳言，儒家治国理政有短板。短板之一，是讲贫讲多了，讲富讲少了。讲贫，有"贫而乐"，有"安贫乐道"，讲得津津有味。讲富，不但讲得少，往往还有不屑一顾的味道。这个价值导向就使得儒家很少研究经济，不大懂经济发展之道，早在战国时期，就在富国强兵上输给了法家，两汉以后儒学成为官学，在富国强兵上也没有什么卓越的贡献。

武：改革开放以来，我国把发展经济看作是治国理政的第一要务，将其摆在中心地位。在发展经济上，儒家的确很少提供有价值的思想资源。

王：儒家治国理政的短板之二，是改革、创新意识不足。从孔子时代到汉武帝时代，三百多年的时间，是中国古代历史上最富于创新精神和创造力的时代。这三百多年的理论创新和制度创新，奠定了此后中国传统社会治国理政的基本模式。本来，在这三百多年的时间里，儒家是朝气蓬勃的，反复申明"苟日新，日日新，又日新"的创新精神。然而，从汉武帝时代开始，儒家思想慢慢上升为治国、平天下的指导思想，儒者纷纷从政，随之而来的，是守成的意识增强了，进取的精神减少了。所以，我们看到，两千多年中国社会形成了一个稳固而强大的传统。江山易改，传统难移。到了近代，导致社会转型步履维艰。为什么那个稳固而强大的传统一旦形成，就很少有突破？原因很多，其中一个原因就是儒家的改革、创新精神不足，理论创新和制度创新都呈现出疲软的状态。这个就不详谈了吧。

武：好，就此打住。我们今天谈了很多内容，重点谈的是儒家，也包括了法家和道家，实际上是分析梳理了几千年治国理政的大传统。也谈了政道和治道，并且对德政和德治做了区分，这个区分有新意，有助于引发深入的思考。最后一个问题，习近平总书记提出，要推进我国治理体系和治理能力的现代化，请你谈谈几千年治国理政的大传统与推进我国治理体系和治理能力的现代化有什么关系？这个治国理政的大传统在当今中国社会有哪些价值和意义？

王：这个问题有难度。国家治理体系与治理能力表面上看是两个概念，实际上是一个整体，不可分开。谈治理能力，我们首先想到政治人物的个人领导力，比如，审时度势的判断力、运筹帷幄的决策力、狠抓落实的执行力，等等，但是，我更看重整个国家治理体系所表现出来的治理能力。我国现行的国家治理体系，主要是改革开放以来逐步形成的，一直处于不断的发展、演变与完善之中。推进这个治理体系的现代化，按我的理解，应该是一场以现代化为目标定位的"变法维新"。我用"变法维新"这个词，不是言重了，而是按其本来意义使用的。"治理"二字，直接从治国理政这个词组中抽取而来。国家治理体系，包括法律、制度、方针、政策等，凡是有落后于或不适应于社会发展的地方，就要因时制宜，因地制宜，加以调整与改变！这就是改革，改革就是变法。变法一方面是寻求已被实践证明是普遍有效的现成的良法，大胆选择应用，而不必问其出自何时何方；另一方面是审时度势，把准脉，对准症，敢于突破创新，拿出新"药方"，这就是维新。"变法维新"有一个目标定位，这就是现代化。推进国家治理体系的现代化，我们不能忽视我国几千年治国理政的优秀传统，许多成功的经验和智慧，合乎人心，合乎国情，不能丢掉，要传承下去，像我们在前面谈的儒家治国理政的十条智慧，我们有理由经过一番斟酌取舍之后将其传承下去。我们也不能忘记现代化的目标定位，要高瞻远瞩，高瞻要求我们站在人类政治文明发展的高度上，远瞩要求我们审视几千年中国历史的发展，摆脱王朝兴亡的周期率，真正实现国家的长治久安。

对于我国几千年治国理政的大传统，我们不能仅仅局限于中国一国政治来看，因为"不识庐山真面目，只缘身在此山中"。我们要有两个视野：一个是人类现代政治文明的视野，一个是东亚儒家文化圈的视野，从这两个视野来审视我们的治国理政的大传统，所见所知可能更多一些。在这里，有两个基本事实应当认定：一是在东亚儒家文化圈内，中国是第一个把治国理政的大传统与现代民主制度进行调适、整合、接轨的国家，并且取得了初步的成功。二是在东亚儒家文化圈内，日本、韩国等也都先后比较成功地实现了儒家倡导的治国理政模式与现代民主制度的对接。这两个事实足以证明，我们固有的治国理政大传统，到了现代社会仍然有其顽强的生命力，经过几番调整、充实、改造、创新后，完全可以和现代民主制度融会贯通纳入人类现代政治文明的发展轨道之中。而我们只有从人类现代政治文明的视野来审视几千年治国理政的大传统，才会有比较，有鉴别，革故鼎新，兼容并蓄，斟酌取舍古今中外治国理政的优秀资源，建设现代化的国家治理体系，实现富强、民主、文明、和谐的价值追求。

（本文原载《孔子研究》2015年第3期。原"编者按"：王钧林先生长期从事孔子、儒学研究，成就突出，是享受政府特殊津贴的著名学者。1996—2005年任本刊常务副主编，2005年调至山东师范大学齐鲁文化研究院后，又于2007—2010年兼任本刊执行主编。2015年4月20日，本刊主编武卫华先生就中国传统治国理政思想与王钧林先生做了一次互动式访谈。兹将这次访谈整理发表，期望引起读者和学人重视，参与研讨，共同推动中华民族治国理政历史经验与传统智慧的研究）

儒家智慧与人类文明

　　从 2500 多年前孔子创立儒学至今，儒家智慧对人类文明的发展已经做出了多方面的重要贡献；展望未来，儒家智慧还将对人类文明的持续发展做出更大的贡献。

　　人类文明的发展在空间上呈现出多元化或多样性的特征。英国历史学家汤因比曾经把人类文明划分为 23 种形态，认为每一种文明形态都是一个独立的历史研究的单位。不同的文明形态有着不同的生命力，部分文明形态在历史进程中衰落了，甚至消失了。时至今日，只有欧美文明、东亚文明、阿拉伯文明还具有较为庞大的规模和较为旺盛的生命力，[①] 在世界事务中发挥重要作用。美国学者亨廷顿对于当今国际纷争和冲突背后的文明因素有一些深刻的洞见。事实上的确如此，欧美文明、东亚文明、阿拉伯文明之间的互动

---

① 对于当今世界的人类文明形态，不同学者有不同的分类，美国学者亨廷顿在《文明的冲突与世界秩序的重建》一书中将其划分为八种主要的形态，即中华文明、日本文明、印度文明、伊斯兰文明、西方文明、东正教文明、拉美文明和可能的非洲文明。其实，在分类上化繁为简更有利于洞察和分析问题，如中华文明和日本文明可归为儒家文明，西方文明与东正教文明同属于基督教文明。

关系，在很大程度上影响着当今乃至未来人类的命运：彼此和而不同，良性互动，和平发展，是人类之福；反之，必是人类之祸。这三大文明形态的背后，各有相应的信仰与理念系统作为支撑。在相当长的历史时期内，欧美文明的信仰与理念系统由基督教提供；阿拉伯文明的信仰与理念由伊斯兰教提供；东亚文明的信仰与理念由儒家提供。由此可知，儒家智慧对于人类文明和世界和平的发展至少有着"三足鼎立居其一"的影响。

人类文明的发展在时间上以15、16世纪大航海时代为界分为前后两个时期。在此之前，人类文明的发展大致上处于彼此孤立、隔绝、封闭、不通声气的状态；在此之后，由于地理大发现和新海路的开辟，不同的文明形态之间有了越来越多、越来越密切的联系，碰撞、沟通、对话、交流、互鉴成为常态，人类文明慢慢走向全球化时代。儒家智慧在此前后两个时期对于人类文明发展的作用和影响有着明显的差异。在此以前，儒家智慧深刻影响和塑造了中华文明，并经由中华文明构建了东亚文明共同体，从而对人类文明的发展做出了巨大的贡献；在此之后，儒家智慧既以寻求真理而赢得了当今人类社会的尊重，又以建立"人同此心，心同此理"的价值信仰而为当今人类文明提供了合乎时宜的精神食粮。

儒家智慧并非一成不变，自孔子创立儒学2500多年来，儒家智慧不断得到充实、进步、提升，终成人类智慧的"东方海洋"。儒家智慧立孔子为宗师，汇集历代先圣、先贤、先儒的集体智慧，结晶而成，其本体特征有三而应用特征有四。

一、儒家智慧的三个本体特征

一是儒家视智慧为美德之一，将其列入仁、义、礼、智、信"五常"中，这和古希腊将智慧列入"四德"（智慧、正义、节制、勇敢）有类似之处。在儒家那里，智慧既为美德，自身为善，那么，智慧的目的必定在于追求真善美，提升人的素质与福祉，打造尽可能完美的世界。换言之，智慧自身为善与智慧追求良知是完全一致的，亦即善智慧与善知识是完全一致的。儒家智慧因为其自身为善，为良知，所以要求"知止"。"止"是"止于至善"之止。"知止"，是说儒家智慧不仅要寻求、发现善人、善事、善知识，还要循此一路走下去，直至发现至善之人、至善之事、至善之知识。自身为善是儒家智慧的本质特征。

二是儒家智慧"致广大而尽精微，极高明而道中庸"（《中庸》）。"致广大"是指儒家智慧的认知视野极为宏大，认知事业极为崇高，可用"弥纶天地之道""范围天地之化"（《周易》）予以形容；"尽精微"是指儒家智慧不满足于认知现象、轨迹、形下之器等外在显现的东西，而是还要探赜索隐，深入了解本质、规律、形上之道等内在深奥的东西；"极高明"是指儒家智慧既是"圆而神"的类型，又是"方以智"的类型，是"圆智"和"方智"的统一；"道中庸"是指儒家智慧认定"道不离人"，积极寻求并阐明百姓日用之道。

三是儒家智慧一向坚持诚实不欺、实事求是的态度，遵循孔子的"知之为知之，不知为不知，是知也"（《论语·为政》）的教诲，襟怀坦荡，老老实实，准确地揭示真相，科学地探讨真理，清晰地表达诉求，决不弄虚作假、不懂装懂。

二、儒家智慧的四个应用特征

一是儒家智慧应用于"通古今之变"时，不滞于一时，不止于一人，而是通时达变，随时转进。时移世易，有"苟日新，日日新，又日新"的演变，儒家智慧立其大，居其高，审视时代之变、趋势之变、方向之变、道路之变，尤其重要的是人心之变，分辨是非，区别正邪，探寻是否合乎天道、民意。凡是合乎天道、民意之变，儒家决不抱残守缺，墨守成规，而是顺势而为，积极推动，乐观其成；凡是不能顺天应人之变，儒家或予以抵制，或予以批判，决不与其同流合污。

二是儒家智慧应用于"究天人之际"时，必以追求普遍性的价值与真理为鹄的。见人必穷究人性如何，见人性必穷究有无一个人皆有之的、人之异于禽兽的、共同的、普遍的人性，如果有，这个普遍的人性是什么；而一旦发现了这个普遍的人性是什么，自然就会按人性所需，设定相应的价值，以"养人之欲，给人之求"（《荀子·礼论》）。由此而来的价值，必定因为其合乎普遍人性而成为普遍价值。同理，见天也是如此。见天而穷究天道，见天道而穷究其运行的内在规律，以及"列星随旋，日月递炤"（《荀子·天论》）的宇宙秩序，一旦获取了有关宇宙秩序和天道运行的内在规律的真知、真理，自然就会知道如何顺应自然，如何"制天命而用之"（《荀子·天论》）以造福于人类社会。这是儒家智慧的思维逻辑所决定的。

三是儒家智慧应用于处理人与人之间的关系时，必遵从"仁爱"原则，"修己以安人"（《论语·宪问》）。"修己"要求提升自身的道德和知识的素养，文质彬彬，恭敬有礼，言行端正，以身作则。"安人"要求以待己之心待人，爱护他人，尊敬他人；见人有难，及时伸出援手；见人安居乐业，不干预他人的自由。合而言之，"修己以安人"，就是在自己愿意的时候，"己欲立而立人，己欲达而达人"，在自己不愿意的时候，"己所不欲，勿施于人"。

四是儒家智慧应用于培育一个民族的精神家园和思想文化时，首先重视文化本源的厚植与守护，厚植其生命力，守护其纯洁性；其次是经常性地回到本源上来，返本以开新。一个民族的文化本源由该民族的圣人（精神导师）和经典所构成。领略圣人的气象，重温圣人的教诲，研读圣人的经典，必见启示，必有思考，必出新知。思想文化的持续发展，既靠"温故"又靠"知新"；创新才是不竭的动力。在守护本源和温故知新两方面的基础上，再以信仰构建民族的精神家园。

（本文为 2018 年 9 月在北京交通大学举办的"构建人类命运共同体的中国方式"学术研讨会上发表的论文）

儒家智慧与东亚和平

东亚是地理概念，也是文化地理概念。文化地理意义上的东亚，主要是指中国、朝鲜半岛、日本列岛和越南这一广袤区域。这一区域在历史上曾经连结为一个儒家文化共同体，迄今仍然有着共同的儒家文化传统，所以我们可以称其为东亚儒家文化共同体。如今，东亚儒家文化共同体已经维持了数十年的和平，但是，不和平的因素依然存在。如何维持东亚地区的长久和平，需要东亚各国人民拿出智慧来。而东亚各国政治家和思想家共同熟知以及运用起来得心应手的智慧是传统的儒家智慧。

一、充分认识东亚和平的价值和意义，确立东亚和平的良知

东亚儒家文化共同体是东亚各国人民用儒家的理念和智慧构建起来的。从公元前 2 世纪到 17 世纪，东亚各国先后将儒家思想确立为其官方奉行的治国理政的指导思想。在中国，公元前 2 世纪，汉武帝确立了"罢黜百家，独尊儒术"的基本国策，这一国策为此后历朝历代所奉行，直至清代仍不变；在朝鲜，14 世纪时，李朝（1392—1910）尊奉朱子学为正统思想；在越南，15 世纪时，黎朝（1428—1789）独尊程朱理学；在日本，17 世纪时，德川时代（1603—

1868)奉朱子学为官学。中国、朝鲜、越南、日本四国先后将儒学视为统治思想，这绝非小事。意识形态的趋同性，意味着这一广袤区域在精神文化层面，尤其是思想观念和价值观上拥有广泛的共识。这是儒家文化共同体赖以构建和存在的重要前提。

由于儒学崇尚和平，从14世纪起，东亚各国之间除了局部的、小规模的冲突与战争以外，大致维持了600年的和平。到了19世纪中叶和20世纪中叶，东亚儒家文化共同体遭受了外力的冲击以及内部滋生的矛盾的冲击，几乎处于解体状态。强势崛起的日本帝国主义从1895年发动中日甲午海战到1945年"二战"结束，几乎侵略了整个东亚地区。中国、朝鲜、越南饱受战争的荼毒。这段时期内，受战争和其他因素的影响，东亚地区除了日本之外，普遍处于落后和贫困状态。

从20世纪50年代朝鲜战争结束后，除了持续二十年的越南战争（1955—1975年）以外，东亚地区基本上处于和平状态，各国各地区利用和平带来的机遇，大力推动社会改革和经济发展，仅仅30来年光景，就形成了经济腾飞的格局。从20世纪70年代末至80年代初开始，中国从事经济体制改革和经济建设，打开国门，对外开放，仅仅40余年就彻底改变了贫穷落后的面貌，成长为世界第二大经济体。今天的东亚有着世界上最具有潜力和活力的经济，聚集着世界第二、第三大经济体。经济发展与社会发展相辅相成，东亚各国各地区的社会发展与进步也令全世界刮目相看。

毫无疑问，东亚地区60多年来所取得的经济与社会发展的巨大成就，是拜和平所赐。没有和平，这一切无从谈起。所以，要和平，不要战争，是保障全人类福祉的共识。如果东亚地区的和平能够继续维持下去，东亚必有更加辉煌的未来，前程未可限量。和平对于东亚具有巨大的、首要的价值，我们必须对此有清醒的认知，确立我们对于东亚和平的良知。孟子教导我们凡事"先立乎其大"，对东亚和平而言，只要东亚各国人民均有和平的良知，自然就会珍惜和平，维护和平，用和平的手段解决矛盾和冲突。

二、东亚秩序与和平

东亚秩序是东亚和平的基础。一定时间和一定范围内形成的秩序是稳定与和平的基石。就国际和地区秩序而言，秩序的形成是相关各方势力长期较量的结果。秩序形成的路径通常有"文""武"之分。"文"的路径是指通过协商与谈判，达成不同种类和形式的契约；"武"的路径是指通过威胁与战争，达成不同种类和形式的不平等条约。"文""武"两条路径交替运用，各有各的前提和条件，结果也各有利弊。经由协商与谈判而形成的国家和地区间的秩序，往往为参与各方所接受，其稳定性略好一些；经由威胁与战争而形成的秩序，往往为强势的一方所主导，或多或少会牺牲或损害弱势一方的利益，其稳定性略差一些。无论经由哪种路径形成的秩序，其实都是各方力量出于精心的算计而暂时达成的某种平衡的结果，待到形势发生变化，尤其是各方力量对比发生变化的时候，就要做出相应的调整，这就不可避免地造成某种不稳定，甚至威胁到地区和平。

不幸的是，现存的东亚秩序，作为现存的世界秩序的一部分，是20世纪中叶经由战争的路径而形成的，主要的参与者是中国、美国和苏联三国。历经60余年，特别是冷战结束后，东亚各国均发生了巨大的变化，东亚秩序虽然有所演变，但是大致上维持了原来的格局。然而，应该看到，60多年前形成的东亚秩序一开始就存在两大问题：一个是战争遗留问题没有及时解决，比较突出的是中国的台湾问题、朝鲜和韩国的三八分界线问题；另一个是意识形态和社会制度的差异和对立问题。这两大问题藏有不少隐患，朝鲜核武器问题就是从这两大问题中派生出来的，慢慢酝酿发酵，最终成为世界关注的热点。

因此，东亚各国在维持原有的秩序的同时应该看到，随着中国、日本、韩国的经济腾飞，东亚各国的综合国力已发生变化，当今的世界格局也发生了巨大变化，东亚秩序为适应这些变化而做出相应的调整是合理的、必然的。

东亚秩序的任何调整都必须是合理的，为相关各方能够大体接受的。调整的路径与方式方法必须是和平的，暂时不能达成一致意见的，宁可缓一缓，放一放，也不宜急于求成，采取激进措施贸然进行。在解决重大的历史遗留问题上，中国做出了榜样。香港、澳门的回归非常成功：首先，回归的方式是和平的；其次，回归的制度设计是"一国两制"。因此，香港、澳门的回归得到了相关各方的认同和接受，也得到了国际社会的充分肯定和赞扬。在另外两个热点问题上，中国一再重申和平的立场、和平的精神、和平的方式与手段，推崇和平，把和平摆在第一位予以优先考虑。一个热点是中国的台湾问题，这本质上是中国的内部事务。如何解决台湾问题？最近40多年来中国政府展现了应有的政治智慧：与时俱进，强调和平统一，和平是手段，统一是目的；在和平统一暂时没有实现之前，积极推动海峡两岸的开放与交流，以增进海峡两岸人民的相互了解，提升海峡两岸人民的福祉。另一个热点是朝鲜的核武器问题，中国力主和平解决这一争端，积极参与和推动六方会谈，在六方会谈停止期间，又在国际政治和外交舞台上努力化解矛盾，避免激化矛盾，把朝鲜的核武器问题尽可能控制在和平解决的轨道上，并为此付出了巨大的努力，这都是有目共睹的。

中国人民爱好和平，是维护东亚和平的重要力量。近40年来，中国为维护东亚和平、世界和平所做出的努力，一方面为国内的改革开放和经济发展赢得了宝贵的和平机遇，另一方面也为如何维护东亚和平、世界和平提供了有益的经验与智慧。

三、儒家智慧与东亚和平

维护东亚和平的智慧和良知，有不同的来源，其中一个比较重要的来源是东亚各国共同的儒家文化传统。

如前所述，儒学在历史上先后被东亚各国确立为官学，成为统治思想，因此，儒家维护和平的智慧与良知，为东亚各国人民所熟知。儒家思想天然地拥有和平的"基因"。孔子的三字箴言"和为贵"（《论语·学而》）道出了和平、和谐、和睦、和合、和气等理念的宝贵价值。孔子强调"和而不同"，十分推崇"和"的价值。"和"是不同的事物按某种比例或规律集合在一起形成新的事物，如宫、商、角、徵、羽五音能够和合成一首优美的曲子，所以春秋时期的哲学家有"和实生物"的观念。与"和"相对的是"同"，而"同"是相同事物的简单相加或机械堆积，比如一瓢水再加一瓢水仍然是水，再比如钟鼓琴瑟只奏同一个音，将不堪卒听。孟子对"和"有深刻的理解，他指出："夫物之不齐，物之情也。"（《孟子·滕文公上》）这是说，事物的差异性是事物自身的天然情状，也是自然界和人类社会缤纷多彩的原因所在。从这个意义上讲，东亚各国的差异性属于"和"的范畴而不属于"同"的范畴，如何维护这种差异性之"和"，不使种种差异性引发矛盾和冲突，是需要我们深入思考的问题。

孔子晚年为鲁国国老的时候，他的两个弟子冉有和子路在鲁国从政。当冉有和子路向孔子汇报鲁国执政大臣季氏将讨伐东边小国颛臾的时候，孔子向他们指出：

> 丘也闻有国有家者，不患贫而患不均，不患寡而患不安。盖均无贫，和无寡，安无倾。夫如是，故远人不服，则修文德以来之。既来之，则安之。今由与求也，相夫子，远人不服，而不能来也；邦分崩离析，而不能守也；而谋动干戈于邦内。吾恐季孙之忧，不在颛臾，而在萧墙之内也。（《论语·季氏》）

这段话针对鲁国和颛臾的双边关系而发，非常经典，内含三大要义：一是治理国家，必须做到"均""和""安"三条。"均"是指贫富分配大致均平合理，没有贫富悬殊的差别，这样就没有无以为生的贫民；"和"是指一国之民和谐团结，这犹如十根筷子捆在一起的力量远远大于十根筷子分散的力量，人少不可怕，关键在于是否和谐团结；"安"是指社会和国家的安定，安定就没有倾覆的危险。这三条其实全部指向优良的、成功的国家和社会治理的外部表现。二是像颛臾这样的寡民小国，如果有不服的表现，不能靠武力征服，而是要以德服人，所以孔子告诫说："远人不服，则修文德以来之。"三是鲁国已有分崩离析之忧，而祸在萧墙之内，可是，执政者不致力于改善国内民生问题，不解决尖锐的社会矛盾，反而通过对颛臾用兵而转移视线。这是孔子坚决反对的。

一句流传甚久的话说："人类要在21世纪生存下去，必须回首两千五百年前，汲取孔子的智慧。"孔子的智慧是儒家智慧的"源头活水"。当今我们在思考如何维持东亚和平时，完全可以运用儒家智慧中的立场、理念和方法。

首先，我们要坚守道义的立场。任何一种秩序的安排，虽然是出自相关各方综合实力的较量，但是，不能否认也不可轻视其中道义的"软实力"。而道义恰恰是儒家智慧最为重视的。人类世界确实存在不少强凌弱、众暴寡的现象，同时也存在仁爱、平等、诚信、自由、正义一类的理念，这就保证了人类世界不会沦落为动物世界，不会由丛林法则所支配。东亚地区同样如此。运用儒家智慧来构建现代东亚秩序是完全可以的。公元前681至前643年，齐桓公在管仲的辅佐下，打着尊王攘夷的旗号称霸，确立了一种不是由周王朝而是由齐国主导的诸侯国间的"国"际秩序。对此，孔子并没有简单地予以否定，而是肯定其中合乎道义的地方。孔子称赞齐桓公称霸建立的"国"际秩序，是在"南夷与北夷交，中国不绝若线"（《春秋公羊传·僖公四年》）的危急时刻，联合了中原诸侯国的力量，共同抵御了周边少数族群的侵扰，保卫了中原人民的生命与生活安全。所以孔子指出："管仲相桓公，霸诸侯，一匡天下，民到于今受其赐。微管仲，吾其被发左衽矣。"（《论语·宪问》）在这里，"霸诸侯，一匡天下"是指齐桓公的霸权事业，而在这霸权事业中却包含了"民到于今受其赐"的重大社会收益。可见，在孔子那里，人民生命与生活的安全，是道义之所系。我们在维持东亚秩序，捍卫东亚和平方面，同样可以运用孔子的智慧，坚持其道义的立场、精神与原则，将东亚各国人民的生命与生活安全放在第一位。这样一种道义的立场、精神和原则，无疑能够为东亚各国人民所认同和接受。

其次，我们要信守和平的理念。东亚区域内仍存在一些矛盾、冲突和争执，对此，我们应该坚持最大限度地采用和平的路径与方式解决问题，但决不承诺放弃武力。在这方面，孔子的智慧值得我们借鉴。孔子曾经比较了齐桓公和晋文公两种霸权行为，认为齐桓公"正"而晋文公"谲"。认为齐桓公"正"的原因就在于，"桓公九合诸侯，不以兵车，管仲之力也。如其仁！如其仁！"（《论语·宪问》）也就是说，齐桓公和晋文公同样称霸，但是，两种霸权的路径与方式方法却有"正"和"谲"的不同。所谓"正"和"谲"，区别在于齐桓公依靠武力，却不轻易使用武力，此即孔子说的"九合诸侯，不以兵车"；相反，晋文公依靠武力，使用武力。也就是说，同样拥有武力，不用武力解决问题是"正"，用武力解决问题是"谲"。"谲"就是不正。在解决东亚区域内存在的一些问题上，中国政府一贯的主张是采用"正"的、和平的原则和手段，有时候看起来效果不是那么明显，然而，这类复杂问题的解决若急于求成，则往往欲速则不达；事缓则圆，运用"正"的、和平的原则和手段解决问题，才是大智慧。

第三，在对待和处理东亚秩序和东亚和平问题上，各国政府和人民都应该有儒家倡导的反躬自省的态度和精神。孔子指出："远人不服，则修文德以来之。"（《论语·季氏》）这话有其特定的语境，可是，我们可以引申一下。无论何人，无论远近，其所以"不服"，必定有原因。作为"不服"的对象，是否应该反躬自省，问一下为什么"不服"？儒家早已阐明两种服人的方式，一个是以力，一个是以德，孟子指出两种服人方式的效果："以力服人者，非心服也，力不赡也；以德服人者，中心悦而诚服也。"（《孟子·公孙丑上》）以力服人，人家并非心服，只是因为力量不够，暂时屈服而已，一旦力量足够强大，必定会反转过来。只有以德服人，别人才会心悦诚服。公元前652年，齐桓公集合八国伐楚，进抵楚国召陵，楚国急忙派出大臣屈完前来讲和。齐桓公为了炫耀武力，震慑楚国，在召陵与前来讲和的屈完一起乘车检阅八国组成的联军队，齐桓公说："以此众战，谁能御之？以此攻城，何城不克？"屈完不卑不亢，回答说："君若以德绥诸侯，谁敢不服？君若以力，楚国方城以为城，汉水以为池，虽众，无所用之！"（《左传·僖公四年》）屈完的回答铿锵有力，掷地有声。孟子从理论上，屈完从具体案例上，都回答了以力、以德的差别以及以德服人的必要性、合理性和正当性。古今一理。今天处理东亚事务，相关各方如果都有反躬自省的态度和精神，"一日三省吾身"，认真检查己方所作所为，是否"修文德"以及"修"的程度如何，自身是否端正，或许有一些问题就容易解决。孔子认为政治不过是执政者的身正问题而已，一则指出："政者，正也。子帅以正，孰敢不正？"（《论语·颜渊》）再则反复强调："其身正，不令而行；其身不正，虽令不从。"（《论语·子路》）孔子要求"修文德"，内容之一是修得一个"身正"，认为这是处理和解决问题的前提条件之一。今天看来，孔子和儒家倡导的反躬自省的智慧，在处理和解决东亚问题方面仍然是普遍有效的。

（本文为 2019 年 12 月在曲阜尼山圣境大学堂举行的国际儒学论坛上发表的论文，原载《中华孔学》2020 年第 1 期）

"忠恕"与"和而不同"

——维护和促进世界和平的孔子智慧

（一）

当今世界正在发生着深刻的变化。由于科技的突飞猛进和广泛应用，人们的交往方式和联系方式突破了空间与时间的限制，变得直接、简便而又迅速，世界越来越像一个"地球村"，人类生活在许多方面形成了得到共同认可、被普遍遵循的规则。全球化的时代已经到来。全球化的浪潮不仅冲击着早已形成的国际关系秩序，而且还挑战着、改变着多元文化和本土文化的发展趋势。一方面，在全球化的大背景下，任何一种本土文化都无法自我封闭，按照其固有的内在逻辑向前发展；多元文化间的互动、交流与融合，已成为人类文化发展的必然选择；另一方面，随着全球化的推进而形成的价值理念和行为规则上的"一体化"，有利有弊，从其"弊"的一面来说，它限制了人类自由选择的空间，威胁到了人类文化、文明的多样性，当其为霸权主义和单边主义所利用的时候尤其如此。

事实上，冷战结束以后，"地球村"里并不安宁。意识形态的对抗与冲突依然存在，"文明的冲突"渐渐凸显、上升，不同民族、不同宗教间的摩擦与冲突在一些地区愈演愈烈，世界的稳定与和平受到威胁。

因此，在全球化时代，如何维护和促进世界的稳定、和平与发展，成为各国政治家、思想家乃至平民百姓普遍关心和思考的重大问题。欲寻求此一重大问题的解决之道，重新学习、研究孔子的思想和智慧无疑是有益的。这是因为，孔子不仅主张和平，坚持"和为贵"（《论语·学而》），而且还进一步提出了达到和平的方法。我们完全可以说：人类要在 21 世纪维护和促进世界和平，必须回首 2500 年前，汲取孔子的智慧——孔子关于"和为贵"以及"仁爱""忠恕""和而不同"的智慧。

（二）

孔子主张和平，爱好和平，坚持"和为贵"，认为和平手段对于解决争端、化解矛盾而言，在通常情况下优于战争或其他暴力手段，除非迫不得已，不可轻易"谋动干戈于邦内"（《论语·季氏》）。

孔子主张和平，是以其"仁爱"思想作为出发点的。

孔子思想以"仁"为核心。孔子时代，"言仁必及人"（《国语·周语下》，韦昭注"博爱于人为仁"），孔子本人在回答弟子对"仁"的疑问时，明确指出"仁"就是"爱人"（《论语·颜渊》），把"爱人"规定为"仁"的一项基本内容。孔子的"仁"固然以孝悌为本，但又能突破血缘关系的束缚，而扩大为"泛爱众"（《论语·学而》）。正因为"仁"的要求是"爱人""泛爱众"，孔子认为，仁人必须"能行五者于天下"（《论语·阳货》），再进一步则是"博施于民而能济众"（《论语·雍也》）。有一种观点认为，孔子的"仁爱"是建立在血缘亲情上的爱，是有差等的爱，与墨子的无差等的"兼爱"不同。其实，这只是看到了"仁爱"的一个层面，即"亲亲"的层面。"仁爱"是开放的，向外扩展的。孟子曾把"仁爱"的展开概括为三个依次递升的层面，即"亲亲而仁民，仁民而爱物"（《孟子·尽心上》）。"仁爱"在其"亲亲"的层面上，的确是有差等的；但进至"仁民"的层面，就是"泛爱众"，也就是孔子弟子子夏所说的"四海之内，皆兄弟也"（《论语·颜渊》），在这个层面上，孔子的"仁爱"与墨子的"兼爱"并无大的分别，所以，汉儒董仲舒正确地指出："仁者，所以爱人类也"（《春秋繁露·必仁且智》）；及至上升到"爱物"的层面，"仁"就变成了一种类似于"天无私覆，地无私载，日月无私照"（《礼记·孔子闲居》）的天地之爱。可见，孔子的"仁爱"有其扩展的内在逻辑，虽然扎根于血缘亲情，却既能够突破"亲亲"的局限而进至"仁民"的层面，成长为"爱人类"的普遍之爱；又能够突破"仁民"的局限而进至"爱物"的层面，到达天地之爱的境界。

孔子的"仁爱"，在其为普遍的人类之爱的意义上，无疑是维护和促进世界和平的理论前提。"仁爱"要求人们相亲相爱，要求打破国家、民族、宗教、文明之类的畛域、界限，博爱一切人，"四海之内，皆兄弟也"，平等相待，亦平等相爱；只要能够做到"仁爱"，自然就会化解矛盾，消除敌意，以沟通对话代替摩擦对抗，以合作双赢代替你争我斗的两败俱伤。完全可以这样说，在当今世界上，多一份仁爱，就多一份温情；多一份互助，就多一份和平。

（三）

在儒家看来，"亲亲"是"仁"的生长点和出发点，故《中庸》指出："仁者，人也，亲亲为大。"既然"仁爱"以"亲亲为大"，那么，在普遍的人类之爱的层面上，"仁爱"又是如何实现的呢？换言之，"仁爱"如何由"亲亲"扩展至爱一切人？一个人爱自己的父母，爱自己的兄弟姐妹，乃是出于血缘亲情，这非常容易理解。可是，当他进一步面对乡党，特别是面对与自己毫无血缘关系亦毫无亲情可言的陌路人时，他还会有"仁爱"之心吗？这显然是一个问题。孔子充分意识到了这个问题，所以他运用推己及人的方法将爱亲人与爱他人联结了起来，使得"老吾老，以及人之老；幼吾幼，以及人之幼"（《孟子·梁惠王上》）成为可能。

推己及人，在儒家那里，有着坚实的心理学基础和社会学基础。就其心理学基础而言，孟子认为，人皆有"不忍人之心"或"恻隐之心"，他举例说：

任何人乍见孺子将要掉进井里，都会顿生"恻隐之心"，不假思索地去抢救这个孩子，而"恻隐之心，仁之端也"（《孟子·公孙丑上》），努力扩充这"恻隐之心"，就会如星星之火可以燎原一样，成长为博大的"仁爱"。就"仁爱"的社会学基础而言，《吕氏春秋·爱类》早已正确地指出："仁于他物，不仁于人，不得为仁。不仁于他物，独仁于人，犹若为仁。仁也者，仁乎其类者也。"这里特别强调了"仁"对于人的意义。"仁乎其类"，是因为"凡同类者，举相似也"（《孟子·告子上》），故"仁者，所以爱人类也"（《春秋繁露·必仁且智》）。人皆圆颅方趾，属同类，同类相似，有共通共同之处，自然会同气相应，同声相求，所以"一家仁，一国兴仁；一家让，一国兴让；一人贪戾，一国作乱；其机如此"（《大学》）。历代儒家皆识此"机"，对此"机"看得很清楚。

在孔子看来，推己及人有两种方法。一种是被称为"忠"的方法，即"己欲立而立人，己欲达而达人"（《论语·雍也》）。这是从肯定的、积极的层面说的，从自己的"欲立""欲达"，推想到他人的"欲立""欲达"，进而推想他人的"欲立""欲达"为自己所躬亲，乃积极促成他人的"欲立""欲达"。一种是被称为"恕"的方法，即"己所不欲，勿施于人"（《论语·卫灵公》），或者"我不欲人之加诸我也，吾亦欲无加诸人"（《论语·公冶长》）。这是从否定的、消极的层面上说的，从自己的"不欲"，推想到他人的"不欲"，无论如何不能把自己的"不欲"强加给他人。这两种推己及人的方法，都被孟子称为"仁术"，并说："古之人所以大过人者，无他焉，善推其所为而已矣。"（《孟子·梁惠王上》）"善推其所为"，即善于由己之所为推而及于人，这是仁爱的基本要求，也是实行仁爱的基本方法。

比较而言，孔子似乎更加推崇"恕"的方法，他在回答弟子问"有一言而可以终身行之者乎"时，曾明确指出："其恕乎！己所不欲，勿施于人。"（《论语·卫灵公》）"忠""恕"同为推己及人的"仁术"，为何孔子的回答只言"恕"不言"忠"？这显然是值得留意的。应该看到，人之欲千差万别，一人之所欲未必是另一人之所欲。就孟子说的"口之于味，有同耆也"（《孟子·告子上》)而言，青菜萝卜，各有所好，好青菜者坚持让好萝卜者亦吃青菜，未免强人所难。这说明"己欲立而立人，己欲达而达人"(《论语·雍也》)有其一定的适用范围；超出其适用范围，到处套用，很可能适得其反，好心办了坏事。相反，好青菜者自好而已，不强迫别人亦吃青菜，双方相安无事，这更容易为人所接受。当然，这里也有问题，即一人之不欲有时恰恰是另一人之所欲，如果这时仍坚守"己所不欲，勿施于人"，必定失去一次助人为乐的机会。可是，两弊相权取其轻。就弊的一面而言，"己所不欲，勿施于人"至多是对需要帮助的人没有帮助，而这个需要帮助的人毕竟没有得到什么，也没有失去什么。"己欲立而立人，己欲达而达人"则往往变成"己所欲，施于人"，把自己之所欲强加给另有所欲的他人，结果给他人带来不适，甚至造成伤害。这在现实生活中并非少见。由此看来，主动、积极地推己及人，只有在双方有同欲而对方乐意接受的情况下，才是道德的、可行的，否则很可能转化为不道德；而消极性地推己及人，无论在什么情况下，都保持了对他人的尊重，即使对人无益，却也无害。无害于人，这已是最低限度的道德要求！正因为"己所不欲，勿施于人"内含了这种最低限度的道德要求，所以它是普遍适用的，四海之内的每一个人都应该做到。但须注意，"己所不欲，勿施于人"不可随意转化为它的反命题——"己所欲，施于人"。后者，或者其更准确地表述"己欲立而立人，己欲达而达人"，是更高的道德要求，惟其更高，也就需要更高的实行条件，即人己双方之欲相同，人们对此须"明辨之"，然后乃"笃行之"，在其适用边界内积极推行而无过无不及。

必须看到，无论是"己欲立而立人，己欲达而达人"，还是"己所不欲，勿施于人"，都要首先立足于"己"，从"己"出发，推己及人。这自然就凸显了"己"的重要性。因此，孔子反复强调"克己""修己""正身"，说："政者，正也。子帅以正，孰敢不正？"(《论语·颜渊》)又说："其身正，不令而行；其身不正，虽令不从。"(《论语·子路》)一个人只有端正了自己，自己的"欲立""欲达"合乎正道，合乎理性，合乎人性，由此推己及人，才能与人携手共进于正道。

（四）

"己所不欲，勿施于人"内含的一个逻辑前提是承认并尊重他人的生存权利，包括理解和宽容他人的言说与行为，以及尊重他人的生存、生活方式。这就要求人己双方互为主体、平等相待。每一个人都有自己的人格尊严和自由意志，并且容不得一丝一毫的侵犯和侮辱。古人有宁死不食嗟来之食者，原因就在于施舍者居高临下，全无平等待人的气度。所以，在人己关系上，必须互以对方为重，互为主体，平等相待，既不自大于人，也不自卑于人。

人与人之间应该平等相待，国与国之间、民族与民族之间、宗教与宗教之间、文明与文明之间何尝不应该如此！在迄今为止的世界历史上，国家之间或民族之间，强者以力服人者有之，弱者甘为附庸者有之；宗教之间或文明之间，水火不容、相互排拒者有之，自高自大、强人就己者有之，如此等等。那么，国家、民族、宗教、文明之间如何才能做到互以对方为重、互为主体、平等相待呢？这就需要汲取孔子的"和而不同"智慧了。

"和而不同"，是孔子总结、继承前人的智慧提出来的。孔子以前，古人已对"和""同"有所认识，并形成了一些宝贵的思想。西周末年，一位叫作史伯的人说："夫和实生物，同则不继。以他平他谓之和，故能丰长而物归之。若以同裨同，尽乃弃矣。故先王以土与金木水火杂，以成百物"（《国语·郑语》）。在这里，"和"与"同"是指事物的两种存在状态。"和"是指多种事物间的谐和，"同"是指单一事物的堆积。多种事物的共存、和谐，可以产生新事物，如"以土与金木水火杂，以成百物"，所以说"和实生物"。单一事物的堆积，不能产生新事物，如以水灌水仍是水，以火添火仍是火，这叫"以同裨同"。

后来，"和"与"同"又被看作是对待事物的两种根本不同的态度。如和孔子同时代而略早一点的齐国名相晏婴，在和齐景公论君臣关系时，严格区分"和"与"同"，指出："君所谓可，而有否焉，臣献其否，以成其可；君所谓否，而有可焉，臣献其可，以去其否"（《左传·昭公二十年》），这叫作

"和";"君所谓可，据亦曰可；君所谓否，据亦曰否"（《左传·昭公二十年》，"据"指齐景公的佞臣梁丘据），这叫作"同"。在晏婴看来，君臣之间，君不专制，不搞一言堂，臣能提出不同意见，君能接受不同意见，以成就君臣之"和"，就可以做到"政平而不干，民无争心"（《左传·昭公二十年》）；反之，君搞专制、一言堂，君乾纲独断，臣唯唯诺诺，"若以水济水，谁能食之？若琴瑟之专一，谁能听之？同之不可也如是"（《左传·昭公二十年》）。同理，再进一步将"和"与"同"推广应用到其他事物上，也是"和"有益、"同"有害。所以，孔子在总结前人思想的基础上，明确提出了"和为贵"（《论语·学而》）及"和而不同"（《论语·子路》）的主张。

"和而不同"在今天仍然是普遍适用的，对于人们正确看待和处理不同国家、民族、宗教、文明之间的关系尤其具有重要的指导意义。全球化的迅速发展，已使当今世界在某些方面出现了"趋同化""一体化"的迹象，并且正在形成、出现一些共同的规则、价值。多元文明之"和"是人类文明繁荣发展的基本前提；单一文明之"同"则是人类文明发展的桎梏。每一个国家、民族的本土文明都应受到尊重、理解与保护，也都应与其他文明平等对话，自由交流，取长补短，相互促进，共同发展。不同文明间互以对方为重、互为主体的平等对话、沟通，以达到相互理解、尊重、宽容、扶持，推己及人，是当今人类文明发展所必需的。那种出于一己之见，自以为是，硬要把自己的价值观强加给别人的做法，大搞"同而不和"，千篇一律，是文明霸权主义的表现。对此，我们必须有所警觉，绝不能允许文明霸权主义横行于世。不同文明如此，不同国家、民族、宗教同样如此。历史和现实都表明，在国际或地区间推行一己独大的单边主义，以及由此衍生的种种霸权主义，违背了"和而不同"的原则，是世界或地区不稳定的重要因素，是战乱的根源之一，人类应该清醒地认识到其危害性。

今天，和平崛起的中国高度重视孔子的"和而不同"思想。"和而不同"，和谐而又不千篇一律，不同而又不彼此冲突；和谐以共生共长，不同以相辅相成。"和而不同"，是社会事物和社会关系发展的一条重要规律，也是人们处世行事应该遵循的准则，是人类各种文明发展的真谛。用"和而不同"的观点观察、处理问题，不仅有利于我们善待友邦，也有利于国际社会化解矛盾。我们主张，世界各种文明、社会制度和发展模式应相互交流和相互借鉴，在和平竞争中取长补短，在求同存异中共同发展。

中国领导人对孔子"和而不同"思想的应用及所做的准确而恰当的阐发，昭示了包括中国在内的所有追求世界稳定、和平和发展的各个国家的共同立场，也充分说明了孔子的思想和智慧在21世纪光彩犹存，能够继续指引着人类社会前进的脚步。

（本文为2004年8月马来西亚吉隆坡第一届儒学国际学术研讨会上发表的论文，马来西亚《星洲日报》予以转载报道。同年9月提交纪念孔子诞生2555周年国际学术研讨会，后收入《纪念孔子诞生2555周年国际学术研讨会论文集》第三卷）

儒学与当今社会

齐鲁文化与中华民族核心价值观

在中国历史上，核心价值观通常指道德价值观，而道德价值观最初被称为"明德"。司马迁在《史记·五帝本纪》中指出："天下明德皆自虞帝始。"这似乎说明虞舜是构建中国核心价值观的第一人。据《孟子》记载，虞舜是生于诸冯（今山东诸城市）的东夷之人。东夷人以黄河下游的海岱地区为其活动中心，尔后从海岱地区成长起来的齐鲁文化又成为中国历代思想家构建核心价值观必须汲取的重要思想资源。可以说，从尧舜时代，经夏商周三代，到秦汉至明清，以至于民国时期，每一历史时段都有相对稳定的、为主流社会所认同的核心价值观；每一历史时段的核心价值观都与齐鲁文化有关。

一、尧舜时代核心价值观："五教"

尧舜时代，中华民族跨入了文明社会的门槛。以尧为首领的夏人和以舜为首领的夷人携手合作，建立了我国历史上第一个不按血缘原则而按地缘原则组织起来的"帝"国政权。这个"帝"国政权在尧帝时代似乎还具有夷夏方国"邦联"的性质，而到了舜帝时代，由于"协合万邦"、处理社会公共事务的国家职能越来越得到强化，舜帝分官设职，从分工管理的角度健全完善了政府组织，推动"邦联"走向"联邦"，从而催生了真正意义上的国家政权。先秦历史文献称舜帝政权为"虞"，将其视为我国历史上第一个朝代，与夏商周并称为"四代"①。

尧舜建立的"帝"国政权明显具有夷夏合作的性质。"帝"国最高统治者由夷夏双方首领轮流担任，其实就是夷夏双方轮流执政。第一代最高统治者是夏人首领尧帝，他选拔了合作方夷人首领舜作为接班人，并在年老时推举舜担任"摄政"。舜经由禅让即位称"帝"后，又以尧之后的夏人首领禹为接班人。禹继位后，按规则选举了舜之后的夷人首领皋陶作为接班人。②直至禹的儿子启暴力夺取政权，建立了夏朝，才彻底终止了尧、舜、禹、皋陶之间一直严格遵循的夷夏轮流执政的规则。

夷人是东方土著居民，称"东夷"；因其部族有九，又称"九夷"。在尧舜"帝"国时代，东夷人之所以能够与夏人分庭抗礼，赢得轮流执政的权利，不仅是因为东夷人拥有不低于夏人的经济、社会发展水平，还因为东夷人拥有发达的先进文化。不少学者对此做了比较充分的研究。③东夷人秉性温柔，敦厚和平，礼让不争，崇尚仁德。他们的习俗与文化具有鲜明的特点，东汉学者许慎曾用"夷俗仁"（《说文解字·羊部》）三字予以提炼、概括。《后汉书·东夷列传》也指出：东夷人"仁而好生……天性柔顺，易以道御，至有君子、不死之国焉"④。海岱地区"夷俗仁"的民风，历数千年传承不已，到了"礼失而求诸野"的春秋时期，日益彰显其价值，以至于孔子称赞"学在四夷"（《左传·昭公十七年》），又声称"欲居九夷"（《论语·子罕》）。正因为东

---

① 尧舜时代，关于国家的产生与虞朝的建立，笔者曾经作了比较详细的分析与说明。见王克奇、王钧林主编：《山东通史》（先秦卷），人民出版社2009年版，第61—70页。

②《史记·夏本纪》记载："帝禹立而举皋陶荐之，且授政焉。"

③ 王献唐、李白凤、张学海、逄振镐等学者对此都有深入系统的研究，逄振镐著有《东夷文化研究》一书（齐鲁书社2007年版），尤其值得参考。

④《淮南子·地形训》："东方有君子之国。"《山海经·海外东经》："君子国，……其人好让不争。"这些文献记载的"君子之国""君子国"，与《后汉书》记载的"至有君子、不死之国"，应该是异名而同实。

夷人有仁德，又为孔子所尊重，所以有学者断定：东夷人的社会道德观念，"便是中国历史传统上所说的'仁道'。……孔子本是接受东方传统的仁道思想的，又进一步发展为儒学的中心理论"①。

由"夷俗仁"可知，东夷文化的基本特点是重视伦理道德。出身东夷的舜帝，作为夷夏联邦"帝"国的第二代领袖，从摄政之初，就着力推行道德文明建设，将东夷人崇尚的仁德推广普及到整个"帝"国，并且将仁德具体化为"五教"：父义、母慈、兄友、弟恭、子孝。父母、兄弟、子女是家庭关系的三大基石。"五教"是处理家庭伦理关系的道德规范，是父、母、兄（姐）、弟（妹）、子（女）每一个体家庭成员应当遵循的道德准则。"五教"的产生反映了尧舜时代中国社会组织从氏族演变到了家族乃至家庭的基本事实。家庭一经产生，便构成了稳定的社会细胞，家庭的价值受到了普遍的肯定与推崇。舜帝推行人文教化，将家庭伦理放在首位，把五种家庭角色应当遵守的伦理准则——父义、母慈、兄友、弟恭、子孝，上升为"帝"国普遍奉行的价值准则，当时称为"五教"，后世视为"明德"。不难看出，以"五教"为"天下明德"，实际上揭示了"五教"是尧舜时代的核心价值观，也是中华民族在历史上最早形成的核心价值观。

东夷文化是尧舜时代海岱地区的主流文化。到了周秦时代，东夷文化仍然是海岱地区多元文化中的一支，与当时的主流文化——齐鲁文化并存并行达数百年之久。东夷文化与齐鲁文化关系密切。东夷文化的优秀成果，包括舜帝发明的"五教"核心价值观，为齐鲁文化所继承，自然也就包含在齐鲁文化之中。

二、周秦时代核心价值观的构建

周秦时代，中国社会发生了深刻的变化。以宗法制和分封制为基础建立起来的国家体制，到了春秋时期开始逐渐走向解体。宗法血缘关系与公共地

---

① 王献唐：《山东古国考》，齐鲁书社 1983 年版，第 219 页。

缘关系打破了原有的家国一体化的平衡，开始向公共地缘关系一方大幅度倾斜。民众的迁徙与杂居，使得超越"族类"的新型社会关系和公共利益快速产生、成长；维持社会公共秩序、捍卫社会公共利益、处理社会公共事务逐渐成为国家的主要职能。以鲁国为例，原来设"内朝"处理家事，设"外朝"处理国事，"以内朝体现其家的、血缘的、私人的性质，而以外朝体现其国的、地缘的、公共的性质"①，内外两朝几乎平起平坐，全由同姓宗法贵族世袭把持，不容异姓之人染指；到了春秋时期，外朝权力迅速扩张，形成一朝独大、外朝专政的局面。孔子和他的弟子们在鲁国纷纷从政，在"大人世及以为礼"的旧制度上打开了一个缺口。由于社会公共事务取代了私人宗法事务而上升为国家要务，如何处理社会公共事务成为人们普遍关注的重点。不少政治家和思想家已经认识到，必须确立一些处理社会公共事务的准则或原则，这些准则或原则必须是执中的、公正的。执中意味着不偏不倚，公正意味着无私无党。执中、公正的原则表面看来价值中立，冷漠无情，实质上却有着以善为目的的价值取向。因为国家不是单纯的事务主义机关。国家存在的价值和意义在于光大"明德"，在于提升全体社会成员的道德素养以"止于至善"。显然，时代已经提出了必须确立新的核心价值观的要求。

于是，新兴的诸子百家一下子找到了他们的理论聚焦点，纷纷为他们所处的时代构建核心价值观。

诸子百家构建的核心价值观，《吕氏春秋·不二》曾经给出了一言以蔽之的概括，曰："老耽贵柔，孔子贵仁，墨翟贵兼②，关尹贵清，子列子贵虚，陈骈贵齐，阳生贵己，孙膑贵势，王廖贵先，儿良贵后。"一字概括，太过简略。我们需要重新做出考察。从传世文献资料和地下出土的简帛文献资料来看，诸子百家提出的核心价值观，至少有以下七种。

一是儒家"四书"之一《中庸》所表达的"三达德"：智、仁、勇；二是儒

---

① 关于各诸侯国内朝与外朝的设置，我曾以齐鲁两国为例作过专门的分析与说明，见王克奇、王钧林主编：《山东通史》（先秦卷），第216—245页。

② 原文"墨翟贵廉"，《尸子·广泽》引作"墨翟贵兼"，疑"廉乃""兼"字之误。

家思孟学派提出的"五行"：仁、义、礼、智、圣[1]；三是郭店楚简《六德》中的"六德"：圣、智、仁、义、忠、信；四是墨家倡导的兼爱、和平、尚同、尚贤、节俭；五是《管子》一书阐明的礼、义、廉、耻；六是道家阐发的自然、无为、清静、柔弱；七是法家推崇的法、术、势。

这七种核心价值观，是儒、墨、道、法四大学派分别独立创造的理论成果，弥足珍贵。思想家们提供他们的理论成果，不是为争鸣而争鸣，而是为了在争鸣中有比较，有鉴别，让人们有自由选择的空间，以此确保全社会能够择其善者而从之。

以上七种核心价值观中，前五种出自齐鲁文化。《中庸》《管子》和思孟学派出自齐鲁，毫无疑义。郭店楚简《六德》虽然写于楚国，埋于楚地，但它属于儒家文献，是邹鲁儒学南传于楚的成果。墨家同儒家一样出自邹鲁地区，儒墨是邹鲁之士、搢绅先生创立的两大"显学"[2]。法家推崇的法、术、势也与齐文化有着直接的思想渊源。《管子》一书有不少篇章论及法、术、势，齐国兵家孙膑贵"势"，齐国稷下先生慎到重"势"，这都为法家集大成者韩非构建法、术、势的核心价值观所汲取。在我们随手拈出的七种核心价值观中，五种出自齐鲁文化，一种有齐鲁文化的因子，足见齐鲁文化资源是何等的丰厚而珍贵！

三、秦汉至明清核心价值观："三纲五常"

公元前221年，秦帝国建立，这是中国历史上具有重大标志性意义的事件：从"一天下"到"一制度"，长达数百年之久的中国社会转型最终完成。

儒学与当今社会

---

[1] 孟子首揭仁、义、礼、智"四德"；后来，荀子批判思孟"五行"说。从孟子的"四德"到思孟学派的"五行"，其间是何种关系，又是如何演变的，今人已不得而知。思孟"五行"说，究竟所指为何，近百年来异说纷纭。1973年长沙马王堆帛书出土后，庞朴先生根据帛书《五行》，揭示了思孟"五行"为仁、义、礼、智、圣。见庞朴：《马王堆帛书解开了思孟五行说之谜》，载《文物》，1979年第10期。

[2] 墨子故里有争议。我认为墨子出自邹鲁，儒墨同属于《庄子·天下》所说的"邹鲁之士，搢绅先生"。

以大一统背景下的郡县制、中央集权制和君主专制为基本特征的"秦政"取代了以分封制、宗法制和贵族政治为基本特征的"周制"，成为被秦以后历朝历代因循承袭的制度模式，①历两千余年而不变，创造了人类文明史上的奇迹。

秦政一经确立，如何构建与其相适应的核心价值观很快便成为当时思想家们必须面对和解决的时代课题。为秦政的设计与创建做出最大贡献的法家以及儒家先后承担并完成了这一时代课题。

与两千余年间大行其道的秦政相适应的核心价值观是"三纲五常"。"三纲五常"可以一体视之，也可以分而言之，两者各有各的渊源。

"三纲"是儒法两家共同发明、倡导的。"三纲"的原型是法家集大成者韩非提出的"三常道"："臣事君，子事父，妻事夫，……此天下之常道也。"（《韩非子·忠孝》）②后来，汉代大儒家董仲舒将"三常道"提炼为"三纲"，强调指出："王道之三纲，可求于天。"③赋予"三纲"以合乎王道、源自天命的合法性。到了79年，汉章帝授意召开的白虎观会议上，"三纲"第一次被明确表述为"君为臣纲，父为子纲，夫为妻纲"。

"五常"是儒家的独立发明。"五常"一词在《尚书》中早已有之，历代注释家多将其释为"五教"，换言之，这里的"五常"、"五教"同义，都是指父义、母慈、兄友、弟恭、子孝。与"三纲"相匹配的仁、义、礼、智、信"五常"，应该追溯到思孟学派提出的"五行"仁、义、礼、智、圣。不言而喻，这非常接近"五常"。董仲舒将此"五行"中的"圣"置换为"信"，便形成了仁、义、礼、智、信"五常"的定型版本。

"三纲"与"五常"经由不同的途径而形成，两者有一个比较复杂的整合

---

① 谭嗣同说："两千年之政，秦政也。"毛泽东说："百代都行秦政制。"秦政的原始版本两千余年间一再复制，几乎没有升级换代。枝节上的损益完善，并没有改变其精神与特点。

② 不少学人据此认为"三纲"与董仲舒以前的儒家无关，其实，"三纲"所张扬的君权、父权、夫权，儒家和法家同样坚持，儒家从孔子到荀子有不少强调君权、父权、夫权的言论。

③《春秋繁露·基义》说："君臣、父子、夫妇之义，皆取诸阴阳之道。君不阳，臣不阴；父不阳，子为阴；夫为阳，妻为阴。……王道之三纲，可求于天。"

过程，大约到公元2世纪前后，最终合并成一个联合词组："三纲五常"[①]。"三纲"与"五常"匹配成功，意味着从秦汉到明清中国社会核心价值观的完全确立。"三纲五常"历来被视为中国传统社会的"根本大法"，被朱元璋盛赞为"垂宪万世的好法度"。

"三纲五常"作为中国传统社会的核心价值观，在历史上起到了凝聚共识、统一思想、维持社会秩序的巨大作用。近代以来，"三纲五常"不断受到质疑、批判乃至唾弃，但是，必须看到，"三纲五常"与传统社会相适应，具有不容抹煞的历史价值和意义；到了现代社会，"三纲五常"虽然总体上不合时宜，却不可全盘否定，分开来看，至少"五常"仁、义、礼、智、信具有超越时代的价值[②]。

"五常"出自邹鲁孔孟之间儒家的造说。"三纲"草创于法家，完成于儒家。草创"三纲"原型的法家韩非据说是大儒荀子的弟子。荀子一生基本上在齐国度过，数次担任齐国稷下学宫的"祭酒"，是齐国无可争议的学术领袖，因此，荀子属于儒家的"齐学"系统。完成"三纲"定型的大儒董仲舒，是汉代"春秋公羊学"大师。"春秋公羊学"出自儒家的"齐学"系统。由此看来，三纲与儒家的"齐学"系统有着密切联系。如果说"五常"出自儒家的"鲁学"系统，那么可以说，"三纲"出自儒家的"齐学"系统。"三纲五常"是从齐鲁儒学资源中开发出来的核心价值观。

四、民国时期核心价值观：礼、义、廉、耻"四维"

1912年中华民国建立，这是近代以来中国社会转型迈出的重要一步：从帝制走向共和，从传统社会走向现代社会。共和时代开启之前，张之洞已知

---

①"三纲五常"作为一个联合词组，最早见于马融（79—166）为《论语》所作的注文。此前，汉章帝建初四年（79年），白虎观会议提出了"三纲六纪"说。从"三纲六纪"到"三纲五常"的整合过程，文献不足，不可详考。

②我在拙作《论"五常"的现代价值》一文中，对"五常"的超越时代的价值作过分析说明。关于"三纲"是否具有现代价值，学者们意见不一。我认为"三纲"不同于"五常"，"三纲"强化君权、父权、夫权，与现代平等理念有抵牾之处，不完全适用于现代社会。

"三纲"与民权、平等学说相抵牾，他在《劝学篇》中说："知君臣之纲，则民权之说不可行也；知父子之纲，则父子同罪免丧废祀之说不可行也；知夫妇之纲，则男女平权之说不可行也。"① 实质上揭示了"三纲"与共和时代的枘凿不相合。1919年爆发的"五四"新文化运动对传统文化和纲常名教展开了猛烈的批判与攻击，几乎摧毁了以"三纲五常"为标识的核心价值观。破旧而未能立新。科学、民主、自由、平等、人权等舶来品，仅为少数革命者和知识分子所接受，并没有深入推广到民间社会，也就没有被确立为全社会认可和接受的核心价值观。

民国应该有与共和时代相适应的核心价值观。然而，民国命运多舛，内忧外患接踵而至，国无宁日，生民憔悴，哪有余力构建核心价值观！即使如此，1934年民国政府仍然在南昌发起了"新生活运动"，提出了礼、义、廉、耻的价值准则，明确规定以礼、义、廉、耻作为国民教育的中心内容，重新解释礼、义、廉、耻，赋予其全新的内涵②，试图以此收拾人心，整合思想，规范社会，振兴民族。"新生活运动"是民国时期持续最久的国民教育运动，因此，我们也就不妨把这一运动倡导的礼、义、廉、耻视为民国时期的核心价值观。

礼、义、廉、耻被称为"四维"，如同仁、义、礼、智、信被称为"五常"，都是两千多年前已经形成的道德理念。礼、义、廉、耻"四维"虽然和"五常"一样具有超越时代的永恒价值，但是，将礼、义、廉、耻"四维"原封不动搬来作为民国时期的核心价值观，似乎体现不出现代性的特征，有"药方只贩古时丹"之嫌。尽管未能尽善尽美，礼、义、廉、耻作为核心价值观，对民国时期的"新生活运动"仍然起到了积极的指导作用。

---

① 张舜徽：《张舜徽集·清人文集别录》，华中师范大学出版社2004年版，第521页。
② 蒋介石是"新生活运动"的发起者，他最初解释礼、义、廉、耻时说："'礼'，是规规矩矩的态度，'义'，是正正当当的行为，'廉'，是清清楚楚的辨别，'耻'，是切切实实的觉悟。"后来又改为："'礼'，是严严整整的纪律。'义'，是慷慷慨慨的牺牲。'廉'，是实实在在的节约，耻是轰轰烈烈的奋斗。"见蒋介石：《新生活运动五周年纪念告全国同胞书》。

礼、义、廉、耻"四维"是从《管子》一书中总结提出的。该书首篇《牧民》指出："国有四维,一维绝则倾,二维绝则危,三维绝则覆,四维绝则灭。……何谓四维?一曰礼,二曰义,三曰廉,四曰耻。""维"的本意是粗壮坚实的绳子,这里引申为纲纪、法度的意思。将礼、义、廉、耻视为"国之四维",是齐国思想家的认识。这一认识成果穿越时空,为民国时期继承、利用,说明齐鲁文化资源蕴藏着巨大的开发价值。

从以上四个历史时段核心价值观的简单梳理中,可见齐鲁文化的非同凡响。齐鲁文化以儒学为大宗,以东夷文化为先导,是构建中华民族核心价值观的重要思想资源。鉴古而知今,我们今天践行当代中国的核心价值观,对齐鲁文化资源的开发利用不可或缺。

(本文原载《齐鲁师范学院学报》2012年第6期)

儒学与当今社会

论"五常"的现代价值

　　"五常"分别指仁、义、礼、智、信，这是儒家大力倡导、我国古代社会普遍认可和接受的五种道德范畴。"五常"与"三纲"合称"三纲五常"，被奉为古代社会的"万世不易"的规则 。"五四"新文化运动以后，"三纲五常"作为封建纲常遭到了猛烈的批判，几乎被全部唾弃。其实，"三纲"与"五常"可以分开来看，"三纲"确实不合时宜，应该抛弃；"五常"却有其一定的价值，仁、义、礼、智、信的基本内核仍然合乎现代的需要，应该继续提倡，传承发扬。

一、"五常"的由来

　　"五常"的概念，最早出现于《尚书·泰誓下》中的"狎侮五常"一语，历代的注疏家多以为这里的"五常"是指父义、母慈、兄友、弟恭、子孝，而不是指仁、义、礼、智、信，因为后者产生的年代甚晚，不可能出现于商周之际。

　　仁、义、礼、智、信，不并列为"五常"，而分别作为单个的道德范畴，在孔子的思想体系里早已出现，并且有了确定的内涵。除了仁、义、礼、智、信以外，孔子还倡导其他道德规范，如孝、忠、恕、诚、直、勇、恭、敬、宽、惠、敏、俭、让，等等，然而，孔子并没有将仁、义、礼、智、信从他倡导的众多德目中单独提取出来，予以特别的重视和强调。孔子以后，《中庸》提出了智、仁、勇"三达德"的概念。孟子从人的本心出发，以人皆有之的恻隐之心、羞恶之心、辞让之心、是非之心为基础，提炼出了仁、义、礼、智四种德行，这已经非常接近于"五常"了。荀子反对子思、孟子的儒学主张，批判他们依据旧说虚构了一个"五行"说。这个"五行"是指什么，历来众说纷纭，莫衷一是。直至1977年庞朴先生认真研究了马王堆帛书《五行》，才揭开了思孟五行的千古之谜，原来思孟五行不是金、木、水、火、土，而是指仁、义、礼、智、圣。[1] 1993年出土的郭店楚墓竹简《五行》再次证实了庞朴先生的发现。仁、义、礼、智、圣"五行"与仁、义、礼、智、信"五常"，只有一字之差，二者极其接近。郭店楚墓竹简《六德》提出了圣、智、仁、义、忠、信"六德"的概念，[2] "六德"与"五常"虽然不很接近，却是大同小异。《管子·牧民》在儒家的思路之外，提出了"国有四维"的主张。可见，孔子以后，不少思想家试图对他们那个时代通行的众多道德规范作出归纳、总结，抓住纲领，以简驭繁，可是，还没有提出"五常"的组合。到了秦汉之际，有人偶尔提及"五常"，如《孔丛子·对魏王》载："人含五常之性"；《新语·术事》曰："人道治五常"。这两处五常是指父义、母慈、兄友、弟恭、子孝，还是指仁、义、礼、智、信，书中没有明确交代，一时难以判断。

迄今为止，我们所知最早将仁、义、礼、智、信组合为"五常"的是董仲舒，他在其著名的《举贤良对策》中说："夫仁谊礼知信五常之道，王者所当修饬也。"（《汉书·董仲舒传》）比较一下以上几种说法，能够看出，董仲舒的"五常"，应该是从思孟五行转化而来，因为两者极为相近，只需将思孟五行中的"圣"置换为"信"。"信"是重要的道德范畴，但在以上提到的几种

① 庞朴：《马王堆帛书解开了思孟五行说之谜》，载《文物》，1979年第10期。
② 荆门市博物馆编著：《郭店楚墓竹简》，文物出版社1998年版，第187—190页。

组合中，只有郭店楚墓竹简《六德》将"信"作为"六德"之一，其余的"三达德""四维""五行"等都没有"信"。《六德》篇早在孟子之前即已被葬入地下，它是否以某种抄本形式流传至汉代而为董仲舒所见，从而影响董仲舒的"五常"说，今已不得而知。总之，董仲舒以"信"为"五常"之一，提高了"信"的地位，突出了"信"的功能和作用，这是董仲舒"五常"说的特点，也是董仲舒的一个贡献。

董仲舒完成了"五常"的仁、义、礼、智、信组合，又明确提出了"三纲"说，以君臣、父子、夫妇为人伦关系的"三纲"。但是，在董仲舒那里，"三纲"与"五常"分别存在，还没有合流，[①] 这减弱了"三纲"与"五常"的社会效用。等到"三纲"与"五常"合二为一，取得了一加一大于二的效果，被推崇为"垂宪万世"的法度时，"三纲五常"才真正发挥了纲纪天下的作用。

二、"五常"的性质与意义

儒家重视人伦关系，并且特别重视人伦关系中的血缘关系，这是人尽皆知的。《中庸》在申明了"三达德"之后，还阐述了"五达道"，也就是五种人伦关系，"曰君臣也，父子也，夫妇也，昆弟也，朋友之交也"。《白虎通》阐明人道的"纲纪"，提出了"三纲六纪"说："三纲者，何谓也？谓君臣、父子、夫妇也。六纪者，谓诸父、兄弟、族人、诸舅、师长、朋友也。"[②] 所谓"三纲六纪"，是指九种人伦关系，其中多数属于家族或家庭血缘关系。同是人伦关系，为什么还要分纲纪呢？《白虎通》的解释是："纲者，张也。纪者，理也。大者为纲，小者为纪。所以张理上下，整齐人道也。"[③] 区分纲纪，突出重点，如此"张理上下，整齐人道"，建立并维持社会秩序。

陈寅恪对《白虎通》的"三纲六纪"评价甚高，他说："吾中国文化之定义，具于《白虎通》三纲六纪之说，其意义为抽象理想最高之境，犹希腊柏拉

---

① 《春秋繁露·深察名号》有"三纲五纪"的提法，这"五纪"似非指"五常"，很可能与《白虎通》的"三纲六纪"相似，是指五种人伦关系。

② 陈立撰，吴则虞点校：《白虎通疏证》，中华书局1994年版，第373页。

③ 陈立：《白虎通疏证》，第374页。

图所谓 idea 者。"①idea，今多译为理念。陈寅恪给予"三纲六纪"这么高的评价，是着眼于其中所蕴含的处理每一纲、每一纪的抽象理念。儒家不仅仅整合了各种各样的人伦关系，而且给出了如何处理人伦关系的原则，这才是问题的关键。所以，我们看到，《中庸》概括提出了君臣、父子、夫妇、昆弟、朋友五伦，孟子接着进一步给出了处理五伦的原则，即"父子有亲，君臣有义，夫妇有别，长幼有序，朋友有信"（《孟子·滕文公上》）。

《白虎通》也提出了把握和处理"三纲六纪"的原则与理念，如把握和处理"三纲"的原则是"君为臣纲，父为子纲，夫为妻纲"，把握和处理"六纪"的原则是"敬诸父兄，六纪道行，诸舅有义，族人有序，昆弟有亲，师长有尊，朋友有旧"。②每一种人伦关系都有其恰当的处理原则，也都有其取法乎上而到达极致的理想境界，陈寅恪欣赏的是这一极致的理想境界所反映的某种人格上的独立、平等、尊重的理念。③

然而，无论是"三纲六纪"还是"五伦"，毕竟都是人伦关系，仅仅抓住人伦关系以建立和维持社会秩序，显然是不够的。所以，我们看到，"三纲六纪"很快就被"三纲五常"所取代，成为全社会普遍遵循的法度。其中，"三纲"是必不可少的。抓住"三纲"，纲举目张，其余的人伦关系便可以随之带动起来，"六纪"似乎可有可无，它被取代就有了某种必然性。取代"六纪"而与"三纲"组合的是"五常"。"五常"完全不同于"六纪"，"五常"不是人伦关系及其处理原则，而是道德理念。

"五常"也不同于"五伦"。孟子从各种各样的人伦关系中特别拈出"五伦"，应该是经过缜密思考、审慎挑选的。可是，"五伦"中的"父子有亲，

---

① 陈寅恪：《寒柳堂集》，上海古籍出版社1982年版，第6页。

② 陈立撰，吴则虞点校：《白虎通疏证》，第374页。

③ 陈寅恪举例说明此理："若以君臣之纲言之，君为李煜亦期之以刘秀。"李煜为君，对待臣下宽厚仁爱，已属难得；然而，刘秀为君，却曾与故交旧友严光促膝长谈，同榻共眠，严光把脚伸到了刘秀的肚子上，引出了"客星犯帝座"的趣闻。刘秀与严光的君臣关系，包含了刘秀对严光的尊重和平等对待的成分。

君臣有义，夫妇有别，长幼有序，朋友有信"却因为各有其明确的针对性而很难普遍化，比如"父子有亲"的"亲"主要指血缘上的亲，因其出自父子关系，因而对父子关系是适用而有效的，而对其他人伦关系却未能如此。其他如"君臣有义""夫妇有别""长幼有序""朋友有信"亦大致如此。只有将"亲""义""别""序""信"提升至更高层面，使它们脱离或超越具体的人伦关系，才有可能抽象化，并成为普遍适用的原则。然而，这很难。一旦脱离或超越了具体的人伦关系，"亲""义""别""序""信"将失去根柢，成为无本的东西，孟子曾经比喻说："苟为无本，七八月之间雨集，沟浍皆盈，其涸也，可立而待也。"（《孟子·离娄下》）

"五常"之所以是普遍的道德理念，在于"五常"是以人性为基础而生发的。对此，儒家认识得很清楚。《白虎通·三纲六纪》讲"人皆怀五常之性"，《情性》注明："五常者何谓？仁义礼智信也。"人的"五常之性"从何而来？《情性》作了分析说明：人的情性分别由阴阳二气所生成，情生于阴气，性生于阳气；由于"阳气者仁，阴气者贪"，所以，生于阳气的性有仁、义、礼、智、信，生于阴气的情有喜、怒、哀、乐、爱、恶。[①]《白虎通》的分析说明合乎儒家以气解说人的生命以及性情的传统，自此，人有"五常之性"便成为历代儒者的共识。

仁、义、礼、智、信，不是从人伦关系中产生的，而是扎根于人性之中，以人性为根基而发芽、生长，认识到这一点非常重要。孟子论证"仁"发端于人的恻隐之心，"义"发端于人的羞恶之心，"礼"发端于人的辞让之心，"智"发端于人的是非之心，恻隐、羞恶、辞让、是非之心"人皆有之"，仁、义、礼、智同样也是"人皆有之"。孟子有力地论证了人性的普遍性和仁、义、礼、智的普遍性。不妨说，这也是孟子对"五常"的论证，只有"信"没有被纳入孟

---

① 《白虎通·性情》提出了一个"六情"说，以喜、怒、哀、乐、爱、恶为人的"六情"，这和儒家通常以喜、怒、哀、惧、爱、恶、欲为人的"七情"有所不同。《白虎通》的"六情"说，似乎出自另一个系统。

子的论证范围。按照同类相从的逻辑，"信"同样扎根于人性，同样具有普遍性，是不言而喻的。《白虎通·情性》的论证思路与孟子不同，它认为仁、义、礼、智、信生于人性禀有的阴阳二气中的阳气，这可以看作是殊途同归。仁、义、礼、智、信是从人性中升华而来的、具有普遍性的道德理念，亦时时反作用于人性，规范人性的活动，引领人性的发展，明乎此，也就知道儒家所讲的心性修养，其实就是树立仁、义、礼、智、信的标杆，使人的心性活动向标杆看齐，朝着标杆指示的方向发展。这就是"五常"的实践意义。

三、"五常"的现代价值

无论是作为独立的个体，还是群体中的一员，人莫不有"五常之性"，亦莫不遵循"五常之道"。儒家对于他们所倡导的"三纲五常"充满了自信，董仲舒就曾经说过："王道之三纲，可求于天"（《春秋繁露·基义》），"天不变，道亦不变"（《汉书·董仲舒传》）。我们套用董仲舒的话，也可以说：人道之五常，可求之于性；性不变，道亦不变。天不变，"三纲"不变；性不变，"五常"不变，从共时性上来说容易理解，儒家也早已有了若干解说。问题在于，从历时性上来说是否同样如此？

不可否认，"五常"仁、义、礼、智、信，就单个范畴而言，孔孟之间的儒家言之甚详，并且被赋予了特定的丰富的内涵；此后，历朝历代儒者虽然有所充实、修正，但是，基本的规定性没有多大变化。不少人认为，形成于两千多年前的仁、义、礼、智、信到了现代社会已不再适用；古今变化天翻地覆，没有一成不变的常道，适用于古代社会的，未必适用于现代社会。应该承认，这种看法有其一定的道理，却又不够全面。说其不够全面，是因为古今社会巨变，然而人性中最基本的部分没有变化，人的最基本的需求也没有变化。就像孟子早已说过的那样，"口之于味也，有同耆焉；耳之于声也，有同听焉；目之于色也，有同美焉"（《孟子·告子上》），口嗜美味、耳乐美声、目悦美色，古今同之。口、鼻、耳、目五官有"同然"，孟子诘问："至于心，独无所同然乎？心之所同然者何也？谓理也，义也。"（《孟子·告子上》）的确，古往今来，人们对于事事物物之理以及公平、正义的认识和追求也没有多大的差异。由于人性的本质不变，人的最基本的需求也没有多少变化，我们有理由说：仁、义、礼、智、信适用于古代社会，同样也适用于现代社会。同时，我们也承认，仁、义、礼、智、信的具体内涵在不同的社会有着不同的范围，在不同的时代有着不同的烙印。因此，要将传统的仁、义、礼、智、信原封不动地搬到现代社会中来，恐怕人们不会照单全收。这就要求我们必须对传统的仁、义、礼、智、信进行一番创造性的转换，更新其不合时宜的内容，增加现代性的因素，融会贯通，综合创新，推出因时制宜的仁、义、礼、智、信，使其成为与现代社会相合的"五常"。

要实现这样的创造性转换，并非易事。这不是一两个思想家能够完成的，需要国人慢慢凝聚共识。① 对话、讨论是凝聚共识的途径与方式。笔者不避浅陋，试图提出几点不成熟的意见以为讨论之资。

首先，"五常"作为抽象的道德原则，一经提出，便具有独立的价值。仁、义、礼、智、信的理念深入古今人心。以仁义为例，古人对仁义高度认同，文天祥慷慨就义前写道："孔曰成仁，孟曰成义。惟其义尽，所以仁至。读圣贤书，所学何事？而今而后，庶几无愧。"（《宋史·文天祥传》）今人虽然不像古人那样对仁义极度认同，但也是有所提倡。这说明"五常"的抽象的理念形式，历经千百载而仍在现实生活中发挥作用。我们运用冯友兰提出的"抽

---

① "五四"以来，国人对传统文化少有共识。2010年12月2日《南方周末》刊载杜维明、袁伟时一篇对话，其中谈到"三纲五常"，认为"三纲"应被否定，"五常"应被肯定。2011年1月20日易中天在《南方周末》大参考版发表文章，不同意杜维明、袁伟时二人的观点，认为"三纲五常"到了现代已是"馊了的饭菜"；"三纲五常"是纲目、体用关系，"三纲为纲，五常为目；三纲为体，五常为用；三纲为皮，五常为毛。皮之不存，毛将焉附？三纲没了，五常还会有存在的合理性？"仅此一例，可见人们对于"五常"仍有重大分歧，凝聚共识仍属不易。

象继承法”[①]，首先将“五常”的命题形式和仁、义、礼、智、信的抽象意义肯定下来，是非常必要的。

其次，仁、义、礼、智、信的丰富内涵，经过千百年的“选优汰劣”，已经形成了古今有共识的跨时代的稳定的内核，成为民族精神、民族价值观的重要组成部分。这个古今有共识的跨时代的稳定的内核，在“仁”那里，就是“仁者爱人”，就是博爱，让爱充满世界；在“义”那里，就是适宜、合理，言行恰当，合乎情理；在“礼”那里，就是礼义规范，待人接物恭敬有礼；在“智”那里，就是聪明才智，运用智慧明理达用；在“信”那里，就是重然诺，讲诚信。这些一般性的规定，考之于古是适用的，验之于今同样适用，我们应当毫不犹豫地将其继承下来，并发扬光大。

再次，不可否认，“五常”仁、义、礼、智、信的具体含义有一些不合时宜的成分，比如“仁”，有一种观点过分强调其“亲亲为大”的意义，将血缘纽带上的亲情置于首位，这多少限制了“仁者爱人”的博爱意义；“义”，有一种倾向将公义与私利对立起来，强调“正其谊不谋其利，明其道不计其功”（《汉书·董仲舒传》），这对于坚持公义、正义的理想主义者来说或许是有效的，而对于以谋生为当务之急的芸芸众生来说，应当是“正其谊而谋其利，明其道而计其功”；“礼”，古今不同礼，一时代有一时代的礼，礼必须合乎时宜，固守旧礼而不知变通，是鄙陋不可取的；“智”，古人心目中的智更多的是指发挥聪明才智以知道德，以究天人之际，以通古今之变，而比较忽视科学技术之知；“信”，一般来说，人无信不立，然而，信近于义，以义为准则，如果不合乎公义、正义，宁可失信，不可失义。正因为“五常”的内涵有不合

①“抽象继承法”是著名学者冯友兰在20世纪50年代提出的。冯友兰认为任何命题都有其抽象意义和具体意义，抽象意义可以继承使用。其实，不仅如此，命题的纯粹形式，也就是表达该命题的语言结构形式，也同样是抽象的和可以继承的。我们往往习惯于追究一个命题、范畴的内容，而多少有些忽略它们的形式，而形式的有无，以及正确、恰当与否，直接决定着内容的表达。并且，命题、范畴的形式与其抽象意义密不可分，都可以运用“抽象继承法”加以肯定。

时宜的成分，所以必须予以分析、批判，弃其糟粕，取其精华。

第四，"五常"必须与"三纲"分割。"三纲"不合时宜，人所共知，不待多言。问题是与"三纲"分割后，"五常"是茕茕孑立，还是寻求别的组合？我的看法是，"三纲五常"组合的三五结构[①]仍有可取之处，我们不妨抛弃旧"三纲"，树立新"三纲"，组合成新的"三纲五常"。我所说的新"三纲"是：自由为立人之纲，正义为立社之纲，民主为立国之纲。[②]旧"三纲"适合封建传统的家国一体化的结构，新"三纲"适合现代的人—社会—国家三位一体的结构。在传统社会向现代社会的转型完成之后，摒弃旧"三纲"，代之以新"三纲"，不仅合乎时宜，而且为确立和维护人—社会—国家的稳定合理的结构所必需。新"三纲"与"五常"的组合，有因循，有扬弃，体现了传统与现代的结合、文化守成与文化创新的结合，可以取代旧"三纲五常"而通行于现代，值得提倡。

（本文原载《孔子研究》2011年第6期）

---

① 在传统文化中，此类三五结构很常见，如三皇五帝、三王五霸、三辰五星、三正五行、三才五常，等等。《史记·天官书》说："为天数者，必通三五。"这类三五结构，究竟隐含了哪些神秘的意义，还需要探讨。

② 关于新"三纲"，笔者拟另文阐述。

重塑"礼义之邦"的国家形象

在努力实现中华民族伟大复兴的进程中，每一个中国人都应该认真审视民族复兴的内涵，深切地了解到民族复兴不仅仅是指复兴我们曾经有过的人民富裕、社会繁荣、民族昌盛、国家富强的历史，而且指复兴我们在历史上曾经有过的礼乐发达、文明先进的"礼义之邦"的国家形象。国家富强受人羡慕，"礼义之邦"受人尊敬。中华民族在历史上塑造的"礼义之邦"的国家形象，为周边各国各民族以及远道而来的使者、商人、旅行者等仰慕不已，被视为国家的典范、样板。进入 21 世纪，中国和平崛起后，塑造一个什么样的国家形象的问题，不仅摆在了全体国人的面前，也引起了世界各国人民的关注和重视。

"礼义之邦"不是遥远而不可企及的，而是实实在在呈现于人们心目之中的。我国历史上的"礼义之邦"，依内外视域不同，可以分为两种：一种是国人心目中的"礼义之邦"，以春秋时期的鲁国为样板，其基本特征是文明先进，崇尚仁义，倡导礼乐，讲信修睦，礼让不争；另一种是中国周边各国、各族以及来华使者、商人、旅行者、传教士等心目中的"礼义之邦"，大致以汉、唐、宋、明为典范，其基本特征是：坚持以仁、义、礼、智、信"五常"为核心价值观；国民有温良、恭敬、礼让的文明素养；社会秩序优良，人人安分守己；实行公平合理的人才选择制度；有以德服人的泱泱大国之风。

"礼义之邦"的价值取向是礼义。礼义不同于礼仪。礼义指规则道义，礼仪指礼节仪式。礼义的内涵远比礼仪丰厚、宽广。描绘国家形象时，宜用"礼义之邦"，不能误写作"礼仪之邦"。此不可不辨。礼义和仁义都是儒家提倡的道德价值，礼义和仁义分际何在？在历史上，也曾偶尔有过"仁义之国"的提法，说明仁义亦可用于塑造国家形象。为什么人们大力倡导"礼义之邦"而很少提及"仁义之国"？礼义和仁义同属儒家倡导、为中国社会认可和接受的道德理念。仁义主要指向内在的道德意志，礼义主要指向外在的道德规范。仁义属于儒家"鲁学"系统，被纳入"三纲五常"，列为仁、义、礼、智、信"五常"之首；礼义属于儒家"齐学"系统，被纳入"国之四维"，列为礼、义、廉、耻"四维"之首。仁义偏重个人道德文明建设，礼义注重社会制度和公共道德两个层面的文明建设。虽然在养成国民个人道德素质方面，仁义的作用深切著明，但是，就塑造国家形象而言，礼义却比仁义更加有成效。这是由中国两千多年的文明史证明了的。

两千多年来，中国一向以"礼义之邦"著称于世，受到世界各国的仰慕和尊敬。可是，到了近代，由于贫弱落后，中国人渐渐失去了自信，批判旧道德，否定旧制度，破坏有余，建设不足，这使得中国在革故鼎新的社会转型中改变了国家形象，与"礼义之邦"渐行渐远。如今，在经历了百年曲折、坎坷之后，我们立足于现在，反思过去，展望未来，越来越觉得有必要重塑中国"礼义之邦"的国家形象。

重塑"礼义之邦"的国家形象，不是复制我国历史上已有的"礼义之邦"的标本，而是与时俱进，挖掘并汲取我们先民塑造"礼义之邦"的历史经验与传统智慧，发扬"礼义之邦"的优良传统，在正确的思想、理论、价值观的引领和指导下，站在当今人类文明发展的高度上，审视世界历史上各种成功的国家形象，吸收各个时代的强国塑造其国家形象的经验教训，把握和平与发展的时代主题，着眼于现代文明国家的一般构成要素，认真分析研究全球化时代"礼义之邦"的基本构件，提出在新的时代塑造新的"礼义之邦"的国家形象的愿景。这一愿景至少应该包括：坚守中华美德，识礼义，知荣辱，认同全人类的共同价值；拥有先进的政治文明，立法为公，立政为民，公权力敬畏规则、敬畏民意；建设法治社会，人人守法，守纪律，守规则，自觉维持公序良俗；崇文重教，引导人民争做既有传统中华美德又有现代文明教养的中国人；维护人类正义，捍卫世界和平。

　　国家形象由一国价值取向和国民文明素养所塑造。一国崇尚的核心价值观起着引领和导向的作用，决定着社会风气的清明与优良程度，而国民文明素养更与国家形象息息相关。一个国家的人民拥有良好的文明素养，具有自强、自律、自尊、自爱之心，"己欲立而立人，己欲达而达人"（《论语·雍也》），知道平等待人，执礼敬人，善良爱人，乐于助人，重然诺，守诚信，自觉遵守各种法律、秩序和规则，必会赢得世人的敬重；由这样的人民组成的国家哪怕是小国寡民，也是伟大的、受人尊敬。近几十年来，我国经济高速发展，人民富裕程度大幅提升，真正做到了"仓廪实""衣食足"，然而，"知礼节"和"知荣辱"似乎还有所不足，尤其表现在个别人在出国旅游、文化交流时。须知，身在异国他乡，每一个中国人都代表着中国的形象。中国人的一言一行、一举一动，都反映着中国人的文明教养，他人窥一斑而知全豹，这自然就会影响中国的国家形象。因此，身为中国人，无论男女老幼，都应该从自身做起，从细微处做起，以礼义修身，守规则，懂规矩，不分内外，自觉地做一个有仁义道德、有礼义教养、接人待物彬彬有礼的人。坚持不懈，孜孜以求，如此，重塑一个有着高度文明素养的"礼义之邦"指日可待。

　　"礼义之邦"的国家形象不仅直接关系国家和民族的荣誉，而且在很大程度上决定着我国和平发展的国际空间。问题的提出，发人深省；而如何塑造，尤需深长思之。改革开放以来，我国的国家形象已经改变和提升。在此基础之上再接再厉，再造中国，重塑"礼义之邦"的国家形象，使我中华民族昂首挺立于世界民族之林，是每一个中国人都有责任襄赞的"盛德大业"，是全体中国人的光荣历史使命。天下兴亡，匹夫有责。我们应正确认识这一使命，自觉承担这一使命，砥砺前行，努力做出自己应有的贡献。

（本文为2018年1月在孔子研究院以"中华礼乐文明及其当代价值"为主题的迎春学术会上的发言稿）

大学之道与大学精神

儒家"四书"之一的《大学》与居于现代学校系统顶端的大学（university）有无关联？答案是肯定的，因为两者都是讲学的。《大学》写成的时代，学分小学、大学两级；到了现代，学分小学、中学、大学三级。《大学》不是讲古时如何办大学，而是讲大学宗旨；当今兴办的大学同样也有一个办学宗旨问题，于是古今大学在宗旨上就有了既有异也有同的切实的关联。尽管古时的大学与当今的大学有着巨大的差异，但是，就办学宗旨而言，两者却有着巨大的相似性，所以，古时的大学之道与当今的大学精神是可以做一番比较研究的。

一、《大学》其书

（一）《大学》由来

《大学》是《礼记》第42篇。在儒家经典体系中，《礼记》有一个从"记"升格到"经"的过程。战国时期，儒家经典已经形成了"经""传""记"三者组成的体系。"经"出自孔子之手，"传"是解释"经"的作品，一"传"解释一"经"，著名的有《易传》和《春秋》三传；作者知名，如《易传》作者传说是孔子,《春秋左氏传》的作者是左丘明,等等。到汉代,部分儒家原创性作品被列为"传",如《论语》《孟子》。"记"也是解释"经"的作品,不过,大多不是对一"经"的解释,而是对"经义"的解释,一义一文,因此,"记"大多是单篇的、短小精悍的"碎金"式的作品,也有阐发儒家精神和儒学宗旨的短篇文章;作者大多佚名,少数可以推测其作者。到了汉代,流传下来的"记"文,数量众多,于是戴德、戴圣叔侄二人依其专门之学从中选择了若干篇有关礼的"记"文,加以整理成书,称为《礼记》。戴德搜集整理了85篇,称"大戴记",其侄戴圣筛选了49篇,称"小戴记"。"大戴记"择焉而不精,没有升格为"经";"小戴记"择焉而精,具有公认的权威性,到了唐代便升格为"经",被列入九经之中。

到了宋代,程颢、程颐兄弟重构儒家经典体系,将《大学》《中庸》从《礼记》中抽了出来,与《论语》《孟子》合在一起,称《诗经》《尚书》《仪礼》《周易》《春秋》为"大经",称《大学》《中庸》《论语》《孟子》为"小经",认为《大学》"孔氏之遗书,而初学入德之门也"。朱熹为"小经"作注,写成《四书章句集注》,于是有了四书之名,与五经并称。元、明、清时期将朱子的《四书章句集注》作为科举考试用的教科书,不少士子读四书不读五经,四书的地位于是显赫,甚至高于五经。《大学》彻底完成了其经典化的过程。

(二) 书名释义

《大学》书名取篇首二字,大学的含义历来有三说,即大学问、大学校、大人之学。

1. 大学问说

郑玄说:《大学》者,以其记博学可以为政也。"(《礼记正义》)孔颖达说:《大学》之篇,论学成之事,能治其国,章明其德于天下,却本明德所由,先从诚意为始。"(《礼记正义》)显然,郑玄、孔颖达认为,《大学》是治国理政的大学问。学以为政;大学不成,不足以为政。在古代社会,人们普遍认为,治国、平天下才是最高最大的学问。《大学》里讲的"八条目",格物是为了致知，致知是为了诚意，诚意是为了正心，正心是为了修身，修身是为了齐家，齐家是为了治国，治国是为了平天下，这个逻辑链条是很清楚的。

2. 大学校说

大学的大，古音读"太"，因此，大学也就是太学。太学是虞夏商周时期的最高学府，有成均、东序、上庠、辟雍等不同的名称。汉代，在大儒董仲舒等人的推动下，汉武帝设立太学，作为中央政府主管的最高学府。董仲舒在其"举贤良对策"中阐述：古之王者莫不以教化为急务、大务，所以"立大学以教于国，设庠序以化于邑"（《汉书·董仲舒传》）。不少学者据此认为，《大学》书名是指学校建制的太学，《大学》其书则是阐述太学的办学宗旨。

3. 大人之说

朱熹说："《大学》之书，古之大学所以教人之法也。"（《四书章句集注》）他指出古代有小学、大学之分：

> 人生八岁，则自王公以下，至于庶人之子弟，皆入小学，而教之以洒扫、应对、进退之节，礼乐、射御、书数之文；及其十有五年，则自天子之元子、众子，以至公、卿、大夫、元士之适子，与凡民之俊秀，皆入大学，而教之以穷理、正心、修己、治人之道。（《四书章句集注》）

这是说，贵族与平民子弟，八岁入小学，学习洒扫、应对、进退的礼仪，以及礼、乐、射、御、书、数的知识；十五岁入大学，学习穷理、正心、修己、治人的道理。大人入大学，所以大学是大人之学。在古代，男子二十岁举行加冠礼，表示成年了，才可以算作大人。当然，我们不必拘泥于此，凡入大学的人都看作是大人，也勉强说得过去。

王阳明从另一视角认定《大学》是大人之学，他作《大学问》在回答"《大学》者，昔儒以为大人之学矣。敢问大人之学何以在于'明明德'乎？"时区分了大人和小人："大人者，以天地万物为一体者也，其视天下犹一家，中国犹一人焉"；小人则是"间形骸而分尔我"，格局与境界与大人有天壤之别。

在我看来，《大学》书名所蕴含的意思是儒家之学，换言之，在《大学》作者看来，儒家之学才是大学，是修己安人、内圣外王的大学问；撰写《大学》

的目的无他，就是要阐述儒家的修己安人、内圣外王的大学问。

(三) 成书与作者

《大学》如同《礼记》其他48篇一样，不署作者。

张载、二程认为《大学》是孔子作，曾子述。朱熹明确认定，《大学》分经、传两部分，经一章205字，是"孔子之言，而曾子述之"；传十章1546字，是"曾子之意，而门人记之。"（《四书章句集注》）朱熹此说意在以四书构建道统体系，即《论语》（孔子）—《大学》（曾子）—《中庸》（子思）—《孟子》（孟子），从孔子经曾子到子思再到孟子，正是道统的传承谱系。

陈确、俞正燮、蒋伯潜等人认为《大学》非秦统一以前儒者所作，而是成书于汉代。蒋伯潜认为《大学》是一篇组织严密的论文，结构严谨、体系完备，完全不像《论语》《孟子》那样是记言体的形式，因此必定后出。

以上两种说法各有偏颇。认定《大学》为曾子所作，纯属推测之辞，并无确凿的证据；从现有的资料来看，《大学》的作者不可考，我们宁缺勿猜。不过，从文本的形式上推断《大学》作于汉代，同样不可取。《大学》全文1751字，不算长篇大论，战国时期不乏学养深厚之士，他们写出的组织严密并在篇幅上超过《大学》的论文并不在少数，《庄子》《管子》《荀子》《商君书》《韩非子》等诸子书中都收录了一些，有什么理由说战国时期儒者写不出《大学》来呢？总之，我认为，一个比较合理的说法是，《大学》是由战国时期一位我们不知其姓名的儒者写成的。

(四) 古本与今本

《大学》分古本与今本。古本是《礼记》中的《大学》文本，这是经汉代郑玄作注、唐代孔颖达作疏而传下来的本子；今本是《四书章句集注》中的《大学》文本，这是经北宋二程和南宋朱熹前后改造的本子。古本是原始的文本，浑然一体，不分经传。今本不然，朱熹为了证实二程所说的孔子作、曾子述，作者为经，述者为传，强行拆分《大学》为经、传两部分，并且参考二程的意见，断以己意，作补传，改动字词，挪动语句位置，调整段落次序，经过朱熹的这一番改造，《大学》变成了一个严格按照"三纲领""八条目"的内在逻辑铺展开来的经典文本。

元、明、清时期，程朱理学被确定为官方意识形态，朱熹的《四书章句集注》成为士子们参加科举考试的权威教科书，于是朱熹编定的《大学》随之也成为通行本，即使王阳明对此予以强烈的质疑，并作《大学古本序》，极力推崇未经朱熹改编的《大学》原始文本，但从总体上说仍然没有动摇其权威性。

古本与今本除了形式上的差异以外，在内容上，"大学之道""三纲领"的第二纲领，古本作"亲民"，今本作"新民"。"亲"与"新"一字之差，却反映了两种不同的思想观念："亲民"意在强调与民众亲近，仁爱民众；"新民"则意在强调教化，经由教化而使民众革除旧时习染，更新心性修养，促进身心变化，展示出"自新"的风采。

朱熹参照二程的意见，改《大学》古本的"亲民"为"新民"，是否合理、有据？当时及后世均有若干讨论，这也成为"四书学"上的一桩公案。朱熹弟子质疑说：

> 程子之改"亲"为"新"也，何所据？子之从之，又何所考而必其然耶？且以己意轻改经文，恐非传疑之意，奈何？（《四书或问》）

朱熹回答：

> 若无所考而辄改之，则诚若吾子之讥矣。今亲民云者，以文义推之则无理，新民云者，以传文考之则有据，程子于此，其所以处之者亦已审矣。（《四书或问》）

在朱熹看来，改"亲民"为"新民"，并非无据，而是既有义理根据，也有文献依据。义理根据在于，"亲民"一说不合那一段经文的"文义"；文献依据在于，后面的传文反复强调了一个"新"字，"汤之盘铭曰：'苟日新，日日新，又日新。'《康诰》曰：'作新民。'《诗》曰：'周虽旧邦，其命惟新。'"。两者综合起来考虑，改"亲民"为"新民"能够站得住脚。

然而，王阳明坚持认为《大学》古本乃孔门所传，朱熹擅自改动毫无道理，所以他做《大学》的诠释与阐发，"悉从其旧"。他的弟子兼妹夫徐爱问：

> "在亲民"，朱子谓当作"新民"，后章"作新民"之文似亦有据。先

生以为宜从旧本"作亲民",亦有所据否?

王阳明回答:

"作新民"之"新",是自新之民,与"在新民"之"新"不同。此岂足为据?"作"字却与"亲"字相对。然非"亲"字义。下面治国平天下处,皆于"新"字无发明。如云:"君子贤其贤而亲其亲,小人乐其乐而利其利","如保赤子","民之所好好之,民之所恶恶之,此之谓民之父母"之类,皆是"亲"字意。"亲民"犹《孟子》"亲亲仁民"之谓,亲之即仁之也。百姓不亲,舜使契为司徒,敬敷五教,所以亲之也。《尧典》"克明峻德"便是"明明德"。"以亲九族",至"平章协和",便是"亲民",便是"明明德于天下"。又如孔子言"修己以安百姓"。"修己"便是"明明德","安百姓"便是"亲民"。说亲民便是兼教养意,说新民便觉偏了。

王阳明认为,《康诰》的"作新民"与《大学》的"在新民"都有一个"新"字,却不是一个意思。前者是名词,"新民"是自我革故鼎新之民的意思;后者是动词,"新民"是使民众更新的意思。两者不同,朱熹的改动并无道理。接着王阳明又举了许多例子,证明儒家经典多有"亲民"之说而少有"新民"之义,以纠正朱熹之误。

在这一"亲民"与"新民"孰是孰非的学术"公案"中,朱熹是"公说公有理",王阳明是"婆说婆有理","公有理"能够自圆其说,"婆有理"也能够自圆其说。明清时期的儒者延续亲、新一字之争,直至现代新儒家,竟然引申出了"亲民"是仁政之实、"新民"是专制之举的结论。其实,当今学者梁涛从传世文献和出土文献两方面证实,亲、新二字在周秦时代是通用的,换言之,从古文字的视角来说,"亲民"与"新民"都能够成立。当然,两说并存,不是意味着我们可以依违两可,而是向我们提供了选择的空间,我们必须从中做出选择,至于如何选择,全看我们个人的理解与意向。就我个人而言,我毫不犹豫选择《大学》古本。理由很简单,我们必须尊重《大学》文本的原貌。

二、大学之道

《大学》一书的宗旨在于阐明大学之道。何谓大学之道？必须先知大学为何。

朱熹认为，上古时代，虞夏商周已有大学，又称太学，是中央政府设立和主管的官学，只对十五岁以上的男子开放，其职能是"教之以穷理、正心、修己、治人之道"。朱熹的这一观点影响颇为深远。其实，这恐怕是朱熹以宋代的教育臆测上古时代的教育。按照古书记载，上古时代的大学，名称不一，功能复杂，有祭祀、朝觐、教化、礼乐、宴饮、养老、献俘等功能；以养老功能为例：

> 凡养老，有虞氏以燕礼，夏后氏以飨礼，殷人以食礼，周人修而兼用之。五十养于乡，六十养于国，七十养于学，达于诸侯。(《礼记·王制》)

> 有虞氏养国老于上庠，养庶老于下庠。夏后氏养国老于东序，养庶老于西序。殷人养国老于右学，养庶老于左学。周人养国老于东胶，养庶老于虞庠，虞庠在国之西郊。(《礼记·王制》)

可见，上古时代的大学，并非单纯的高等教育机构，而是政治、教化、社会福利等多功能合一的机构。就教化而言，贵族子弟和平民子弟中的优秀者十五岁入学学习；就社会福利而言，七十岁的国老、庶老入学养老，这种功能悬殊而"老少咸宜"的场所是我们今天不敢想象的。到了战国时期，周朝的辟雍大概不复存在，七大强国中只有齐国设有稷下学宫，类似于高等教育和研究机构，和后世汉代设立的太学有几分相像。《大学》作于战国时期，《大学》作者崇拜孔子，尽管有可能和孔子一样，"好古，敏以求之"(《论语·述而》)，但也决不会糊涂到把上古时代辟雍一类的机构称为"大学"，更不会糊涂到把"明明德""亲民""止于至善"的纲领和格物、致知、诚意、正心、修身、齐家、治国、平天下的条目硬套在辟雍一类机构之上。何况，就治国、平天下而论，这仅仅是战国时期才产生的，如果拿到虞夏商周时期，一个个

"辟雍生"①岂敢妄议治国？各诸侯国国君是世袭制、官员是世卿世禄制，在"学而优则仕"尚未到来的时代，如果不是诸侯的"世子"，不是卿大夫的"嫡子"，断与治国无缘，不敢妄议治国，更不敢妄议平天下。天下是周天子的，"礼乐征伐由天子出"，由周天子治天下、平天下，无论如何也轮不到"辟雍生"啊。单就这几点来看，《大学》的作者不可能把上古时期辟雍一类的机构称为大学，《大学》不可能为辟雍一类的机构而作。然而，《大学》必是有为而发，所为何来？

一个较为合理的推测是，《大学》的作者不认为辟雍一类的机构是大学，也不认为朱熹所说的大人之学是大学，而是认为孔子之学为大学，认为修己安人之学（也是内圣外王之学）为大学，认为儒家治国、平天下之学为大学，《大学》是为这样的大学而作。

孔子之学、修己安人之学、儒家治国、平天下之学，异名而同实，在《大学》的作者看来，是真正的大学、大学问。

大学必有大学之道。这个大学之道，《大学》作者以"三纲领""八条目"阐述得很清楚很明白。纲举目张，我们先看"三纲领"。"三纲领"有其一以贯之的内在逻辑，即从"明明德"做起，经由"亲民"，实现"止于至善"。

（一）第一纲领"明明德"

前一个明字是章明、彰显、发扬光大的意思，明德是光明、高尚的道德。《尚书·尧典》曰："克明峻德。"峻德即明德，峻有高大、高尚之意。"明明德"是发扬光大光明而高尚的道德。那么，由谁来发扬光大光明而高尚的道德？换言之，"明明德"的主体是谁？答案是我，是我自明其明德。这个我，是主体性的我，是每一个人都可以成其为主体的我。我可以是单数——我，也可以是复数——我们。明德，内涵比较复杂多变。尧舜时期，明德指父义、母慈，兄友，弟恭，子孝；孔子时，《中庸》将其概括为智、仁、勇"三达德"；

---

① 辟雍生，仿汉代太学生和如今大学生的称呼。其实，上古时代的辟雍，有多少十五岁以上的贵族子弟入学，还是未知数。

孟子时，则指仁、义、礼、智。明德所包括的这些德目——义、慈、友、恭、孝、仁、礼、智等，有一个共同特点，即都植根于人的内心。因此，明是我自明，"明明德"是我的分内事。明德在我心中，如孟子所说，恻隐、羞恶、辞让、是非之心人皆有之，培养、扩充这四心，就可以成就仁、义、礼、智四德。这告诉我们，自明其明德，不能求诸人而必须求诸己，亦即无须外求，只能内求。我求诸己，自然是我自明，是我自己开发、利用我内心的道德资源。当我如此做的时候，我服从明德的要求，其实只是服从我自己内心的道德律令。这和我服从外在的道德权威或道德律令有着显著的不同。

(二) 第二纲领是亲民

朱熹从二程之说解作"新民"，并将《大学》原文中含有"新"字的话摘出来作为一章以解释"新民"：

> 汤之《盘铭》曰："苟日新，日日新，又日新。"《康诰》曰："作新民。"《诗》曰："周虽旧邦，其命惟新。"是故君子无所不用其极。

朱熹改"亲民"为"新民"，为元、明、清儒者所认可、接受，影响极大。直至1902年，梁启超在日本创办《新民丛报》，他发布的第一条办报宗旨为："本报取《大学》新民之义，以为欲维新吾国，当先维新吾民。中国所以不振，由于国民公德缺乏，智慧不开，故本报专对此病而药治之。"[1] 此后，梁启超在《新民丛报》上发表20篇文章，1906年汇集成《新民说》一书。受梁启超新民说的影响，那时人们普遍认为应该进行国民性的改造，不做专制时代的臣民，要做共和时代的公民。这是那个特殊时代赋予"新民"的含义。

王阳明对朱熹改"亲民"为"新民"提出异议，认为不改为宜，因为，"亲民"是孟子说的"亲亲""仁民""爱物"中的"仁民"。"亲民"，即爱民，即"仁民"。"亲民"、爱民是儒家仁政学说的重要内容。

虽然朱熹改"亲民"为"新民"，能够做到逻辑自洽、自圆其说，然而，综合考虑，还是王阳明的说法更为合理一些。这是因为：

---

① 周洋：《梁启超传》，北京时代出版社 2016 年版，第 60 页。

其一，"新民"一语，新是动词、谓语；民是名词、宾语，是"新"这一活动所直接涉及的对象。那么，"新"这一活动的主体又是谁呢？不言而喻，与"明明德"的主体是同一人，都是我。比较而言，"新民"的难度似乎更高一些。我自明我的明德，需要我的觉悟、醒悟和认知；我来"新民"，则需要我的觉悟、醒悟和认知要先于民、高于民，这就要求我必须是一个先知先觉的人。孟子说："天之生此民也，使先知觉后知，使先觉觉后觉也。"《孟子·万章上》也就是说，能够"新民"的人一定是出类拔萃的先知先觉者。然而环视四周，谁是先知先觉者？这无疑陡然提升了"新民"的难度。

其二，"新民"是难度极高极大之事。清末民初有识之士呼吁改造国民性，20世纪50年代初发动的思想改造运动，成绩如何？并不乐观。况且，改造国民性是长期的工作，是寓教于乐，是春风化雨、润物无声。单靠短期内运动式的改造国民性，效果不佳。以冯友兰为例，20世纪30年代他出版《中国哲学史》；20世纪60年代，经过思想改造运动他接受了马克思主义，重新撰写《中国哲学史新编》；"文革"结束后，他做自我检讨，惭愧未能"修辞立其诚"，于是第三次撰写《中国哲学史》。冯友兰是哲学家，尚且如此，可见"新民"之难，不是难于上青天，也是难乎其难。与此相反，"亲民"却是平易、平常之事，人人都可以做到。亲民、爱民、仁民，是一种"民吾同胞"的情感表达。有了此种情感，当我有力时，我可以出力帮助有困难的人；当我无力时，我见民生艰难而痛心，见百姓伤痛而落泪。儒家倡导的仁政，就孔孟而言，主要也是爱民、惠民、利民、济民、安民、与民同乐等，而不是改造人民。所以，综合来看，"亲民"显然比"新民"更合理一些。

(三) 第三纲领"止于至善"

从"三纲领"的递进关系来看，我自明了我的明德，也有着亲民、爱民的情怀，做到了"穷则独善其身，达则兼善天下"（《孟子·尽心上》），最后的目标是与人民一起进入至善的境界；一旦进入，就坚守于此，不再变迁。"止"，是停止、居留、坚守之意。"至善"，朱熹释为"天理之极"，王阳明释为良知，都有道理。不过，在我看来，不如释为孟子所说的"仁宅"。孟子在分析仁、义、礼三者的关系时，做了一个很好的比喻：

> 仁，人之安宅也；义，人之正路也。旷安宅而弗居，舍正路而不由，哀哉！（《孟子·离娄上》）

> 夫义，路也；礼，门也。惟君子能由是路，出入是门也。（《孟子·万章下》）

我曾经自拟了一副对联：

> 禹域长见尧天舜日
> 仁宅必由礼门义路

以"仁宅"释"至善"，所谓"止于至善"，就是止于、居于仁宅而坚守、死守、永不迁移。

儒家的大学之道，由"三纲领"概括其要，"八条目"只是"三纲领"提挈下的具体过程和这个过程的八个步骤，不再详细解释和说明。这里需要强调指出两点：

其一，"八条目"以修身为枢纽。"自天子以至于庶人，壹是皆以修身为本。"（《大学》）朱熹说："明德"是本，"新民"是末；又说"八条目"修身以上是"明明德"之事，齐家以下是"新民"之事。"明明德"的目的是修身，即以"明德"不断充实、提升自己，成为有道德、有智慧的人。士希贤，贤希圣，圣希天，不断进取。修身不是孔子的说法，孔子只说"修己"。"修己"包括了孟子所说的修心和荀子所说的修身，是身心两修，没有偏颇。回到《大学》"八条目"上来，修身的目的是安人济众，即孔子说的"修己以安人"（《论语·宪问》）。所以，修身前面的格物、致知、正心、诚意，是"修己"之事；修身后面的齐家、治国、平天下，是"安人"之事。"修己"达到极致，是内圣；"安人"达到极致是外王。合而言之，"八条目"表达的是儒家内圣外王的事业。

其二，"古之欲明明德于天下者，先治其国；欲治其国者，先齐其家；欲齐其家者，先修其身；欲修其身者，先正其心；欲正其心者，先诚其意；欲诚其意者，先致其知"（《大学》），强调了一个"先"字。

第二部分："致知在格物。物格而后知至，知至而后意诚，意诚而后心正，心正而后身修，身修而后家齐，家齐而后国治，国治而后天下平"（《大学》），强调了一个"后"字。

这里的先后关系，蕴含着一种内在的逻辑关系，我们要注意的是，这不是一种必然性的因果关系，而是一种或然性的因果关系。也就是说，"八条目"不是由一种严格的因果律所规定的递进关系。"格物"是因，"致知"是果，有因必有果。事实并非如此。王阳明起初信奉程朱学说，钻研"格物"，他去格竹子之理，面对竹子几天几夜，累病了，也没有格出竹子之理。可见，"格物"不必一定导向"致知"。然而，"格物"是"致知"的前提，在"格物"的前提之下，有可能"致知"，获得客观知识；也有可能达不到"致知"，不能获得客观知识，所以说是一种或然性的因果关系。再以修、齐、治、平而论，《大学》以"先"连结的逻辑链条是：欲平天下，先治国；欲治国，先齐家；欲齐家，先修身；以"后"连结的逻辑链条是：修身而后齐家，齐家而后治国，治国而后平天下。如果我们认同这个逻辑，那么，在古代中国社会则根本不存在这样的事实。天子、皇帝、国君都是世袭的，如鲁哀公所说："寡人生于深宫之中，长于妇人之手，寡人未尝知哀也，未尝知忧也，未尝知劳也，未尝知惧也，未尝知危也。"（《荀子·哀公》）这样的国君姑且不说如何治国，他何曾有过齐家的经历？齐桓公治国英明，成为春秋五霸之首，他岂敢奢望周天子的权位？那是大逆不道的事情。楚庄王是春秋五霸之一，他带兵保卫周王朝，到了中原，问了问周鼎的大小轻重，就被视为有觊觎之心。天子、皇帝，无论是圣明还是昏庸，大概修身有过吧，齐家勉强也算是有过吧，可是，有多少经历过治国的训练？所以我们不能对此做必然性因果关系的理解。须知，修身为本，是指修身是齐家之本，是治国之本，是平天下之本。不能修身，身不正，就不能齐家，不能治国，不能平天下。这样理解才是正确的。

三、大学精神

古代中国社会没有现代意义上的大学，《大学》一书所说的大学之道，与我们所说的大学精神有相通之处，却并不完全对应。《大学》一书所说的大学之道，细审其"三纲领"，可以用三个字概括其基本特点，即学做人。当然，这其中也涵盖或包括了学做事。现代大学实行分学科教育，凡理工科类的，强调专业知识的传授和专业技能的训练，其特点是学做事，其中也涵盖或包括了学做人。人文社科类的，像法学、教育学、经济学、文学、历史、哲学等，是兼顾学做人和学做事。做人有做人的知识和道理，做事有做事的知识和道理。因此，现代大学就以做人做事的知识和道理为其追求。所谓大学精神，应该从这里发掘、培育、弘扬。

大学精神是大学的灵魂。不同的大学有不同的大学精神，这里既有特殊性，也有普遍性。特殊性往往受地域性、学科建设、学校传统等的影响，普遍性则多由高等教育的现代性所决定。从普遍性的意义上讲，我认为，现代的大学精神至少应该包括这三个方面：兼容并包、思想自由、学惟求真。

这三个方面分别由三位代表性人物蔡元培、王国维、陈寅恪所主张和倡导，尤其是蔡元培，他是我国现代大学精神的奠基者。

蔡元培在任北京大学校长时，提出并实行了兼容并包、思想自由的治校方针。他在《北京大学月刊》发刊词中说："大学者，'囊括大典、网罗众家'之学府也。"又说：大学是"共同研究学术之机关。"[①]他聘请了一批思想进步的学者，如陈独秀、胡适、李大钊、钱玄同、刘半农、周作人等；也容纳了一些学术有造诣的守旧人士，如辜鸿铭、刘师培、黄侃等。新旧思想的碰撞，催生了北大的自由讲学之风，孕育了我国近百年来的三大文化思潮，即陈独秀、李大钊引领的马克思主义思潮，胡适倡导的自由主义思潮，辜鸿铭、刘师培、黄侃等人坚守的文化保守主义思潮。1919年"五四"新文化运动爆发，北大是其策源地，这是中国现代文化史上光辉的一页。"五四"新文化运动的爆发，意味着三大文化思潮开始作育，初步形成鼎立摩荡的格局。蔡元培倡导的兼容并包、思想自由，无疑赋予北大以新的灵魂、新的精神，推动北大革

① 蔡元培：《北京大学月刊发刊词》，载《北京大学月刊》，1919 年 1 月第 1 卷第 1 号。

故鼎新，引领时代潮流。兼容并包、思想自由，直到今天仍然有其重要的价值，可以被视为大学精神的重要内涵。

陈寅恪于1926年应聘为清华大学国学院导师，1929年作《王观堂先生纪念碑铭》，其中有云："先生之著述，或有时而不章。先生之学说，或有时而可商。惟此独立之精神，自由之思想，历千载万祀，与天壤而同久，共三光而永光。"① 陈寅恪在这里特别表彰的"独立之精神，自由之思想"，与蔡元培倡导的兼容并包、思想自由遥相呼应，也同样表达了现代的大学精神。独立之精神，是指学人治学不依附于他人，不迷信权威，不迷信书本，而是高扬自我的主体性，自作主宰，如荀子所说，"心者，形之君也而神明之主也，出令而无所受令。自禁也，自使也，自夺也，自取也，自行也，自止也"（《荀子·解蔽》）。需要指出的是，荀子所说的"心"，指人的本心、良心。良心必有良知。良心良知具有无限的普遍性。良心良知一旦被普遍化，就获得了客观性。一个人由其获得了普遍性和客观性的良心良知作主宰，任凭什么"自禁""自使""自夺""自取""自行""自止"，均无问题；反之，由无普遍性和客观性的人心作主宰，难免师心自用之讥。如果说独立之精神是相对于外在的权威而言，那么，自由之思想则除了外在权威的羁绊以外，还有内在的因素，比如，偏见、片面性、私欲、心躁，以及某种早已成形的思维定势，等等，这些都造成了对思想自由的妨碍。所以，荀子对症下药，提出了"解蔽"一说，把人的本心从各种各样的遮蔽中解救出来，达到"大清明"的状态，以确保思想的自由。思想自由之所以重要，在于思想一旦受到束缚，就失去了创造力。一个人对事物的变化发展有好奇心，才会有兴趣去探究；思想自由，学术探究不受限制，大胆的假设，大胆的想象，才会最大限度地激发思维的创造力。好奇、自由之外，还必须有闲暇，不为世俗事物所累，过着富足、安定、悠闲的生活，才会有充足的时间去思考人生、穷尽事事物物之理。哲学如此，一切学问都如此，都需要好奇心、自由、闲暇。三者之中，蔡元培、

---

① 陈寅恪：《清华大学王观堂先生纪念碑铭》，载《金明馆丛稿二编》，上海古籍出版社1950年版，第218页。

陈寅恪特别强调的是自由，亦即思想的自由。无思想的自由，一切科学研究或人文学术研究都不免受到种种束缚、限制，难有成就。

王国维早年作《国学丛刊序》，指出今人多不明学的要义，他认为，学的要义就在于求真——求真知、求真理。而真知、真理具有超越的普遍性，就此而言，他说："今之言学者，有新旧之争，有中西之争，有有用之学与无用之学之争。余正告天下曰：学无新旧也，无中西也，无有用无用也。凡立此名者，均不学之徒。即学焉，而未尝知学者也。"[①] 王国维所说的这种为学要义，正是古代大儒所倡导和践行的。《中庸》说君子的为人之道："本诸身，征诸庶民，考诸三王而不缪，建诸天地而不悖，质诸鬼神而无疑，百世以俟圣人而不惑。"这是说，君子之道，以君子自身为根本；从庶民百姓那儿来，再到庶民百姓那儿去；用夏商周三代圣王的标准考察衡量也没有什么违背的地方；置之于天地之间而合乎天理人心；质询于鬼神而鬼神认为毫厘不爽，没什么疑问；哪怕百世之后再等圣人出世，也会认定君子之道，不迷茫，不疑惑。请问这样的君子之道有新旧之分吗？

孟子坚信：恻隐之心人皆有之，是非之心人皆有之，羞恶之心人皆有之，辞让之心人皆有之。陆九渊继续发挥，认为由这四心而生发出来的道德准则，必然具有普遍性。金岳霖在讨论中国哲学的时候，曾经说过：哲学是一门普遍性的学问，如同数学、物理学一样，因此，中国哲学这个词，究竟是指中国底哲学，还是哲学在中国？我们只有数学、物理学、化学这样一些学科，而没有中国的数学、英国的数学、德国的数学。金岳霖的意思是说，凡是求得真知、真理的学问，以及由此而求得的真知、真理，都具有普遍性，没有中西之分，没有国别、民族的差异。

凡学贵在求真。一切真知、真理，根本不存在有用、无用的问题，而是全部有用！所谓有用，在一些人看来，无非是能够实际应用，可带来技术进步和经济效益；反之的，就视为无用。然而，一些不能实际应用的真知、真

[①] 王国维：《国学丛刊序》，见谢维扬等主编：《王国维全集》，浙江教育出版社2009年版，第129页。

理，一方面它扩充了人类知识，带来了人类知识的进步，就此而论，这不是有用吗？另一方面，此时不能实际应用，焉知将来不能应用？古希腊七贤之一、哲学家泰利斯被称为"望天者"，是因为一次走路不小心掉进了井里，旁观者讥笑他只顾望天而不注意地上的事物。仰望星空，研究天文，在当时被看作是无用之学。然而，泰利斯利用他的天文学知识，预见来年橄榄丰收，于是他租下了一大片橄榄园，第二年果然发了一笔财。这在世俗眼光看来，才是有用的。我国古代哲人庄子辩证地深刻地思考了有用、无用的关系问题，他带领弟子走进一片树林，告诉弟子说，长得笔直、木材品质良好的树木因为有用，可以做栋梁、做家具，而被砍伐，丢了性命；那些长得弯曲、木材品质不好的树木，因为无用反而得以保全性命。这里的无用正是保全性命的大用。可见，有用、无用的问题比较复杂，以有用、无用来看待学问，并且衡量有用、无用的标准是看能否带来实际利益，是一种典型的实用主义的态度，是不可取的。我们应有的价值标准是，凡是真知、真理，皆为有用。

（本文为 2019 年 4 月 23 日在山东大学图书馆组织举办的"进大学，读《大学》，发扬大学精神"活动中所作的讲座讲稿）

儒学的传承与创新

儒学创造了发展的奇迹。

儒学具有宗教性，却不是宗教，它持续发展了 2500 余年，积聚了难以穷尽其价值的学术资源与思想资源，足以媲美佛教之类几乎与其同时产生的世界性宗教，而远胜于任何一家世俗性的思想学说。这堪称人类思想史上的奇迹、奇观。

儒学之所以能够创造发展的奇迹，一个重要原因在于，儒学开拓了一条传承与创新交互并用、合力推进的发展道路。传承是循序渐进、点滴积累的常态发展，创新是突破迍邅、飞跃提升的超常发展。传承演进到一定的时间节点，一旦碰上时代与社会发展提供的某种机遇，日积月累的思想资源便会触发省思，酝酿突破，思想创新便不期而至。所以，传承盘桓日久，必有创新。创新是传承演进的必然结果。创新一旦实现，便会把儒学提升至新境界，引领到新天地，儒学自然又会在新开辟的道路上延续其新一轮的传承。传承与创新如此循环往复，螺旋式推进，共同推动儒学发展从一个高峰走向另一个高峰。

一、传承发展

传承与创新各有各的价值，二者不能彼此取代，也不能厚此薄彼。没有长时间段的传承作基础，创新将无从谈起；同样，没有突破性的创新作引领，传承将会归于平淡，只能在老路上蜗步前行，一旦遇到世变，即拙于应付。

传承是守成主义。守成，不是抱残守缺，而是守住儒学的大根大本。儒家"四书五经"载明的中华礼乐文明的基本精神即儒学的大根大本。儒学自身也是从中华礼乐文明中孕育而生的。这一基本精神从治国、平天下的层面上可以概括为：以礼义治国，塑造礼义之邦；以仁义为政，实现社会正义。我们先看孟子的仁政设计，它以井田制的形式实现人人有恒产有恒心，人人拥有的恒产大致均等，所以井田的精神实质在于"均田"；仁政关怀弱势群体鳏、寡、孤、独四民，给予其优先的照顾。仁政在孟子所处的乱世固然是"迂远而阔于事情"，然而仁政闪耀着正义的光辉，何尝不是历代中国人虽不能至而心向往之的正义追求。再看礼义之邦，这是春秋战国时代鲁国塑造的一种国家形象，与其形成鲜明对照的是秦国被视为虎狼之国。两汉以后，儒学享有治国理政的指导思想的地位，开始慢慢驯化国家，崇尚武力的虎狼之国的国家形象渐渐弱化，崇尚文明的礼义之邦的国家形象同步强化。以礼义治国，以仁义为政，这是中华礼乐文明几千年来一以贯之的基本精神，也是儒学的大根大本。

传承是因循主义。因循，不是陈陈相因，而是守死善道，恪守儒家提倡的仁、义、礼、智、信"五常"之道。仁、义、礼、智、信是两汉至明清中国社会的核心价值观，是中国人在价值观层面上的基本信仰；也可以说，是儒家营造的中华民族的精神家园。"五常"虽然因为与"三纲"相连，在"五四"时期遭受了批判，一定程度上被污名化了，但是，"三纲"是"三纲"，"五常"是"五常"，二者应该分开。那种不分青红皂白将"三纲"与"五常"一体抛弃的偏执做法，必须纠正。仁、义、礼、智、信有其超越时代和社会的价值。在两汉以后的任何朝代，一个人如果践行了仁、义、礼、智、信的价值观，或许不会被刻意赞扬；但是，如果有人违背了仁、义、礼、智、信，必定会得到不仁不义、不讲诚信一类的斥责。这难道不是反映了仁、义、礼、智、信深入人心、为民众所认同吗？因循仁、义、礼、智、信"五常"之道，是保持儒学之为儒学的基本特性。

传承不止守成、因循，还有生生不息。传承层面的生生不息，是指儒家的学术资源与思想资源变成了一种学问，被无穷尽的探索、研讨、揣摩，以求有所发现，或用于经世济用，或用于明经求道。比较典型的是儒家经学，这是儒学在秦汉之际由思想而转型为学问的成功范例。一经有一经的老师宿儒，各位老师宿儒治经的理论与方法不一，形成不同的师法，弟子相沿成风，遂成家法。师法也好，家法也罢，都是专门之学。汉代著名的五经十四博士，就是立为官学的十四家治经的专门之学，而在民间流传的治经之学又不知有多少。学贵专攻专精。治经的一家专门之学历经十几代的积累发展，一经说至百余万言，尧典二字说至十余万言，以至于一个人皓首穷一经而不能通一经。这虽然有繁琐之病，但也是学问专业化发展的普遍规律。治经的基本方法是诠释。诠释其实是延续儒家经学生命的有效路径。经典文本的字句里，内含了多少作者欲言又止的微言？隐藏了多少作者含而未发的大义？诠释者如何揭示这些微言大义？当诠释者有效地、如实地揭示了这些微言大义时，他已经参与到儒学生生不息的传承发展中了。

宋明时期，儒学实现了从学问走向思想的转型。大儒们主要是思想家，而不是学问家，他们忙着构建自己的思想体系，然而他们丝毫不轻视经学。朱熹穷其毕生精力注四书，"旧学商量加邃密，新知培养转深沉"是他那个时代儒学生生不息的真实写照。创宗立派的程朱理学、陆王心学，也是遵守其内部思想传承的规矩，一代一代地薪火相传，生生不息。

守成、因循和生生不息，是儒学传承的三大基本方式。无论守成，还是因循，都不是原教旨主义的守成与因循。一味地墨守成规，机械式地照抄照搬，不仅无济于事，而且有时还会坏事，如孟子仁政设计中的井田制，其精神实质是均田，实现土地分配的社会正义，而不少人拘泥于其形式，主张参照井田制实行土地改革，结果失败。须知，准确地领会并把握其精神实质，适时地变通其形式，是守成与因循的重要原则之一。

二、创新发展

创新分形式创新、方法创新与理论创新三大类型。

形式创新是儒学存在形态和发展道路的创新。儒学产生之初，以教育领域的私学形态生存于世，又在思想领域以一家之学的形态争鸣于世。战国中晚期至汉初，儒学蜕变为经学，并上升为官学。宋代以后，儒学又演变为理学、心学、实学乃至考据学，等等。这是大略言之，细分则不胜枚举。无论私学、官学，还是经学、理学，诸如此类都是儒学在不同时期的不同存在形态。每一种儒学存在形态的发明都堪称一次形式创新。以经学形态为例，这是儒学的核心，而其发明却经历了几代大儒的努力，是比较典型的集体智慧和力量共同作用的结果。大的形式创新自然不易，小的形式创新却相对容易。经学内部，学派众多，层出不穷。一人创立一个学派的情景并不鲜见。形式创新不可小觑，它的价值和意义在于，如经学所展示的，形式创新转换了儒学的存在形态，开辟了儒学新的发展道路和新的发展空间。如今经学犹如无尽藏，价值的挖掘、意义的探究，已经进行了两千余年而不见穷尽。传统儒学的形式创新已有若干成功的范例，而如今儒学的现代转型还在进行之中。百余年来，虽有大儒筚路蓝缕，开辟儒学现代转型之路，然而，小成者多，大成者少。当代有志于"为往圣继绝学"的莘莘学子不可不三致其意，踵事增华，完成儒学创造性转化的历史重任。

方法创新主要是指思想方法和研究方法的创新。儒家尊重历史，尊重传统，尊重先圣先贤，有述作必有依傍，不尚空言；主张实事求是，即事而求理。这是儒家的主要的思想方法。儒家对形而上的性与天道表现出了极大的兴趣。孔子仰望星空，发现了"北辰，居其所而众星共之"（《论语·为政》）的天道秩序，进而沉思人道取法天道，在于"为政以德"（《论语·为政》）。孟子、荀子直面人性，各以其思想方法定义人性、讨论人性，给予人性以价值判断。孟子的思想方法是以人之区别于动物的规定性为人性，认定人性为善；荀子的思想方法是以人与生俱来的自然规定性为人性，认定人性为恶。两位大儒虽然对人性的认识有差异，但是，依据人性而推行的人文教化却又惊人地一致，可谓殊途同归。研究方法从属于思想方法，是思想方法在研究领域的精细化和具体化。研究方法是儒家把思想问题转化为学术问题时产生的，它具有复杂性、多样性的特点。讨论和研究一个问题，往往需要运用多种方法。比如，辨明一个字的字义，需要古文字学、音韵学、考据学等几种方法联合攻关；阐明一句经文的义理，不同的研究者运用不同的诠释方法。一派主张不带成见，从一字一句入手，识其字，通其句，晓其义，自然就会明其道；另一派多多少少有一些先入为主的成见，主张先立乎其大，高屋建瓴，从整体上审视经文的微言大义，以求有所发明；还有的从我注六经，一跳而至六经注我，经文变成了他言说的注脚。2500多年的儒学发展，各种各样的思想方法和研究方法应有尽有。工欲善其事，必先利其器。方法论的创新与完善应该先行一步。儒学在这方面是做到了，然而在理论上予以总结提升似乎做得不够，方法论的觉醒晚了一点，诠释学即一例。诠释方法，儒家学人未遑多让，然而，诠释学的创立却拱手让人。

理论创新是儒学义理、思想层面的创新。儒学是入世干政之学，必须回应时代的挑战，解决如何治国、平天下的政治实践问题，尤其是解决如何维系世道人心的问题。战国晚期，在秦国即将完成统一的前夕，大儒荀子以其"一天下"和"一制度"的政治设计，描绘了未来大一统国家的政治蓝图。"一天下"和"一制度"，是遵循孔子的"礼乐征伐自天子出"（《论语·季氏》）的政治理念设计的，是那个时代政治学理论与国家学说的创新，具有无可争议的先进性，即使到了今天也仍然具有现代性。隋唐时期，儒释道三教鼎立，儒门淡泊，收拾不住。到了宋代，邵雍、周敦颐、张载、程颢、程颐五星聚奎，建立了天理信仰，重新凝聚了人心。这些理论创新有时代和社会的迫切需要，是应运而生，其发生机制可见可知。而另外一些理论创新，除了与时代和社会的需要有直接或间接的关联以外，还遵循着儒学内在的发展逻辑而发生。

这需要有足够的理解力和领悟力。理解力是领悟力的基础，领悟有渐悟和顿悟之分。沉潜久了，如切如磋，如琢如磨，必知其意，必有发现，如《春秋公羊传》几次提及"所见异辞，所闻异辞，所传闻异辞"，意思是说，孔子作《春秋》，依据自己的所见、所闻、所传闻而有不同的用语；到了西汉董仲舒那里，竟然据此琢磨出了一个三世说，即以孔子为中心，根据与孔子的距离的远近，把春秋二百四十二年的历史划分为"所见世""所闻世""所传闻世"。这是一个创新。后来，到东汉何休那里，三世说又与社会治乱联系了起来，以"所传闻世"为"衰乱世"，以"所闻世"为"升平世"，以"所见世"为"太平世"，认为春秋历史的发展是从"衰乱世"经过"升平世"进至"太平世"，这多多少少具有了历史进化论的味道，是具有重要价值和意义的理论创新。清末，康有为进一步把公羊三世说与儒家的大同、小康说以及英国达尔文的进化论结合起来，以"升平世"为小康，以"太平世"为大同，创立了从"据乱世"到小康"升平世"再到大同"太平世"的儒家的历史进化论，再一次实现了理论创新。《公羊传》一句简短的话，经由董仲舒、何休、康有为三次创造性诠释，实现了三次理论创新；尤其是康有为创立了以公羊三世说为基础的历史进化论，比较圆满地完成了公羊三世说的现代理论转型。厚积薄发，发必有中。渐悟式理论创新的发生机制，一目了然。顿悟与渐悟不同。涵泳久了，如濯如沐，如浸如润，或有体认、体悟，一旦豁然开朗，其义自见，如程颢自家体贴出天理二字，王阳明龙场大悟致良知之道，等等。这类顿悟式理论创新的发生机制玄妙莫测，鲜为人知；而且是可遇不可求，不遇罢了，遇则多是令人惊异的重大发现、重大创新。

三、传承与创新是当代儒学发展的必由之路

传承与创新是儒学发展的基本形式。传承形成了儒学发展的平台期，创新形成了儒学发展的高峰期。传承平台期展示了儒学的生命具有稳重、包容、中和、顽强、韧性的一面，创新高峰期展示了儒学的生命具有躁动、疏狂、豪放、突破、爆发的一面。这两面合成了儒学生命的绚丽多姿与波澜壮阔，

也是儒学生命能够持久旺盛的原因所在。

不可否认，儒学在20世纪遭遇了严重的生存危机，直到20世纪70年代才否极泰来，渐有一阳来复之势，近年更生复兴之象。不少人见儒学复兴而欣喜，不辨是何种意义上的儒学复兴，是传统儒学的照抄照搬的复兴，还是儒学创造性转化、创新性发展的复兴。不辨则不免盲目，于是放言高论，奇谈立儒学为儒教、立儒教为国教，怪论以儒学重整意识形态，等等。殊不知，传统的原汁原味的儒学并不能承担如此重任，眼下儒学的当务之急不是借助什么儒教、国教、王官学等一步登天，而是应脚踏实地、与时偕行，发扬古典儒学既"从道"又"从众"的精神，一步一步地走向社会，走向大众，以其仁、义、礼、智、信的核心价值观和崇文重教的优良传统赢得人们的服膺。这是基础性的传承工作，不能急于求成，不能躐等而进。同时，应该容许或提倡一些先知先觉先行者苦心孤诣，以其高明识量从事儒学创新的工作，引领儒学创新发展的方向。

儒学创新是当代中国人的精神伟业。儒学创新必须破除古今中外的成见，主动融入人类主流文明之中，倡导多元文化的对话、沟通、互动，中流击水，左右采获，取人之长，补己之短。在此过程中，儒学必须坚持本位立场，以我为主，而不能舍己从人。舍己从人，儒将不儒，是为歧途。精神上闭关锁国，以为儒学博大精深，无所不有，坚持游离于人类主流文明之外，甚至妄自尊大，拒斥或对抗人类主流文明，则儒学难有创新的希望。当今学人若对儒家的义理不能了然于胸，不知古今一理、中外一理，断无义理创新之可能。儒学创新必须重申道不远人、道在百姓日用之间的传统认知，回到民众中去，回到日常生活中去，寻觅发现当代中国人的日常生活之道，予以审视、校正、提升，推行为人人必由的正道。当代中国人的日常生活之道，之所以还需要审视、校正、提升，是因为一切自然发生的实然之道，受时代与社会变化的影响，未必尽善尽美，不能作为理应如此的应然之道而被认可、接受。如果儒学在今天能够开示出人人必由的正道，则儒学的生存状态必将发生根本性的转变：由少数学人珍视的金玉一变而为百姓一日不可或缺的五谷。如此，儒学复兴指日可待。

传承是择善而从的继承与弘扬，它能够推动儒学走向复兴，却不能俾使儒学获得更新发展。在此，传承避其短，创新扬其长。创新能够激发儒学的生命活力，推动儒学走上自我变法、自我革命、自我更新的道路。先由传承迎来儒学的复兴，再由创新加快儒学的"升级换代"，不仅使儒学贴近、融入现代社会生活，而且还能够规范、指导人们的思想观念和日常行为，引领民族的价值抉择和精神信仰。儒虽旧学，其命维新。《大学》一再申明"苟日新，日日新，又日新"，儒者当知奋勉。

（本文原载《孔子研究》2017 年第 1 期）

儒学发展的五大趋势与三大愿景 ^①

儒学的发展几乎与时代同步，但不与时代的脚步完全一致，某个时间节点儒学发展就可能出现转折性的变化。2008 年连续发生的三件事标志着儒学发展在当今中国进入了一个新时代。一是 2008 年 8 月在北京举办的奥运会 ^②注入了儒学要素，首先是以"国人不可不知的五句《论语》经典"作为迎宾语，即"有朋自远方来，不亦乐乎"（《论语·学而》），"四海之内，皆兄弟也"（《论语·颜渊》），"己所不欲，勿施于人"（《论语·颜渊》），"德不孤，必有邻"（《论语·里仁》），"礼之用，和为贵"（《论语·学而》）；其次是在盛大的开幕式上，两千多名表演者集体诵读《论语》名句，除了以上五句迎宾语以外，还有"子以四教：文、行、忠、信"（《论语·述而》），"三人行，必有我师焉！择其善者而从之，其不善者而改之"（《论语·述而》），"朝闻道，夕死可矣"（《论语·里仁》），"学而时习之，不亦说乎"（《论语·学而》），

① 本文是笔者根据 2018 年 5 月 15 日在嵩阳书院学术会议之"十年来儒学变迁之大势与发展之展望"上的发言稿充实修改而成。

② 姚新中教授在 2018 年 5 月 15 日嵩阳书院学术会议上的发言中指出，十年来儒学变迁应以 2008 年北京奥运会为开端，这对笔者划分儒学发展的新时代有启发，谨记以示感谢。

"知之为知之，不知为不知，是知也"（《论语·为攻》），"乐而不淫，哀而不伤"（《论语·八佾》），"学而不厌，诲人不倦"（《论语·述而》），"知者不惑，仁者不忧，勇者不惧"（《论语·子罕》），等等。这场第一次在中国举办、全球注目、举国重视的体育盛会，通过现代化的媒体平台，把孔子和《论语》推向了公众，推向了世界。二是 2008 年 9 月在孔子故里——曲阜成功举办了第一届世界儒学大会，将儒学研究提升到新的层面。世界儒学大会是由国家文化部与山东省政府共同主办的国际儒学盛会，一年一届，每年 9 月 27 日举行，① 与会学者次日出席孔子诞辰日举行的祭孔大典。三是 2008 年 10 月尼山圣源书院成立，这是一所由北京、山东等地著名学者发起成立的一家民办公助、书院所有、独立运作、世代传承的新型书院，以该书院为中心发起推动的乡村儒学把中华传统美德传播普及到村舍农户，开辟了儒学发展的新道路。2008 年儒学发展呈现出的新局面、新气象不是偶然发生的，是改革开放 30 年来举国上下致力于传承与弘扬中华优秀传统文化的必然结果；积 30 年跬步之功，儒学终于迎来了跳跃式的发展，迈入了新时代，接下来将更精彩纷呈。

划分新时代的基本标志是儒学从学术研究的象牙塔里走了出来，走进了民间，走向了社会。儒学不再仅仅是学术研究的对象，而是变成了一种建设当代中国文化可资利用的思想文化资源，——因为产生于本土，来自传统，契合国民性和民族精神，具有超时代、跨社会的价值以及与时偕行、革故鼎新的当代价值，格外受到重视。儒学自身定性、定位的变化，为其开拓出了更为广阔的发展空间和多种可能性发展的路径。如果和以往一样仅仅把儒学视为一种珍贵的历史文化遗产，将其变成类似于博物馆内的陈列品供人们观赏，② 那么，儒学再珍贵，也只是韫椟而藏的美玉、系而不食的匏瓜，缺失其

---

① 从 2013 年开始改为每两年一届，2017 年第八届世界儒学大会举行时间提前到 9 月 20 日至 21 日。

② 美国学者列文森（1920—1969）在其《儒教中国及其现代命运》一书中已经指出了这一现象，称其为儒学的博物馆化。

固有的宅兹中国、守望天下的情怀，丢失其指导人们修身、齐家、治国、平天下的应用价值，如此一来，儒学生存空间的狭小逼仄也就可想而知。更何况"文革"期间儒学被视为封建性糟粕，被扫入了历史垃圾堆。国人对儒学的基本态度和看法，无疑是一个时代思想文化的风向标，它决定着对儒学的定性，亦决定着儒学的命运。

儒学从历史文化遗产转变为思想文化资源的时间节点，或许早于2008年，我们对此无暇考证；可以确知的是，儒学从2008年开始真正走出了学术研究的象牙塔，回到了公众与社会中间，展现出了丰富的内涵、耀眼的光彩以及复兴的迹象。儒学的所谓"走出"，其实是"复制"，即"复制"一份到社会发挥其应有的作用；而存留在学术研究象牙塔内的那份儒学原件，则继续吸引学者们的关注和研究，而且以中国本土文化的样本参与人类多元文化的互动与世界文明的对话。2008年以来，儒学发展（包括儒学研究）呈现出多种值得关注的趋势，以及令人振奋的前景。

一、儒学发展的五大趋势

(一) "儒学热"持续升温的趋势

从20世纪90年代开始出现的"儒学热"近十几年来持续升温，主要表现在以下五个方面。

1. 儒学研究者和爱好者越来越多，特别是儒学爱好者，遍布社会各界，这说明本土儒学一旦遇到适宜的外部条件，仍然具有顽强的生命力。

2. 儒学研究机构、儒学社团组织越来越多。仅以山东为例，除了已有的中国孔子基金会、孔子研究院、山东大学儒学高等研究院等10余家以外，这十年新增加的就有：山东大学儒家文明协同创新中心，曲阜师范大学"一带一路"儒家文明创新联盟，山东省图书馆＋尼山书院①，孔子学堂，山东省社会科学院国际儒学研究与交流中心，孔子研究院孔子学院总部体验基地、礼

---

① 2014年山东省文化厅推行图书馆＋尼山书院模式，要求省、市、县各级图书馆均附建尼山书院，以促进儒学的传播与普及。

乐文明研究与传播中心、海外儒学研究与传播中心、《论语》学研究中心，尼山圣源书院，孟子研究院（邹城），颜子研究院（曲阜），复圣研究院（宁阳），以及中国孟子学会，山东孔孟文化研究交流中心，山东省中华文化促进协会，山东齐鲁文化促进会，颜子研究会，曾子研究会，等等，数量上远远超过以往30年成立的儒学研究机构和社团组织的总数。山东是儒学发祥地，儒学研究机构与社团组织偏多自在情理之中。据不完全统计，截至目前，全国省级以上的儒学研究机构与社团组织达到100家以上，其中多数是2008年以后建立的，尤其著名的是2012年建成的贵阳孔学堂，它以规模宏大、功能齐全而成为国内传承与弘扬儒学的又一重镇。

3. 发表的论文、出版的专著越来越多。2008年以来全国儒学研究成果和普及性文章数量逐年大幅增多，每年发表的儒学研究论文都在1000篇以上，出版的专著达数百部之多。2012年山东大学儒学高等研究院主持编纂出版的一年一度的《国际儒学发展报告》、2016年曲阜师范大学孔子文化研究院创办的半年刊《中国儒学文摘》，是当今儒学研究与普及日趋繁荣的真实反映。

4. 与儒学有关的学术研讨会和学术文化交流活动越来越多，规模越来越大，层次越来越高。从1989年开始每隔5年举行一次的纪念孔子诞辰大型国际学术研讨会，于2014年迎来了习近平总书记到会发表重要讲话，这是我国最高领导人第一次出席孔子诞辰纪念大会并发表讲话，其意义自然非同寻常。2008年召开的第一届世界儒学大会、2010年创办的尼山世界文明论坛，都是规模宏大的高端国际儒学盛会，把儒学研究推向了新的高度。在对外传播与交流方面，遍布全球146个国家和地区的525所孔子学院、1113所孔子课堂，在国内召开的一年一度的孔子学院大会，以及先后到达全球40多个国家和地区的"孔子文化世界行"，旨在推动儒学和中华文化"走出去"，促进包括儒学在内的多元文化的交流、互鉴、融合，取得的成就令人瞩目。

5. 推广普及儒学的活动及讲学之所越来越多。近十年来如雨后春笋般涌现出的各类书院、学堂、讲堂、讲坛、讲座、会讲、读书会等，散见于乡村、社区、街道、学校、图书馆、博物馆、文化馆、医院等场所，参与者不分男女老幼，是近十年间我国思想文化活动的一大景观。

综合以上五个方面的情况可知，"儒学热"在近十年间出现了持续升温的趋势，儒学发展进入了近百年来不曾有过的繁荣时代，儒学复兴的迹象已经显现。

(二) 儒学创新性发展的趋势

自20世纪80年代张岱年先生提出"综合创新"的主张以来，我国学术界有了学理创新和方法论创新的自觉意识，然而，真正着手于创新实践的却并不多。近十几年来，这一现状有了明显的改变，主要表现在以下两方面。

一是儒家义理有所创新。这是儒学创新的重点和难点，虽然目前还不见有重大的理论突破，但是，创新意识逐渐加强，创新趋势日益显著。十几年前已有张立文先生的和合学、蒙培元先生的情感哲学，近十年来又有李泽厚先生的情本体哲学、牟钟鉴先生的新仁学、陈来先生的仁学本体论等，这都是在儒家义理创新上的有益尝试和可贵探索。

二是开拓了儒学发展的新领域、新天地，出现了一批新的儒学派别，如政治儒学、制度儒学、新康有为主义、生活儒学、教化儒学、社会儒学、情感儒学、实用儒学、企业儒学、自由儒学，等等。这些新生的儒学派别并存互动，在儒林内部呈现出百家争鸣、百花齐放的景象。

(三) 儒学日渐参与改造或干预社会生活的趋势

儒学一向有经世致用的传统，然而，从20世纪20年代儒学被边缘化以来，儒学经世致用的传统被迫中断。近十几年来儒学重返社会，再次出现了儒学参与改造或干预社会生活的趋势。

在山东泗水县尼山圣源书院附近，一批乡村儒学的志愿者深入村庄宣讲《论语》和《弟子规》，倡导以孝治村，以儒家伦理道德规范重建乡村社会秩序，受到了当地村民的欢迎。此外，一些有儒商之称的企业家倡导诚信经营、奉献社会，将儒家管理思想直接运用到企业管理中去，也取得了显著成效。2016年创办的博鳌儒商论坛以弘扬儒家商道精神、创建当代商业文明为宗旨，次年出席博鳌儒商论坛年会的中外企业家竟达1800人之多，可谓盛况空前。

值得注意的是，不少秉承儒家理念的人士还经常直接干预社会生活，甚至试图以其价值理念重建社会秩序。这方面比较有代表性的案例，一是2010年曲阜孔庙附近要修建一座高40米、容纳3000人的基督教堂，一批儒学研究者起而反对，产生了不小的社会影响；二是"大陆新儒家"公开提出了"中国必须再儒化"①的基本诉求，主要包含：意识形态上要求回归传统，再次将儒学意识形态化；政治诉求上提出并论证儒家宪政的政治主张，并且设计出了实施儒家宪政的蓝图。这两大诉求与当下中国国情扞格不通，一望而知，无须赘言。

这些表明，进入新时代，儒学不再仅仅满足于"穷则独善其身"，还要更进一步"达则兼善天下"，穷达之间，儒学已然完成了一次内圣外王的转身。

(四) 儒学走向民间、回归社会的趋势

在传统社会，儒学是百姓日用之道，附着于民俗礼仪制度之上。近代以来，儒学屡受冲击，而民俗礼仪制度在一轮又一轮的革故鼎新中几乎面目全非，于是，儒学失去了社会体制的依托，变成了一种飘浮悬空的思想观念，不能具体落实于民众的日常生活之中。有鉴于此，近十几年来，官方与百姓良性互动，达成共识，合力推动儒学走向民间，回归社会。截至目前，自2014年中国孔子基金会发起创建首家孔子学堂之后，孔子学堂已在全国29个省、市、自治区兴办了1800多所，成为人们聚会学习读书、体验交流之所。尽管还存在一些有待改进、提升的地方，但是，兴办孔子学堂，将儒学与社会生活密切结合起来的大方向应予充分肯定。尤其值得表彰的是，乡村儒学切实有效地改变了村风、家风。从事乡村儒学的社会各界人士，或称志愿者，或称义工，甘愿无私奉献，"背着干粮为孔子打工"；他们走进村庄，为村中的老

---

① 2016年在新加坡出版的《中国必须再儒化——"大陆新儒家"新主张》一书，汇集了大陆新儒家的主要代表人物蒋庆、陈明、康晓光、余东海、秋风多年来发表的文章，虽然他们提出并坚持的主张并不完全相同，但是，在中国必须再儒化的基本诉求上他们却完全一致。

人、妇女、儿童讲授孝道、家风、礼仪等，将儒学的思想输入乡村，村民如久旱遇甘露，内心喜悦。可以预期，由乡村儒学、孔子学堂等推动的儒学走向民间、回归社会的发展趋势，或将在某些路径、方式方法上有所修整完善，总体而言，其前景必将光明。

（五）儒学进学校、进课堂、进教材的趋势

在传统社会，儒学依赖经学和科举而生存。1905年晚清政府废除科举，1912年民国政府废止中小学尊孔读经，力图将儒学与学校制度剥离开来；但是，晚清和民国时期，中小学教材中仍有大量的儒学内容。1949年以来，中国大陆中小学教材里儒学方面的内容少之又少。有鉴于此，2013年中华书局以台湾地区的《中华文化基本教材》为蓝本，出版《中华文化基础教材》，内容为《论语》《孟子》《大学》《中庸》。2014年泰山出版社出版了《中国文化基础教材》，内容是儒家四书五经、诸子百家和文学、史学经典著作。2016年山东省组织编写中华优秀传统文化教材，将其并列为山东省地方必修课程。在高等学校方面，2016年几位知名教授联合倡议在我国高等学校设立儒学一级学科，推动儒学研究与教学专业化、学科化，这一倡议一旦获得成功，儒学传承与发展就有了可靠的体制保障。

以儒学为主体的中华优秀传统文化进学校、进课程、进教材是大势所趋。2017年1月，中共中央办公厅、国务院办公厅印发的《关于实施中华优秀传统文化传承发展工程的意见》，明确要求"以幼儿、小学、中学教材为重点，构建中华文化课程和教材体系"，同时"推动高校开设中华优秀传统文化必修课"，"加强中华优秀传统文化相关学科建设"。意见下达后，教育界积极响应，没多久，以儒学为主体的中华优秀传统文化进学校、进课程、进教材蔚然成风。

二、儒学发展的三大愿景

儒学的发展具有一定的客观必然性，也展现出可以预见的发展前景。然而，揭示这种发展前景并非笔者的兴趣所在，我在这里仅谈一谈儒学发展的愿景。发展趋势是客观的，发展前景是从发展趋势引发出来的，也具有某种客观必然性。惟有发展愿景是个人根据发展趋势和主观愿望前瞻未来而形成的一种"希望如此"的前景。

（一）接续传统，重建一元主导多元并存的中国文化格局

在传统社会，中国文化的基本格局不是平面化的儒佛道三教鼎立，而是以儒为主导的三教鼎立。换言之，这是一种一元主导多元互动的文化格局。在此文化格局中，儒学占据主导地位，佛、道处于从属地位；儒学对修身、齐家、治国、平天下具有引领性和指导性作用；儒学具有安排社会制度和生活秩序的功能。到了现代社会，中国文化渐趋多元化，在这样一个多元文化并存互动的格局中，儒学如何自处，儒学应该占有什么样的地位，发挥什么样的作用，这值得我们深思。一个不言自明的事实是，儒学是中国本土文化的主体、主干，因此，儒学应该坚定地挺立起来，充当从本土生长起来、又从传统中走来、具有高度文化自信的一极或一元；儒学应该丰富中国人的精神家园，引领中国人前进的步伐；儒学应该奠立坚定而清晰的文化主权概念，在本土范围内拥有话语权，主导多元文化的对话与交流；儒学应该秉持"和而不同"的文化理念，积极主动地走出去，参与人类多元文化的沟通、交流、互鉴、融合。这既是当今中国文化发展的内在要求，也是对本土文化传统的尊重与延续。

当然，也必须看到，当今儒学的发展水平还不足以使其担当如此重任。儒学必须经由创造性转化和创新性发展，浴火重生，获得新形态新生命，才有可能挺立于多元文化的原野，牢固树立其主体、主导地位。为此，儒学必须如其圣贤一样不分夷夏，直面人性，以理服人；儒学必须重申至公无私的理念，以"天无私覆，地无私载，日月无私照"的精神，去其家族血缘之私，去其熟人朋友之私，去其乡土族类之私，平等公正地善待所有人，以德服人；儒学必须不分彼此，荟萃百家之长，创造出先进文化，以高明服人。对多元文化优异之处的兼收并蓄，并不意味着中国文化主体性的丧失，相反，取长补短，融合创新，才会充实、增强、提升中国文化的主体性，使中国文化牢牢占据主导地位。每一种外来文化的优秀成分，一旦被选取、吸收、消化于中国文化，成为中国文化的一部分，自然不再是异质的而是同质的。考镜源流时，可以说它是外来的；谈论融合时，必须说它是中国的。中国文化只有成为"和实生物"的熔炉，而不是乱放杂物的筐子，才能日新一理，月增一说，层累厚积而至于"充实之谓美，充实而有光辉之谓大"（《孟子·尽心下》），成为人类文化的"泰山"，这样，我们才有可能接续传统，重建一元主导多元并存的中国文化格局。

(二) 万变不离其宗，保持儒学的常道品格

当今儒学处在日新月异、与时偕行的变化之中，"苟日新，日日新，又日新"是儒学发展变化的基本特点之一。然而，儒学无论如何发展变化，必须万变不离其宗，——这个宗是什么？是儒学的常道品格。这是儒学之所以成为儒学的基本的、核心的规定性；离开了或丢失了这个规定性，儒学便不成其为儒学。儒学保持了它的常道品格，则无论如何发展变化，儒学始终是儒学，而不会变成其他什么东西。

问题在于，儒学的常道品格是什么？这可以讨论。所谓常道，是指一以贯之的永恒之道。学派有学派的常道，学说有学说的常道。儒家作为学派，其常道品格，内涵有三：1. 尊孔子为宗师；2. 奉四书五经为基本经典；3. 以仁、义、礼、智、信为核心价值观。儒学作为一种思想学说，其常道品格，一言以蔽之，曰孔孟之道。孔孟之道的内涵是什么，有哪些，历史上众说纷纭，这里不再一一梳理。我们今天诠释孔孟之道，必须萃取其所固有的，又必须考虑当代社会所需要的，综合这两方面来看，孔孟之道的内涵，重点有三：一曰仁爱，二曰礼义，三曰民本。

这里的仁爱包含了兼爱、慈悲、博爱等基本精神，是一种"仁者以天地万物为一体"的无私之爱、公正之爱、博大之爱。

礼义，有别于孟子倡导的仁义，是荀子倡导和阐明的以礼为规范、为准绳、为原则的理念，这是荀子为孔孟之道所做出的理论贡献。礼义是建立公平合理的社会秩序的思想基础，是我们今天重塑礼义之邦的国家形象的思想资源。

民本，以人民为国家的根本，这与民主相通，是民主的基础和起点。民主是社会主义核心价值观之一。民主的真谛，是社会事务和国家事务由多数公民经由协商达成共识而做决定。从民本出发，走向民主，是顺民本之理、成民主之章的事业。

(三) 在解决当代中国发展问题上展现儒家智慧

20世纪，不少中外知名学者如汤因比、梁漱溟论述了中国文化的优越性，断言中国文化将是未来人类文化的希望。据说，1988年，70多名诺贝尔奖获得者在一次巴黎会议上声明："如果人类要在21世纪生存下去，必须回首2500年，去吸取孔子的智慧。"这些名家的确支持和提升了我们的文化自信心。然而，当今我国的经济与社会发展，一方面取得了举世瞩目的巨大成就，另一方面也遇到了许多问题；如果我们不能以儒家智慧解决问题，则何以证明儒家智慧是高明的、适用的？如果我们连自家门前雪都扫不尽，何以能够除去他人瓦上霜？何以证明儒家智慧能够解决未来人类的生存之道？所以，我们别无选择，只能从当下做起，一步一步，一点一滴，解决当下我们发展中所面临的诸多问题，以此证明和展现儒家智慧。

必须承认，不少人对于用儒家智慧解决当今中国发展所面临的诸多问题持有怀疑态度，比如，当今生态环境恶化问题在不少地方已经到了触目惊心的地步，如果我们空谈儒家天人合一的生态理念，而不采取切实有效的措施，知行不能合一，那么，人们既质疑儒家之知，又批评执行不力，就有充分的理由；再比如，如果我们只是空谈孔子的"富民"思想、"不患寡而患不均"的均贫富理念，而不采取切实有效的措施解决贫富差距问题，那么，孔子的智慧不足以服人，我们知而不行、知行分离的行为就会受到指责和批评。所以，眼下我们必须知行合一，坐言起行，大幅提升执行力，以解决问题的实际成效为儒家智慧正名。当然，儒家智慧也有一个不断发掘、充实、更新的问题，因为儒家智慧能够解决传统社会的问题，并不意味着一定就能够解决当今社会的问题。儒家智慧无论解决何种社会问题，除了给予高屋建瓴般的理论指导以外，还必须给出具体的解决之道，包括提供解决问题的正确思路，拿出解决问题的可行性方案。

儒家智慧产生于中国，只有首先解决中国本土的问题，才能让世人信服，才能真正走向世界。在应对日益变化的世界和解决实际社会问题中展现儒家智慧，是我们瞻望儒学未来发展所持有的一大愿景。

（本文原载《济南大学学报》2018年第4期，《新华文摘》2018年第21期全文转载）

儒学与当今社会

儒家文化与儒家文明研究

儒家文化：定位、定义与功用

儒家文化是一个乍看十分简单、深究起来却又非常复杂的概念。我们常常日用而不知，不知儒家文化是什么；习焉而不察，不察儒家文化究竟有哪些基本的内涵和特点。尽管这并没有妨碍我们对儒家文化概念的使用，没有妨碍我们对儒家文化与其他异质文化做比较研究，乃至于进行沟通、交流、对话，——这时，我们的脑海里有一个儒家文化的意象，这个意象如同"道可道，非常道"（《道德经》）一样不可言喻、言传；一旦我们试图用语言表述这个意象，往往会弄巧成拙，增添了一份"你不说我还明白，你一说我反倒糊涂了"的尴尬。但是，为了言说的逻辑要求，我们仍需要对儒家文化做一番梳理分析。

一、定位

儒家文化不同于儒学、儒术、儒教、儒家文明等概念，但又与这些概念密切相联。梳理一下它们之间的关系，对于我们认识儒家文化的定位是很有必要的。

儒学、儒术的概念，最早见于《墨子》一书，二者的含义十分相近。儒学是指儒家的学说。儒术，也同样是指儒家的学说。这类似于《庄子·天下》

里的"道术"概念，"道术"即有关道的学说。但是，仔细分辨一下，儒学、儒术又略有差别，——主要是学与术的差别。梁启超1911年作《学与术》一文，即已指出："学也者，观察事物而发明其真理者也。术也者，取所发明之真理而致诸用者也。"学与术的关系，相当于体与用的关系。学之为体，在于以概念、范畴、原理等解释世界，认识世界，表现出理论理性的特征；术之为用，在于以原则、方法、程式等分析问题，解决问题，带有工具理性的特征。换言之，学侧重于认识论，术侧重于方法论。儒学与儒术亦有类似的差别。不过，应该指出，儒学比儒术具有更大的包容性和正当性。有其学必有其术，有其体必有其用，学术合一，体用不二，所以提及儒学，可以兼摄儒术。儒学兼涉儒术，有逻辑上的正当性；反之，儒术兼涉儒学，不具有逻辑上的正当性。在中国思想史上，儒学渐渐流行开来，成为普遍适用的概念，儒术则湮没不彰，原因即在于此。

儒教是一个比较复杂的概念。它有三个义项：儒家的思想学说、儒家的教化和以孔子为教主的宗教。就第一个义项而言，儒教与儒学为同类，可以相提并论。就第三个义项而言，儒教究竟是不是宗教，一直存有争论。我的看法是，儒教不是宗教。儒学有宗教性，由于儒学宗教性的作用，儒家内部一直存在一种时强时弱的宗教化倾向、宗教化趋势，然而，儒学的宗教化倾向始终受到儒学意识形态化的抑制，儒学的宗教化趋势始终受到专制主义的抵制。所以，儒家的宗教化努力付诸流水，儒学始终没有变成宗教。由此可见，儒教的第三个义项是有名无实，在这里可以忽略不计。值得我们重视的是儒教的第二个义项，即儒家的教化。

包括儒术在内的儒学，掌握在儒家知识分子手里。如同孔子说的匏瓜不能"系而不食"一样，儒学不是束之高阁的理论，儒学必须走向社会，普及于社会，必须发用于修己安人。这是儒学的内圣外王的逻辑决定了的。儒学走向社会，普及于社会，为大众所了解、认可、接受，一个重要的路径和方式就是教化。教化是陶冶心灵、塑造人格、改变生活方式的有效路径。教化，依其作业方式来说有两种，一种是以美德感化人心，一种是以义理启迪人心。

这是教化的入手处。所有的教化都从"攻心"开始，以知人心、明人心为要务，因为这是决定着教化成败得失的第一步。一般来说，教化的这两种方式大多是交替使用，但也有分别，比如，儒家侧重于以美德感化人心，佛教则侧重于以义理启迪人心。儒家相信道德的作用和力量，把立德摆在了第一位，认为道德是做人的根本，强调先做人后做事，做人需要道德，做事需要知识，知识从属于道德。佛教是义理的存在，佛法揭示人生的真谛，——这同样也是生命的学问，却完全不同于儒家探讨的德性知识。佛教教化的第一任务就在于教人证得人生的真谛。人对于真理的追求并不亚于对于道德的崇奉。康有为曾经惊叹佛教义理的强大，他说：人之亲莫过于骨肉至亲，然而佛教立一义，却能让人弃家出世，夺人骨肉至亲。儒家和佛教所代表的这两种教化，显然有着重道德和重义理的差异。

儒家教化是世俗教化、道德教化。儒家劝人向善，教人修心养性，开发内在的良知，充实自我，完善自我，提升自我，做一个君子、贤人乃至于圣人；然后，以先知先觉启发后知后觉，再以一言一行皆彬彬有礼示范于人，使得儒家的价值观成为人们普遍认可和接受的东西，并确立为言行的标杆。这样一来，上行下效，风吹草偃，就可以移风易俗，化成天下，造就儒家文化。

因此，儒家文化是儒学下移，普及于社会、普及于大众而形成的文化。如果儒学仅仅停留在儒者的小圈子里，则会被视为一种思想、学说，很难说它是一种文化；即便勉强算作一种文化，也是一种仅限于儒者小圈子的精英文化。儒者只是社会精英的一小部分。儒学只有走出儒者的小圈子，来到社会，深入大众，成为人们喜闻乐见的东西，推行礼教以规范人们的行为方式，倡导仁义以改变社会风气，才会孕育出儒家文化。这使得儒学获得了另外一种存在形式，是儒学创立以来发生的极其重要的一变。

儒学的这一变，实现了儒家教化的目标，造就了儒家文化，但是，儒家并不以此为满足。儒家除了教化民众、移风易俗以外，还有着政治上的诉求：治国、平天下。儒家要实现其治国、平天下的政治诉求，必须登上政治舞台，"学而优则仕"，获得为政的机会和条件。正如人们所熟知的，儒家很容易地做到了这一点。两汉时期，儒者纷纷入仕做官，他们以孔子思想为指导，在其位谋其政，一方面借助于政权的力量，成功地把儒学推到了独尊的地位，使其上升为官学，变成全社会上上下下都尊奉的意识形态，在思想文化领域占据统治地位；另一方面又将儒学视为国家和社会制度安排的依据，使其成为重建和整合社会秩序的基础，于是，儒家的"三纲六纪"和各种礼便以社会制度的形式被固定了下来，这在中国历史上第一次实现了一家学说的制度化。儒家学说的意识形态化和制度化，在已有的儒学和儒家文化之外，创造了又一种全新的存在形式——儒家文明。

儒学、儒家文化、儒家文明是三个依次递进、密切关联的概念。从儒学到儒家文化再到儒家文明，表明了儒家扩张的秩序和限度。就儒家扩张的秩序而言，儒学自身的充实、发展，以及儒者推动的教化和普及，作为综合因素，导致了儒家文化的产生；而在儒学和儒家文化共同构筑的基础上，儒学的意识形态化和制度化又导致了儒家文明的产生。在这个过程中，后者的产生必以前者的发展为基础。正因为如此，儒学、儒家文化、儒家文明三者构成了上行兼容的关系：儒家文化包括了儒学，儒家文明包括了儒学和儒家文化。就儒家扩张的限度而言，到达儒家文明意味着儒家扩张的终结：儒家文明是儒家创造的最后的存在形式，从此，儒家的扩张只有量的增加，而没有形式的改变。

二、定义

分析到了这里，我们对儒家文化的产生和定位有了一个大致的了解，在此基础上，我们似乎不难对儒家文化下一个定义。儒家文化是基于儒学的发展、普及和教化而形成的社会成员的一般意识、观念以及风俗、礼教等文化现象的总和。

由上述定义可知，儒家文化包含三方面的内容：(1)儒家的思想学说深入人心，部分地转化为一般社会成员的思想、意识和观念；(2)受儒家指导或影响的个人教养，包括内在的德性心灵和外在的行为规范；(3)带有浓厚儒家色彩的社会习俗和社会风气。这三方面的内容构成了儒家文化的基本内涵。

三、功用

儒家文化产生之后，并没有取代儒学，相反，它仍环绕着儒学，在其自身范围内坚持以儒学为基石、为轴心、为旗帜。因此，儒学是儒家文化的一部分，是居于基础和核心地位的一部分。

儒家文化恪守自己的本分：观乎儒学而化成天下。因此，儒家文化面向大众，致力于"美教化，移风俗"，而其着重点则在于名教或礼教。名教着眼于"正名"，以"正名"为手段，循名责实，确认每一个社会成员的身份、地位、责任、义务，以及与其相称的言行规范，让人们各按其名分安排自己的生活。礼教与名教大同小异。礼教着眼于"明分"。这个"分"与"名"有联系，合而言之即"名分"。"分"有三层意思：一是指士农工商的分工分职；二是指亲疏、贵贱、尊卑的等级分别；三是指物质财富分配的"度量分界"。每一个社会成员都有自己的"名"和"分"。礼的主要功能和作用就在于清晰地划定和有力地维护每一个社会成员的"名"和"分"，以此明确和调整人们的角色定位，制定与其角色定位相应的伦理准则和行为规范，建立和谐有序的人伦关系和社会秩序。儒家推行名教或礼教，显然是从单个的社会成员开始做起，要求他们认识自己的名分，规范自己的言行，做一个有教养的君子、贤人，然后希望以个人的教养影响和带动整个社会风气的改变，做到移风易俗，举国向善。

无论名教还是礼教，都带有一个"教"字，这个"教"属于教化之教。名教的"正名"，往往首先在概念上做文章。审视一个名，揭示它的全部意义，重点考察它的所谓和所指：所谓是表示这个名反映了什么和应该反映什么，所指是表示与这个名相对应的事实。名教的任务是"正名以指实"，要求名实相符，实际上是以概念规范事实，以理念指导实践。这是必要的、常见的，也是有效的，但是，名教意义上的以概念规范事实和以理念指导实践，却不具有必然性和强制性。也就是说，"正名以指实"，有时是有效的，有时是无效的。例如，君君、臣臣、父父、子子、兄兄、弟弟，对于有教养的君子来说是有规范效力的；对于狂悖的小人来说，其规范效力若有若无。之所以如此，就在于"正名以指实"只是理应如此的规范，而不是法律和制度上必须如此的规范；换言之，它只是一种软约束，而不是硬约束。名教的这一特点，反映了儒家文化与儒家文明的一个重要差异。儒家文化对于人的软约束，具有启发性、引导性、规范性的特点，是以理服人、以德服人的"王道"；儒家文明对于人的硬约束，具有直接性、逼迫性、强制性的特点，是以法服人、以力服人的"霸道"。

在长达两千多年的中国传统社会里，儒家文化一枝独秀，占据了正统地位，然而，它却不是孤立的、纯粹的存在，而是和其他文化杂处在一起。这表现了社会文化现象的复杂性。儒家文化很少遭遇挑战，因为有实力向其发起挑战的实在少见，在历史上似乎只有道教文化和佛教文化。[①] 儒释道三教鼎立，仅仅维持了几百年的时间，而且即使在那段时间，佛教文化和道教文化也没有动摇儒家文化的正统地位。到了儒释道三教合一时期，有一个著名的"以佛治心，以道治身，以儒治世"的说法。这不是指三教的分工而言，而是说三教皆务于治，各有特长，人们对于三教应该扬其所长。事实上也是如此。道教擅长治身，所以古人祈求健康、长生，多信道教之说；佛教擅长治心，一般民众多以佛教的因果报应说和生死轮回说来劝人行善，收拾人心，这是佛教推行其教化的结果；儒家擅长治世，两千多年来，中国人的治国理念，以及日常生活中所遵循的礼教和典章制度，几乎都是儒家的贡献。在中国传统文化中，儒释道各擅胜场，说明儒家文化并不能一统天下、包治天下。因此，儒家文化秉承"和而不同"的理念，肯定并接受多元文化的存在，宽容对待异质文化，推动了多元文化的和合共生和中国文化的繁荣昌盛。

（本文原载《孔子研究》2008 年第 5 期）

---

① 百家争鸣时期，儒家与墨家、法家、道家、农家等各家的争鸣，主要是学理上的较量，限于思想、理念的层面，没有涉及文化的层面。那时的文化正处于新旧交替时期，各家的文化还没有充分发展起来，因此，诸子百家有思想上的争鸣，没有文化上的冲突和碰撞。

儒家文化的边缘化

儒家文化是中国传统社会的主流文化。可是，到了近代，随着传统社会向现代社会的转型，特别是国家的根本变革，儒家文化在1905—1919年短短的十几年时间内被彻底边缘化，失去了先前的主流文化的地位，代之而兴的是"五四"新文化。这是中国文化史上划时代的重大事件，然而却至今没有得到认真的研究和总结。

一、儒家文化的边缘化

儒家文化的被边缘化，与近代中国社会转型密切相关。

19世纪60年代开启的现代化进程，是导致中国社会转型的根本原因。在世界范围内的现代化高歌猛进的时代，对于像中国这样的后进国家来说，现代化是无可逃避的宿命。愿意的跟着走，不愿意的牵着走。此乃必由之路，别无选择。现代化是一个把现代性的种子植入传统社会的土壤，使之发芽、扎根、生长的过程。现代性虽然是一个不断生长的概念，但是，对于19世纪末20世纪初的中国社会来说，它却有着清晰而确定的内涵，举其荦荦大端，至少有以下三点：

一是由洋务运动、清末新政、民初民间资本主义迅速发展等推动的经济工业化；二是由戊戌变法、清末立宪、辛亥革命推动的政治民主化；三是与上述二者相适应的自由、平等、正义、人权、宪政、共和、科学等思想文化观念。

现代化的进展，现代性的成长，有力地推动了中国社会的转型。1898—1911年是近代中国社会转型的第一个尝试期。1898年的戊戌变法、1906—1911年的立宪运动、1911年的辛亥革命，是短时间内连续发生的三次国家和社会转型的重要尝试。每一次都有成功的希望，每一次收获的却是失望。然而，第一个尝试期毕竟最终实现了由君主专制向民主共和的转变，建立了亚洲第一个共和国。从此，民主共和的理念深入人心。任何公开的复辟都会遭到国人的唾弃，任何专制的行为都会遭到抵制。尽管仅仅赢得了一个民主共和之名，——切不可小觑了这个名：名是理念，是合法性的理据，是逻辑的出发点，但是有了民主共和之名，国人就可以正名，可以循名责实。

正是在中国社会转型的第一个尝试期，儒家文化被边缘化，从主流文化的位置上跌落了下来。1905年清政府宣布废除科举制，瓦解了行之千余年的"学而优则仕"的制度设计，这是对儒家文化的第一波冲击；[①]1912年民国政府宣布废除学校读经，从一向独尊四书五经的教育领域发起了对儒家文化的第二波冲击；1919年"五四"新文化运动高举科学与民主的旗帜，喊出了"打倒孔家店"的口号，完成了对儒家文化的最后一击，终结了儒家文化在中国社会的主流地位。

有意味的是，对儒家文化的第一波冲击来自清政府；第二波冲击来自民国政府。前后相隔不过七年，帝制政权与共和政权都对儒家文化采取了动摇其本的措施，反映了此时儒家文化的尴尬处境。而最要命的第三波冲击来自

---

① 19世纪60年代，太平天国反孔斗争构成了对儒家文化的冲击，但是，与20世纪初儒家文化受到的冲击相比，太平天国反孔斗争却具有不同的性质：有打、砸、烧等非理性行为；以洪秀全参照基督教的样本而创立的拜上帝教为思想武器；来自非主流社会。这就决定了太平天国反孔斗争不可能对儒家文化产生真正的威胁。

民间，一批"五四"学人承接辛亥革命思潮反孔的余波，[①]起而批孔，反礼教，直捣孔家店。这一运动声势浩大，震动社会。参与反孔的"五四"学人有新潮的自由主义者和马克思主义者，他们都是当时社会的精英分子和主流知识分子，拥有话语权，领一时之风骚。为孔子、儒家做有力辩护的只有梁漱溟一人，势单力薄，不能扶大厦之将倾。儒家文化自汉代确立起其主流地位以来，曾经遭遇过佛教文化和道教文化的挑战，却未曾受到社会精英分子和主流知识分子的群起反对与批判。"五四"时期，一批社会精英分子和主流知识分子请来"赛先生"和"德先生"，提倡新文化，反对旧文化，激烈反孔批儒，实际上是将儒家文化看作应予抛弃的旧文化。这是儒家文化两千余年未有之变局。

二、儒家文化被边缘化的原因

儒家文化被边缘化的根本原因，在于社会转型迅速，而儒家文化创新发展滞后。儒家文化与宗法社会、君主专制社会相适应。在社会转型正在进行之际，儒家文化必须与时俱进，做出正确的、适应性的反应与改造，吸纳现代性要素，融中、西、新、旧于一体，创新发展，即使不能引领中国现代化的进程与方向，至少也要作为本土文化资源，积极参与中国现代化建设。近代中国是后进于现代化的国家。儒家文化缺乏现代性资源，因此，不能企望儒家文化直接提供现代化的思想指导。但是，必须看到，儒家文化并不缺乏现代性的种子。"苟得其养，无物不长"（《孟子·告子上》），适逢现代化的"时雨"，儒家文化中现代性的种子理应发芽、扎根、生长。可惜，这一过程来得过于缓慢，而现代化浪潮又过于迅猛。这一快一慢的时间差，导致了儒家文化自我更新的滞后。不能怨天，现代化的"时雨"之降虽然晚了些，却毕竟来

儒家文化与儒家文明研究

---

① 辛亥革命前后章太炎等人已经掀起了一股反孔批儒的思潮。1922 年，柳诒徵致信章太炎要其为"五四"反孔负责，章太炎回信表示接受。这说明至少在柳诒徵和章太炎看来辛亥革命思潮反孔与"五四"新文化运动反孔有着某种联系。

了，而且不算太晚，后发亦有后发的优势；只能尤人，百年来国人面对现代化的"时雨"左顾右盼，或者"向西方学习"，或者"以俄为师"，唯独不知借现代化的"时雨"以浇灌儒家文化中现代性的种子，"苟失其养，无物不消"（《孟子·告子上》），国人应该反求诸己而自省：吾谁怨，怨天乎？

儒家文化被边缘化的另一个重要原因在于两千余年间的"独尊儒术"的思想文化政策被中止，被批判。在传统社会，儒学是官学；到了现代社会，儒学下移，重新回到其被"独尊"以前的地位，成为现代社会的百家学术之一。儒学是儒家文化的学理基础。学理基础动摇，儒家文化随之动摇。

儒家文化被边缘化的第三个原因，是儒家文化所依附的经学传统和旧的教育制度的崩溃。在传统社会，儒家文化是制度文化。经学和教育是支撑儒家文化的两大柱石。然而，经学在从传统学术向现代学术转型的过程中，几乎惨遭淘汰；以"学而优则仕"为首选目标的教育制度则在传统教育向现代教育转型的过程中分崩离析。儒家文化失去了经学与教育的支撑，再加上各种文化思潮的冲击，不能不处于风雨飘摇之中。

至于西方文化的冲击，固然可以看作是导致儒家文化衰落的外部原因，但这也只有联系现代化的进程才能看得清楚、明白。离开现代化的进程，仅仅套用汤因比的"挑战—应战"模式来看待西方文化的挑战和儒家文化的应战，把中西文化的碰撞与交锋单纯看作是文化现象，似乎不能揭示问题的实质。现代化是1840年鸦片战争以来中国社会发展的大势、大方向，在现代化进程中推动并实现中国社会转型是中华民族的第一使命。因此，一切人物与思想、一切变革与事件、一切文化与制度，都必须放在现代化的大背景、大视野里予以审视，看其是否有益于中国的现代化事业。中西文化之争，关键不在于新旧、长短，而在于是否拥有以及拥有多少现代性资源。在这一点上，中国文化输于西方文化，这才是儒家文化衰落的主要原因。

三、儒家文化被边缘化后的生存状态及其影响

儒家文化被边缘化以后，成为现代中国多元文化中的一种，儒家文化具

有本土性和民族性的特点，是两千多年中国文化的根源和主流。无论从道理上还是从感情上说，儒家文化即使不再拥有主流文化的地位，也应该受到尊重、珍惜，被看作是重要的文化资源。然而，事实上并非如此。"五四"运动以后，儒家文化急剧衰落，"儒门淡泊，收拾不住"，不得不处于弱势、守势地位。儒家文化被看作是旧的、落后的、腐朽的、封建主义的东西，遭到批判和抨击。儒家文化被边缘化后的生存状态，引起学者们的关注，依目前所见，至少有以下几种描述：

1. 花果飘零（唐君毅）[①]；2. 博物馆化（列文森）[②]；3. 文化遗产（改革开放以前大陆学者的主流看法）；4. 文化资源（改革开放时期大陆学者的主流看法）；5. 游魂。

以上五种看法，各从自己的视角出发，各有其言之成理、持之有据的论证。视角的不同，导致了认知上的差异。这五种看法实际上可以概括为三种：花果飘零说与游魂说接近，可以合为一种；博物馆化说与文化遗产说大同小异，可以归为一类；剩下的文化资源说，自成一种最合乎儒家文化实际的描述。文化资源说之所以合乎实际，在于儒家文化虽然历尽劫波，备受摧残，却仍然显示了顽强的生命力，继续维持着国人的日常生活样式，——在梁漱溟看来，文化不是别的，乃是人们的生活样式。以儒家文化为主要基础而形成的国人的生活样式，万变不离其宗，这个宗就是儒家化民成俗的"百姓日用"之道。道不变，人亦不变。这是中国人之所以为中国人的内在的规定性。

在儒家文化受到质疑、批判，乃至于抛弃的时候，不少有识之士起而为之辩护，指出儒家文化是先民道德与智慧的结晶，其中尽管有一些不合时宜的东西，但更有普遍适宜于中国人的精神与理念，比如自强不息、厚德载物

儒家文化与儒家文明研究

---

① 花果飘零说，最初是被唐君毅用来形容中华民族的现代生存状况，后被用于形容儒家和中国文化的现代生存状况。

② 美国学者列文森（Joseph R. Levenson, 1920—1969）认为孔子与儒家文化在现代中国是被看作博物馆的收藏物，只属于历史，而不属于现在。

的民族性格；中道、平和的生活方式；"和而不同"的文化态度，等等。现代新儒家还进一步论证了"老树发新芽"的可能性，即从儒家的内圣之学中开出科学与民主的"新外王"，以证明儒家文化能够与时偕进，仍有活力适应现时代。

中国现代化进程中的文化问题甚为复杂。儒家文化被边缘化以后，从1919年到1949年是多元文化互动并存的时代，似乎没有哪一种文化取得全民共识而稳居主流文化的地位。启蒙、救亡、革命多重主题的变换，使得以科学与民主为核心价值的五四新文化也只是风行一时，不能持续发展。1949年以后，中国社会总体上进入了和平建设时期，一段时间内进行的"文化革命"既与传统宣告决裂，又与"封资修"为敌，试图洗净中国文化的画布，在其上描绘最美的社会主义文化乃至于共产主义文化的图画。岂知事与愿违，新的没有完全建立起来，旧的却已在相当程度上被毁弃！ 20世纪80年代，在解放思想和改革开放的大背景下，我们反思新中国成立以来的文化建设，重新评价孔子思想和儒家文化；进入90年代，提出弘扬优秀传统文化，复兴民族文化。回顾60年的文化建设历程，我们曾经坚定的"一边倒"，义无反顾地破旧立新；拨乱反正之后，才逐步认识到儒家文化的价值和意义。亡羊补牢，犹未为晚。从此，我们认准中国文化发展的方向，坚定信念，不再摇摆，不再折腾，以沉潜的功夫做创新的事业，持之以恒，必有所获。

四、儒家文化边缘化与当代中国文化建设

"周虽旧邦，其命维新"（《诗经·大雅》）。在现代化进程中，特别是在社会转型的关键时刻，中国人的使命在于自强不息，创新前进。对于当代中国文化建设来说，固守传统，不知变通不足为训；依傍他人，全盘西化不可取；照抄照搬外国社会主义模式路不通。唯一可行的是折中之道：坚持以中国文化为本位，兼收并蓄中、西、新、旧之长，融会贯通，综合创新。

中国文化本位主义之所以必要，乃在于中国文化建设不能迷失方向，失去"自我"，而必须重建并凸显中国文化的主体性，维护数千年中国文化的基因，守住数千年中国文化的根本，延续数千年中国文化的命脉。所以，中国

文化建设一定要承先启后，继往开来。承先、继往，不是复古主义，而是批判的审视；启后、开来，不是走他人的路，而是走自己的路。无论承先、继往，还是启后、开来，都必须坚持本位立场，以我为主，为轴心，建设自己的文化，发展自己的文化。失去了本位立场，失去了自我，努力建设起来的文化不复是自己的文化，而是他人的文化。如此一来，按照儒家的"诸侯用夷礼，则夷之，进于中国，则中国之"[1]的说法，中国人也将不复是中国人。

任何文化都具有本土性、民族性、时代性的特点。文化的本土性，是指文化必在一定的自然地理环境和社会环境中生成，是一方水土一方人创造的，所以文化必然会带有它生长于其中的环境的印记，表现为鲜明的本土性特色。文化的民族性，与其本土性相类似，是指文化为一定的民族所创造，带有民族性的特色。文化的本土性和民族性，共同决定了任何一国的文化建设都必须坚守其本位立场，延续其本土特色和民族特色。不独中国为然，各国率皆如此。

文化的时代性，是指文化生成于一时，又不停滞于一时，而是与时俱进，不断生长变化。这决定了文化发展不能墨守本土性和民族性特色，而是必须有所突破，有所创新，不断充实并赋予本土性和民族性以新的内涵。万变不离其宗。坚守文化本位主义立场，无论如何突破、创新，建设所得都是中国文化。

就当代中国文化建设而言，坚守文化本位立场，首先意味着在多元文化并存互动的情势下，提升儒家文化的地位，赋予儒家文化以价值优先性，从而改变儒家文化被边缘化后所形成的弱势地位。为什么这么做？理由何在？因为儒家文化资源中隐藏着中国文化的基因，儒家文化塑造了中国人的性格。我们愿意遵循"苟日新，日日新，又日新"的故训，接受新事物、新知识；也可以改造自己，成为具有现代文明素养的新一代公民，但是，无论如何维新，如何改造，我们骨子里的东西始终不变，这就是中国人的文化基因和文化性

---

[1] 韩愈撰，马其昶校注：《韩昌黎文集校注》，上海古籍出版社 1986 年版，第 17 页。

格。问题在于，中国人的文化基因和文化性格是否优秀可取？肯定者以古代中华文明的光辉灿烂予以正面的说明，否定者以近代社会的落后挨打予以反面的论证，总之，正反两种意见相持不下。其实，对于中国人来说，这是一个祖先圣明、子孙没有与时俱进的问题。子孙没有与时俱进，不能埋怨祖先，即使埋怨也无伤于祖先的伟大。我们今天应该审视自己，反求诸己，老老实实承认我们曾经的落后；同时，我们也要看到，古今一体，世代一脉。祖先的伟大给予了我们自信，祖先遗传给我们的文化基因和文化性格，使我们拥有道德、智慧和勇气。知耻而后勇，我们能够振作起来，发奋有为，坚持不懈地进行文化创造，赋予中国文化以新形式、新内涵、新气象，推动中国文化走向新的高峰。

不必讳言，儒家文化被边缘化，有其内在的根源。因此，我们给予儒家文化以价值优先性，并不意味着我们不分青红皂白地回护儒家文化。我们处在一个多元文化并行的时代，每一种文化经过我们的"损益"，都有可能成为有益的文化资源。在"损益"的平台上，我们给予每一种文化以平等的、理性的、批判的审视，儒家文化并不享有"免审"的特权。兼采各种文化之长，融会贯通，综合创新，是我们建设当代中国文化的必由之路。泰山不辞壤土，以成其高耸巍峨；海洋不捐江河，以成其浩瀚辽阔。我们生在一个文化多元化的时代，有机会接触各种文化资源，这是何等的幸运！只要我们以开放的心态看待并且善用各种文化资源，以我们自己的道德心和认知心去从事文化创新，我们一定会迎来中国文化复兴的时代。

（本文原载《孔子研究》2009 年第 6 期）

东亚意识与儒家文明

一、东亚意识的提出及其内涵

东亚意识是近十几年来提出并予以讨论的概念，它在多大范围内能够成立是有争议的。这牵涉"东亚"的定义问题。目前，人们对东亚的理解和认识不尽相同。费正清、赖肖尔、克雷格所著的《东亚文明：传统与变革》一书，认为"东亚"概念应该包括三个层次：地理概念上的东亚，指受崇岭和大漠阻隔的亚洲东部地区；人种概念上的东亚，指蒙古人种居住区；文化概念上的东亚，指渊源于古代中国的文明圈，包括中国、日本、朝鲜（半岛）和越南在内，"可以说东亚就是'中华文化圈'"，[①] 这是一个比较合理、可以接受的关于东亚的定义。后一个层次从文化概念上定义东亚尤为可取，因为，先有了文化概念上的东亚，才会有东亚意识、东亚文明等概念。

文化概念上的东亚，传统性差异小一些，现代性差异大一些。在现代化开始之前，东亚至少有以下几点是共同的：（1）曾经有一个"书同文"的阶段，

---

① 费正清、赖肖尔、克雷格著，黎鸣等译：《东亚文明：传统与变革》，天津人民出版社1992年版，第1页。

即共同使用汉字作为书面语言的载体。尽管后来日本、朝鲜、越南都分别创造了自己的文字,但使用汉字书写的历史和文献已经成了他们文化传统的一部分。(2)尊奉孔子为圣人,在日常生活中遵循孔子的教导;又"祭神如神在",建立孔庙,按时祭祀孔子。(3)接受儒家思想作为治国指导思想。各国在政治生活、社会生活,乃至家庭和个人生活等方面,均把儒家思想奉为正统思想,贯彻和恪守儒家思想。这三个共同点是至关重要的,足以支撑诸如"汉字文化圈""中华文化圈""儒家文明圈"等概念的成立。

传统的东亚文明在某一历史时期表现为儒家文明,从这个意义上说,我们可以讨论东亚意识。一国意识不能称为东亚意识,东亚各国的共识才能称为东亚意识。东亚意识不是全球意识,它必须体现东亚文明的特点。东亚意识也不是传统意识,而是现代意识。在现代之前,东亚意识不曾有;而到了现代,东亚意识产生了,它的内涵为何却成了问题。一个明显的事实是,19世纪下半叶到20世纪初,传统的东亚文明分崩离析,一直到今天,东亚不再存在文化共同体。因此,东亚意识虽然是现代意识,它的内涵却要更多地依靠传统东亚文明予以界定和描述。

东亚意识是一种觉醒意识。1996年7月,中、日、韩三国学人联合创办了《亚文》辑刊,由该刊编辑委员会撰写的"卷首语"称:"亚文"取东亚文化之义,《亚文》的创办标志着即将进入21世纪之际东亚意识的真正觉醒。①促使东亚意识觉醒的,主要有三方面的因素。一是经济发展的因素。20世纪60年代至80年代,日本、韩国、新加坡等地经济腾飞,显示了东亚工业文明的崛起和形成。由于日本和韩国等都无可争议地处于儒家文明圈,这些国家和地区经济发展的巨大成功,在许多人看来,已经颠覆了百年前德国社会学家马克斯·韦伯提出的儒家伦理不支持资本主义发展的观点。许多有识之士认为,在崛起的东亚工业文明的背后,有一些共同的精神和价值观念在发挥着作用。这些共同的精神和价值观念,可以概括为东亚意识。二是文化传统和文化背景的因素。东亚工业文明圈与东亚儒家文化圈恰好是重叠一致的,

①《亚文》,中国社会科学出版社,1996年第1辑,第2页。

这一事实说明儒家文化是东亚各国各地区共有共享的文化传统和文化背景，儒家文化无疑是东亚意识的"源头活水"。三是文化交流的因素。东亚意识必须有东亚各国有识之士的共同参与，经过充分的交流、沟通，达成共识，才能形成。然而，在20世纪大部分时间内东亚各国的文化交流处在断绝状态。从1978年8月签订的中日和平友好条约开始，东亚各国的文化交流逐步走向正常化，并稳定加速向前发展。其中，中、日、韩三国的文化交流，更是明显增多。1996年《亚文》的创办，就是一个标志性事件，说明东亚意识进入了三国学人的视野和话语系统。

就目前而言，东亚意识还是一个正在成长中的概念，它的内涵需要不断地充实、丰富。20世纪90年代，新加坡内阁资政李光耀大力倡导"亚洲价值观"，引起了广泛的关注。李光耀所说的"亚洲价值观"，实际是指东亚价值观或儒家价值观，它的基本内容被概括为："（一）国家与社会先于个人，并强调个人对国家和社会的责任，坚持集体主义的人际伦理和人权观；（二）强有力的施仁政的'好政府'，这是政府对人民安分守己、尊重权威的回报；（三）维持有秩序的社会，有了秩序才有效率和安定的生活；（四）家庭是整个社会的基础，也是人们工作的动力和目标；（五）崇尚和谐与协商，没有非黑即白的强烈对抗意识，重视通过协商取得共识。"[1] 尽管"亚洲价值观"饱受争议，而且它还受到了来自欧美的强烈质疑，但它的提出仍是值得肯定的，至少可以启发人们对东亚价值观的思考。今天，我们讨论东亚意识，必须立足于东亚的儒家文化传统，充分考虑东亚各国的本土历史文化，一项一项地考察儒家的哪些精神、理念、价值为东亚各国所共同认可、接受，并继续在现代社会中发挥着作用。仔细挑选出来的这些为东亚各国所共同认可、接受的儒家的精神、理念、价值，无疑就是东亚意识的基本内涵。这是一项复杂的文化工程，不是一国学人能够胜任的，必须由东亚各国各地区的学人经由充分的交流、讨论，求同存异，才能完成。

---

[1] 刘宗贤、蔡德贵主编：《当代东方儒学》，人民出版社2003年版，第365页。

二、东亚儒家文明共同体的形成

儒家文明是东亚意识的基础、模板。可是，以往人们对儒家文明的研究，往往着眼于一国一地，比如，1999年中国学人撰写、出版的两部以儒家文明为书名的著作，① 都是将儒家文明限定在中国本土的范围内加以论述的。一国一地的儒家文明的研究，是基础性的工作，十分重要亦十分必要，必须先行。但是，如果仅仅局限于此，又是不够的。我们应当进一步扩大视野，倡导研究广义的儒家文明。所谓广义的儒家文明，是指成长于中国本土，传播于日本列岛、朝鲜半岛和越南的儒家文明，也就是东亚的儒家文明。

广义的或大视野的儒家文明，不同于中华文明。它在时间概念上小于中华文明，而在空间概念上大于中华文明。它渊源于中华文明，并在汉初至清末两千余年间上升为中华文明的主流，这两千余年的中华文明，我们可称之为儒家文明。在儒家文明昂扬直上、声教四讫的鼎盛时期，朝鲜、越南、日本以其地利之便，闻其风而悦之，纷纷来中国学习，并将儒家文明移植到本国，形成了他们各自的有本国特色的儒家文明。这里需要说明的是，朝鲜、越南、日本的儒家文明，不能从儒家文化传入算起，而是要从儒家思想在国家和社会中占据主导地位算起。这与中国的情形非常相似。中国在汉朝"独尊儒术"以前，儒家只是百家中的一家，没有取得正统地位，那时，有儒家文化，却没有儒家文明；孔子创立儒家以前更不必论。朝鲜、越南、日本的儒家文明也应一体视之，各有其开始的时间，各有其长短不一的历史。儒家文化在一国的传入与延续，当其只是一种外来文化的成分的时候，它不能决定一国文化或文明的性质；只有在其获得了普遍的认可，上升为主流文化，占据了国家和社会的主导地位的时候，它才会改写一国的历史，创造一国的带有浓郁儒家色彩的新文明。佛教传入中国，再传入朝鲜、日本，其势力几乎

---

① 一部是马振铎、徐远和、郑家栋著的《儒家文明》，中国社会科学出版社1999年版；一部是刘文英著的《儒家文明》，副标题是"传统与传统的超越"，南开大学出版社1999年版。后一部著作的视野比较开阔，但也仅仅把儒家文明看作"以儒家文化为标志的古代中华文明"，而没有论及儒家文明覆盖朝鲜、日本、越南，形成了一个东亚儒家文明。

与儒家文化旗鼓相当，然而佛教却没有创造文明，中国、朝鲜、日本的历史上没有佛教文明的阶段。这与儒家文化适成鲜明的对照。儒家文化在中国创造了文明，在朝鲜、日本、越南也都创造了文明。当中、朝、日、越四国的儒家文明在时间上重合的时候，就形成了一个统一的东亚儒家文明，这时，仅仅在这时，我们才可以说有了东亚文明。在此之前，当东亚各国相互隔离，没有往来与交流，彼此独立发展，各自的文明分属不同类型的时候，还不能说有了一个统一的东亚文明。东亚文明的概念能够成立，意味着它自成一个文明的类型，有着共同的属性、特征和基本内核。东亚文明可以归结为儒家文明，与儒家文明同属一个文明的类型，是二而一、一而二的关系。当然，东亚文明不是儒家文明的简单复制与放大，在内涵上，它要比儒家文明更加复杂与丰富多彩，一方面它拥有多种民族主体性，另一方面它包含了更多的文化成分。另外，儒家文明在东亚各国的起始时间有早有晚，差别极大。在中国开始于公元前 2 世纪，以汉武帝"罢黜百家，独尊儒术"为标志；在朝鲜开始于 14 世纪，以李朝（1392—1910）奉朱子学为正统为标志；在越南开始于 15 世纪，以黎朝（1428—1789）独尊程朱理学为标志；在日本开始于 17 世纪，以德川时代（1603—1868）奉朱子学为官学为标志。[1] 朝鲜、越南、日本在奉儒学为官学以前，各有一个漫长的儒家文化传播期；这时的朝鲜、越南、日本，可以按日本著名学人沟口雄三的划分法[2]，划归入汉字文化圈或中华文

---

① 儒家文明在东亚各国的起始时间似难确定，这里采取的标尺是东亚各国奉儒学为官学的时间。因为，在古代，政府与国家是合一的，政府尊奉并推行一种思想学说，对社会、民间有着决定性的影响。朝鲜、日本、越南在其奉儒学为官学之后，儒家思想随之变成了全社会共同尊奉的正统思想，儒家伦理也成为了全社会的日常生活伦理。

② 沟口雄三曾经对日本作为汉字文化圈或中华文明圈的国家和作为儒教文化圈的国家作了明确的区分，认为"日本自德川幕府时代至第二次世界大战结束这段时期，才是典型的儒教文化圈的国家"（沟口雄三：《日本中国学的课题》，载《文史知识》1996 年第 11 期）。他如此划分的根据，在于儒学是否成为国家和社会的主导思想，是否成为民众和一般知识分子日常生活的伦理规范。沟口雄三的这一分析是有见地的。以此类推，我们对朝鲜、越南也可以做这样的划分。

化圈，只有当他们各自奉儒学为官学之后，慢慢形成了儒家文明，才进入了儒家文明圈。

中国、朝鲜、日本、越南的儒家文明，从14、15世纪开始，逐步形成了一个文明共同体。这个文明共同体，一直持续到19世纪，我们可以称之为东亚儒家文明。值得一提的是，在朝鲜、日本、越南还处于儒家文化传播期的时候，也就是可以划归为汉字文化圈或中华文化圈的时候，他们自觉地奉中国为文化的中心，坚持向中国学习先进的文化。可是，到了他们各自尊奉儒学为正统，成为儒家文明国家的时候，他们的民族主体意识随之有了进一步的提高，认为儒家文明的中心或正统转移到了他们那里，比如，朝鲜和日本。朝鲜有一个著名的"小中华"之说，日本也有一个"华夷变态"之说，这两说均援引"孔子之作《春秋》也，诸侯用夷礼，则夷之，夷而进于中国，则中国之"①的义例，以为华夷之辨不是固定不变的，当朝鲜和日本采用中华礼义的时候，自然也就成为了"华"；而中国在清朝时实行"以夷变夏"的文化政策，"礼失而求诸野"（《汉书·艺文志》），他们也就随之认为他们居于"华"的正宗。这一现象正说明了那个时期朝鲜、日本对儒家文明的高度认同。这是东亚儒家文明共同体形成之后的特有现象。

与东亚儒家文明共同体的形成几乎同时，一个以中国为中心的华夷朝贡体系也比较稳固地建立了起来。华夷朝贡体系，应该说开始于唐代。唐代以前只见雏形，到了唐代才在比较正规、完备的意义上建立了起来。唐代以后，华夷朝贡体系时断时续，呈现不稳定状态。两宋时期偏重向南发展，到了元朝则基本上处于中断状态。明朝建立以后，中断已久的华夷朝贡体系重新恢复，并很快进入了持续稳定发展的时期。所谓华夷朝贡体系，类似于以中国为中心建立起来的国际关系格局，它的涵盖范围极广，包括了中国、朝鲜、日本、安南、琉球、真腊、占城、满刺加、暹罗、爪哇、苏禄、锡兰等②东亚和东

---

① 韩愈撰，马其昶校注：《韩昌黎文集校注》，第17页。

② 据万历《明会典》记载，当时的朝贡国分"东南夷""北狄""东北夷""西戎"等几大部分。进入清朝后，"北狄""东北夷""西戎"等基本上被纳入了清朝的版图，不再属于朝贡国。

南亚的广大地区。这一华夷朝贡体系的核心理念是华夷秩序,朝贡只是形式,借朝贡之名进行的是贸易。因此,华夷朝贡体系并没有多大的文化意义,更多的是政治意义、经济意义,所以它始终没有演变成一个文化共同体。这是华夷朝贡体系与东亚儒家文明共同体的根本不同之处。连同中国在内,我们似乎可以这样描述这三者之间的关系:中国是中心,以中国为中心向外扩展的第一圈是东亚儒家文明共同体,第二圈是东亚、东南亚的华夷朝贡体系。

三、东亚儒家文明的基本特点

东亚儒家文明作为一个文明共同体,具有与其他文明不同的特点。想要分析、论述这些不同的特点,视角的选择是极其重要的。这里笔者只拟从比较的视角,择其与东亚意识有关的内容,做一些初步的分析。

(一) 以儒家伦理作为日常生活伦理

东亚各国人民的日常生活伦理,基本取自儒家伦理,也有对佛、道以及本土文化孕育的伦理的择善而从,如遵守礼仪,重视道义,讲究诚信,尊老爱幼,与人为善等。至于为实现个人的理想、愿望而必须具备的勤奋、节俭等品质,尤为社会所提倡。人与人之间,不仅有利益关系,更有道义关系。东亚人遵循孔子的教诲,强调见利思义,以义为上。诚信是为人之本。孔子说:"民无信不立。"(《论语·颜渊》)这个"立"是"己欲立而立人"(《论语·雍也》)之"立",每一个人都必须依靠诚实守信而树立自己的形象,实现自己的价值。东亚人珍视诚信,把诚信看作做人的基本支撑及建立和谐的、互爱互助的人伦秩序的基本支撑。

(二) 重视家庭的价值

家庭是生活的依托之所,生死依托于家庭,老了病了也要依托于家庭而获得照顾。不止如此,家庭还是生命延续、文化传承的依托之所。东亚人充分认识到家庭的功能和价值,确立了堪称人类文明史上最完备的家庭伦理。几乎每一个人都拥有对于家庭的忠诚和责任心,宁肯牺牲自己也要维护家庭。东亚人的家庭伦理,最值得称道的有三项:一是高度强调对于父母的孝。孝,不仅仅是对父母的赡养，更重要的是对父母的敬爱，乃至于敬畏，这样的观念深入人心，而对父母的赡养，作为孝的底线伦理，更进入了民事立法，成为必须遵守的法律。二是维护家庭的团结和睦。这是每个人的责任。家和万事兴，有了家庭的团结和睦，才会有生活的充实、幸福，才会有工作的动力和奋斗的目标。三是特别关心下一代的成长，尤其重视对下一代的教育。下一代的成长有生命延续的意义，下一代的教育有文化传承的意义，这均为东亚各国所极端重视。

（三）团队精神

儒家伦理提倡修己、正己，"己所不欲，勿施于人"（《论语·颜渊》），"己欲立而立人，己欲达而达人"（《论语·雍也》），从"己"出发，推己及人。但是，须知这个"己"只是伦理精神的生长点，伦理架构的逻辑起点，而不是伦理思想的核心。儒家伦理不是为己的，是为人的；不是个人主义的，是团体主义的。一个人始终生活在家庭、社会、国家里，要时刻维护家庭、社会、国家的利益，把家庭、社会、国家的利益置于个人利益之上。家庭为根，社会为本，国家至上，这一类的观念在东亚各国深入人心。在公司、学校、工厂以及班、队、组等大大小小的团队中，同样要求摆正个人与团队的关系。一个人只要加入了某个团队，作为该团队的一员，就须牢记三条：第一条是忠，忠于职守，忠于团队。忠于职守，是做好本职工作；忠于团队，是与团队同心同德，合舟共济。第二条是安分守己，服从上司的领导，遵守团队的纪律。第三条是和为贵，与团队的每一个成员都和睦相处，相互尊重，相互扶持，保持良好的团结合作的关系。这样一种团队精神，并非不尊重个人的意愿和利益，而是将个人的意愿和利益与整个团队的目标和利益密切联系在一起。事实证明，这无论对个人的发展，还是对团队的成长，都是有益的、值得充分肯定的。东亚人的团队精神，在日本表现得最突出，在其他各国和地区亦都得到了大力的倡导，成为东亚社会大大小小的团队具有凝聚力、充满活力和竞争力的源泉。

(四) 秩序与和谐

在东亚儒家文明圈内，传统的社会秩序是礼教秩序，讲究名分及尊卑有序、长幼有节，等等。礼教秩序是以道德为主要基础建立起来的秩序，它不是不讲法，而是把法放到了次要的位置，准确地说，是以礼为主、以法为辅建立起来的秩序。现代社会秩序则除了继承其合理的一面，强调尊长敬上以外，又增添了若干新的内涵，如人格的平等，对个人权利的尊重，重视社会秩序中的法制因素，等等。可以说，东亚各国的现代社会秩序是在道德与法制并重的基础上建立起来的，这和欧美各国的社会秩序偏重法制因素是不同的。社会秩序是社会和谐的基础。有了合理的社会秩序，人在其中各得其所，各尽所能，就会促进社会和谐。有了社会和谐，反过来又会促进社会秩序的稳定。两者是相辅相成的关系。东亚各国共享儒家关于和谐的思想资源，无一不以和为贵，强调和谐的重要性，要求人与人相处做到"和而不同"，不要无原则的、苟且的"同"，而是要承认差异，尊重个性，通过沟通、协商和彼此取长补短而达到的"和"。提倡相互尊重，相互理解，相互扶持，相互帮助，对人要有恭敬、宽容、谦虚、忍让的精神，做到"老者安之，朋友信之，少者怀之"（《论语·公冶长》），使整个社会呈现出和谐、安定、团结的面貌。今天的中国进一步明确提出了构建和谐社会的目标。和谐社会是人人丰衣足食，人人享有自由、尊严和公正，人人遵守秩序和法律的社会。构建和谐社会，既是中国现实社会发展的内在要求，也是回归优秀历史文化传统，充分开发利用儒家关于和谐的思想资源，建设现代中国社会的题中之义。

(五) 兼容并包，和平生长

儒家文明具有极大的包容性，它能够采取兼容并包的态度，承认或者容忍其他文化、文明成分的存在。这是儒家文明能够在东亚和平生长的重要原因。从历史上看，在东亚，无论是儒家文化的传播，还是儒家文明的生成，都是和平的。中国作为中华文化圈或儒家文明圈的中心，喜欢以天朝上国自居，满足于以自己为中心建立起来的天下华夷秩序，对于文化落后的国家和民族，奉行"王者不治夷狄""来者不拒，去者不追"（《春秋公羊经传解诂》），以及"远人不服，则修文德以来之"（《论语·季氏》）的政策，强调道德感化力和感召力，很少去强制推行自己的文化和价值观；而且，历朝历代还进一步将儒家制定和提倡的教与学双方的礼——"礼闻来学，不闻往教"（《礼记正义·曲礼》），提升为对外文化推广和交流的政策。在两千多年的东亚文化交流史上，多见朝鲜、日本、越南派人来中国学习，而鲜见中国派人输出文化，有之，也是个人行为，不是政府行为，并且多是弘法的佛教人士，而罕见世俗的儒生。明清之际，大儒朱舜水东渡日本，他不是为了去宣扬儒学，而是因为他有亡国之恨，反清无果，耻食清粟，才不得已避居日本的。他本来无意于到日本宣扬儒学，实际上却在日本获得宣扬儒学的极大成就。梁启超说：朱舜水"以极光明俊伟的人格，极平实淹贯的学问，极真挚和蔼的感情，给日本全国人以莫大的感化。德川二百年，日本整个变成儒教的国民，最大的动力实在舜水……舜水不特是德川朝的恩人，也是日本维新致强最有力的导师。"[①] 与中国不同，朝鲜、日本、越南奉行"拿来主义"的文化政策，坚持向中国学习，融会贯通，为我所用。以上虽然不是双向互动的、对等的文化交流，但在当时却具有历史的合理性，直接促成了儒家文化的和平传播和东亚儒家文明的和平生长。我们完全可以由此得出结论：儒家文明具有和平的属性和品格。

（本文原载《齐鲁文化研究》总第五辑，2006 年）

---

① 朱维铮校注：《梁启超论清学史二种》，复旦大学出版社 1985 年版，第 185 页。按：梁启超此论，当本于日本学者藤新平所作《朱舜水全集序》。

古典儒家正义论

公平正义是一以贯之于古今人类社会的核心理念。无论贵族社会还是平民社会，无论专制社会还是民主社会，无论资本主义社会还是社会主义社会，无论现实社会还是理想社会，都无一例外地高举公平正义的旗帜。孔子的大同社会以"天下为公"为基本特征，柏拉图的理想国秉持正义的原则，罗尔斯认为"正义是社会制度的第一美德"[①]，温家宝总理说"公平正义比太阳还要有光辉"[②]。

任何社会都有着与其文化传统相应的正义理念，中国文化传统中的正义理念，以古典儒家[③]的发明与阐述为最完整、最丰厚、最深刻。

---

① 罗尔斯《正义论》第一章第一节第一句话：Justice is the first virtue of social institutions as truth is of systems of thought. 万俊人教授译为："正义是社会制度的第一美德，如同真理之为思想的第一美德。"见万俊人：《论正义之为社会制度的第一美德》，载《哲学研究》2009 年第 2 期。

② 见 2010 年 3 月 14 日温家宝总理在人民大会堂答记者问。

③ 所谓古典儒家，特指春秋战国时期的原始儒家，以孔子、孔子弟子、孟子、荀子为其主要代表。

一、正义是社会制度的第一美德

公平正义之所以是人类社会的第一原则，在于任何社会都是由不同的人和人群组成的，不同的人有不同的利益和需求，不同的人群有不同的比个人更为复杂的利益和需求。在空间和资源有限的情况下，如何协调、平衡乃至整合这些千差万别甚至有时彼此矛盾的利益关系和需求关系，避免冲突与纷争，促进社会成员和社会组织之间的团结合作，维护和谐的社会秩序，推动社会共同体的和平与发展，考验着人类的智慧，古今思想家和政治家都为此而绞尽脑汁，他们纷纷提出自己的解决之道。两千多年前，大儒荀子率先从制度安排的角度提出了解决之道，他认为，当务之急是为人们的名分和权利确立一个普遍适用的"度量分界"（《荀子·礼论》），如果每一位社会成员都接受并遵守这个"度量分界"，那么，矛盾就会化解，纷争就会平息，因为这个"度量分界"合乎"礼义"，合乎公平正义！

美国学者罗尔斯（John Rawls, 1921—2002）在公平正义理论的研究上做出了卓越贡献，他的正义理论，特别是他提出的关于正义的两个原则，时下为人们津津乐道。罗尔斯认为，正义的第一原则为自由平等原则，简单地说，就是每一个人都拥有平等的自由权利；正义的第二原则为差异原则，即社会与经济的制度安排和政策安排，应该向社会弱势群体倾斜，越是接近社会底层的人，其获益应越大。罗尔斯的正义论有着深厚的西方文化背景。他山之石，可以攻玉。我国文化传统中亦有着关于公平正义的丰富的思想资源。以古典儒家为领袖，墨家、法家、道家黄老学派，以及历代许多思想家、政治家，对于正义、中正、公道、公正、公平、公义、均等，都有极为深刻、周详的论说。人同此心，心同此理。古今中外，人们对公平正义有着大致相同的见解与理念。如果说罗尔斯着重阐发的是正义的两个原则，古典儒家的正义理念则凸显了中正、公正、公平三大内涵。

正义，对于社会而言，是指社会制度和法应该而且必须"止于至善"的正当性与适宜性。"止于至善"（《大学》）是古典儒家提出的重要理念，它表示社会制度和法一方面能够反映并实现最大多数社会成员认可和追求的善，也就是普遍的社会价值，如自由、平等、公正、忠诚、信用、慈善等；另一方面还要能够体现"虽不能至，然心向往之"的至善，也就是超越现实的理想的善。善与至善，如人与完人一样，是具有现实品格的善与具有理想品格的善的区别。每一种善都有一个培养、成长的过程，这是人们对善不断认知，对善的知识不断丰富的过程。至善是最高的善、绝对的善，也是理想的善。社会制度和法固然必须切合实际，具有高度的现实性与可操作性的特点，但又不可不高悬一个至善的理念，使社会制度和法具有超越性的特点和取法乎上的特点。这两方面的特点必须兼而有之。以平等为例，我们追求的人人平等在其现实性上大概只能做到人格平等和价值趋向（应该如此而非事实如此）上的平等，而在身份、地位、财富的平等上却相差甚远，尽管如此，我们在社会制度的设计与安排上却不可以不高扬人人平等的旗帜。人人平等作为理想，表达了人们追求平等"止于至善"的愿望；作为旗帜，又具有号召人们争取平等、抑制不平等的作用。

社会制度和法，包括荀子所说的"度量分界"，犹如墨家所说的画方圆的"规矩"和法家所说的量曲直的"绳墨"，必须具有普遍适用的同一尺度，决不因人而异，因党派而异，因利益集团而异。"法不阿贵，绳不挠曲"（《韩非子·有度》），在制度和法律面前人人平等，这是社会正义的基本要求。

二、古典儒家正义论第一义：中正

正义即中正，是古典儒家正义论的第一义。

中正是居中得正、保持正当的意思。当事物有其左与右、过与不及两端的时候，取其两端而用其中，能够促进事物向正确方向发展。执中守正，不偏不倚，是防止邪曲、偏颇、走极端的方法。正义的关键在于执中。执中是守正的前提。执中才能不偏不倚，守正才能不邪不曲。

执中须知何为"中"。何为"中"，不同的时代有不同的理解。孔子曾经讲过尧、舜、禹一以贯之的执政要诀是"允执其中"（《论语·尧曰》）。这个

"中"是什么，孔子没有说明。但是，孔子对于他那个时代的"中"却有着非常坚定、明确的看法。他一再要求人们"立乎礼"，指出："礼乎礼！夫礼所以制中也"（《礼记·仲尼燕居》）。这是说，礼是一切言行的准则，"非礼勿视，非礼勿听，非礼勿言，非礼勿动"（《论语·颜渊》）；礼是划定"中"的标准，也可以说，礼本身就是"中"，守礼即守中。礼在孔子时代是"经国家，定社稷，序民人，利后嗣"（《左传·隐公十一年》）的根本大法，既是行为规范，也是社会法典。孔子以礼为"中"的智慧，给予我们很大的启示。"中"不是一人或少数人的意见而未经全体公民的认可就可以确定的。"中"必须经由国家共识、全民共识才能确定。依据全民共识解决社会问题，必合公义，必得正解，这就叫作执中居正。执中居正，是正确处理社会事务、解决社会矛盾、维护社会正义的重要路径与方法。古人深明中正之理，要求社会管理者必须坚持中正原则，《尚书·君奭》："乃悉命汝，作汝民极。"传曰："前人文、武，布其乃心，为法度，乃悉以命汝矣，为汝民立中正矣。"中正是社会正义必然要求。

"中"与绳墨、规矩、度量衡一样，有两个基本特点：一是有统一的标准，二是这个标准是举世公认的。这就决定了它们必为天下之公器，由此引申出了"公"的观念。"中"在过与不及两端之间，居于不偏不倚的正位，过则失正，不及亦为失正，由此引申出了"正"的观念。"中"必须在两端之间一碗水端平，不能任意向一方倾斜，由此引申出了"平"的观念。"中"与"公""正""平"一起构成了维护社会正义的四大支柱。

三、古典儒家正义论第二义：公正

正义即公正，是古典儒家正义论的第二义。

公正是立公弃私、保持正当的意思。古代社会有"民为邦本""天下非一人之天下也，天下之天下也"（《吕氏春秋集释·贵公》）的观念，所以，天下之事不能由一人包办，而是必须听由"天下之公议"。在"天下之公议"的基础上，形成"天下之公义"①，然后按照"天下之公义"办理天下之事。公义是经由"天下之公议"之后形成的，如孟子所说的"国人皆曰可"或"国人皆曰否"的普遍性民意。经由"天下之公议"达成"天下之公义"，只是古人的一种理念。到了现代社会，已有足够的技术条件组织或举办"天下之公议"，亦有相应的规则与程序来表达"天下之公义"，从技术性手段来说，完全可以将古人的理念变成现实。现代民主制度已经做到了这一点。

公义是公正的核心。坚持公正，以公义为准绳，就能够最大限度地防止偏私。公与私向来是社会管理的突出矛盾。主张大公无私，反对以私害公，是各个时代的普遍的价值取向。如何做到公正无私？人们认为首先要确立立公、为公的宗旨，"昔先圣王之治天下也必先公，公则天下平矣"（《吕氏春秋集释·贵公》）。儒家主张治国、平天下必须效法天、地、日月的廓然大公："天无私覆，地无私载，日月无私照"（《礼记正义·孔子闲居》）；申明王道的基本特征是"不偏不党"（《韩非子·解老》）。法家同样强调"义必公正，立心不偏党也"。立公心，弃私心，一视同仁，不偏不党，一碗水端平，这是公正的基本要求。

四、古典儒家正义论第三义：公平

正义即公平。公正、公平均以立公为前提，但二者的着眼点有差异：公正侧重于解决消极的偏私现象，公平致力于建立积极的平等规则。荀子强调说："公平者，听之衡也。"（《荀子·王制》）认为公平的要义在于：一旦有了轻与重、大与小、多与寡、厚与薄、强与弱、贫与富等不平等的现象时，必须积极寻求一个合乎中正、公正的"度量分界"，依此"度量分界"给予持中、公正的调节。这时，执政者必须高居于各方利益关系人和利益集团之上，出

---

① 天下之公议与天下之公义，是古代社会常见的概念。古人知必由"天下之公议"才能形成"天下之公义"，然而，可惜的是，古人没有发明出经由"天下之公议"形成"天下之公义"的技术性手段，亦即没有设计一套规则、程序认定民意。这不是古人智慧不及，而是在专制政体下，君意至高无上，民意无足轻重，故无此需求。

于公心，依据公义，寻求并制定合乎中正、公正的"度量分界"。仅仅如此还不够，在道家创始人老子看来，这虽然或多或少地调整、改变了不平等的"损不足而奉有余"（《老子·砭时》）的人道，但还没有达到"损有余而补不足"（《老子·砭时》）的天道。[1] 儒家没有从天道的高度论证"高者抑之，下者举之；有余者损之，不足者补之"（《老子·砭时》）的公平正义的原则，却从仁政出发，制定了大致相同的公平正义的原则，即一个实行仁政的社会应优先考虑改善弱势群体的生存状况。儒家喜欢引用《诗经·小雅·正月》篇所说的"哿矣富人，哀此惸独"，又津津乐道"文王发政施仁，必先穷民。恤穷者，治天下之首务也"（《格物通·恤穷下》）。在儒家倡导的仁政的影响下，我国历朝历代都形成了一些慈幼、养老、振穷、恤贫、宽疾、救灾的家训、族规、乡约以及国家制度设施。可见，儒家发明的一个社会的公平正义应该优先考虑扶助弱势群体的原则，不但在理念层面上被广泛认可，而且在实践层面上被贯彻推行至各个历史时期。

值得注意的是，我国古典儒家、道家与现代美国学者罗尔斯，超越时空，超越文化背景，超越学术立场，不约而同地肯定了扶助弱势群体这一公平正义的原则，殊途同归，四海同证，扶助弱势群体是公平正义的必不可少的一项原则。

公平正义在当代社会尤为紧要，而人们对公平正义的内涵与原则有不同的理解，约略来说，至少有以下五项原则值得充分注意。

（一）公民权利平等原则

人人享有宪法和法律赋予的政治、经济权利，任何人、任何党派或集团不得以任何借口阻挠、削弱甚至取消人们的公民权利，亦不得恃强称霸，享有法外特权。公民社会不容许特权存在，不容许权贵集团攫取灰色收益。取

---

[1] 老子对于公平正义的理解极为深刻。在他看来，"损不足而奉有余"的人道是违背公平正义的，"损有余而补不足"的天道才是公平正义的。老子以"损有余而补不足"为天道原则，与罗尔斯正义论的第二原则有相互发明之处，但两者的立论基础完全不同。

消特权是对宪法和法律的尊重，亦是对全体公民的尊重，更是公平正义的基本要求。

(二) 机会均等原则

人人有权平等地享有社会和国家提供的各种机会。所有这些机会以及相关的职位或岗位向全社会开放，让人们根据自己的愿望、意志、知识水平和能力自由选择、自由竞争。规则与程序公开透明，坚持在阳光下操作，反对潜规则。

(三) 待遇平等原则

人人有权平等地享有政府和社会提供的公共服务和公共产品；博施济众，反对厚此薄彼；缩小城乡差别，人人待遇平等。一夫不获，四邻为之奔走呼号。①

(四) 均富原则

缩小贫富差距，坚持走共同富裕之路。社会财富应当"分均"②，为大多数人所有，而不是掌握在极少数人手中。"分均"不是绝对平均主义，而是让收入差距、贫富差距保持在一个公众可以接受和容忍的合理限度内。

儒家文化与儒家文明研究

---

① 古人有博施济众、不遗一人的博大胸怀。伊尹："一夫不获，则曰时予之辜。"(《尚书·说命下》) 孟子说："思天下之民，匹夫匹妇有不被尧、舜之泽者，若己推而内之沟中。"(《孟子·万章上》)

② 分均，指财富分配着眼于一个"均"字。《史记·陈丞相世家》记陈平初为里宰，"分肉食甚均。父老曰：'善，陈孺子之为宰！'平曰：'嗟乎，使平得宰天下，亦如是肉矣！'"后来，陈平果然做了丞相。王充评论说："陈平未仕，割肉闾里，分均若一，能为丞相之验也。"(《论衡》)《庄子·胠箧》记盗跖论"盗亦有道"，其中一条是关于偷来的物品如何分配，说："分均，仁也。"这固然是庄子对儒家仁义的调侃，但也透露了大盗亦须靠仁义摆平群盗。《论语·季氏》记孔子曰："丘也闻有国有家者，不患贫而患不均，不患寡而患不安。"《荀子·王制》有"分均则不偏"的说法。两汉以后，人们进一步将财富分配的"均"发展为"均贫富"，如北宋宰相张知白认为："将欲舒民心，先在均贫富"(《续资治通鉴长编》卷五十三)；南宋农民起义领袖钟相认为："法分贵贱贫富，非善法也。我行法，当等贵贱，均贫富。"(《建炎以来系年要录》卷三十一)

（五）扶弱济贫原则

任何社会都有强者和弱者。儒家提倡仁政，仁政要求关心、扶助弱势群体。北宋大儒张载说："凡天下之疲癃残疾、惸独鳏寡，皆吾兄弟之颠连而无告者也"（《正蒙·乾称篇》），岂能坐视不管不问！恤贫济困，不能做居高临下的施舍者，而要做平等的扶助者或给予者，这就要求必须尊重贫困者的人格独立、自由与尊严。贫困者穷不移志，宁死不食嗟来之食，古有明训，不可不知。

公平正义是一个社会得以建立、存在与发展的基石。没有公平正义，就没有社会和谐。构建和谐社会的第一要务，是时刻牢记公平正义，以公平正义为第一原则处理社会公共事务和民生事务。

五、结语

中正、公正、公平是古典儒家正义论的三大内涵。中正原则着眼于执中以求得其正，公正原则着眼于立公以求得其正，公平原则着眼于平等以求得其正。中正原则的特点是在两端之间"无偏无陂"，公正原则的特点是在公私之间"无偏无党"①，两者似乎都具有方法论的特色。公平原则以平等、均等、扶弱济贫为直接诉求，不迂不绕，具有体用一致的实践特色。中正、公正、公平是确立社会正义的三大原则。公平正义是建立合理的社会制度、维持良好的社会秩序、促成社会和谐的第一纲领。

（本文为2018年7月在黑龙江大学举行的中国思想文化高端论坛上的论文）

---

① 儒家推崇的王道政治，其要义就是中正和公正。《尚书·洪范》曰"无偏无陂，遵王之义"，讲的是中正原则；"无偏无党，王道荡荡"，讲的是公正原则。朱熹对此有深刻的领会："人只有一个公私，天下只有一个邪正。"（《朱子语类》卷十三）中正原则解决的是邪正问题，公正原则解决的是公私问题。

科学与民主的本土根源

——序王瑞聚教授《古希腊罗马论丛》

　　读者翻开这本书，第一眼看到的往往是第一篇文章《科学与民主的象征——古希腊》。这是一篇介绍性的文章，而且，据此文的题记所示，这还是一篇命题作文。命题者有史识，作文者有史才，于是一篇充实以为美的文章呈现了出来。乍看标题，我眼睛为之一亮：此文之作必有召唤科学与民主的深意；再拜读其文，果然，作者触类旁通，开篇即言："在中国，自从本世纪初新文化运动以来，有两位'先生'备受国人的推崇和爱戴，这就是'德先生'和'赛先生'。两'先生'何许人也？原来是'民主'（democracy）与'科学'（science）两词的英语音译之尊称也。"然后，作者开始介绍两"先生"的"祖籍"——古希腊。不消说，科学与民主是古希腊历史与文化的两个最值得表彰的基本点，抓住这两个基本点，提纲挈领，一部古希腊史的价值也就凸显了出来。

　　一切历史都是当代史，——意大利著名史学理论家克罗齐（Bendetto Croce，1866—1952）的这句名言我们记忆犹新。因此，当作者指出"德先生"

和"赛先生"的"祖籍"在古希腊的时候，我们有理由相信，作者此时一心二用：言在古希腊，意在当代中国。不管作者的言外之意是什么，这个言外之意的"存有"应该是一个不争的事实。正是这个言外之意，引发了我们欲作诠释的兴趣。此时，我们不仅应追问作者的言外之意是什么，而且，我们还要思考，作为读者，我们有可能对这个言外之意说些什么。诠释是一项复杂的思维活动。诠释者并不仅仅是被动地追问作者的"本意"是什么，而是还要进一步地深入探讨隐藏在"文本"字里行间的"微言"大义，有时更要主动地"参言"，乃至代作者"立言"，参与意义的创造。

作者为学治史，受各种机缘巧合的牵引，走上了一条颇为艰辛的研究古希腊罗马的道路。甘苦自知，每作叹息。由于长期沉浸于古希腊罗马的历史文献与问题意识中，不免日久生情，对自己的研究对象有了几分偏爱，乃至于言必称希腊。这是人之常情，我本人亦复如是。我从事本土历史、文化、哲学的研究，言必称国学，可谓"夫子步亦步，夫子趋亦趋"矣。

言必称希腊与言必称国学，毕竟视域不同，所见有异。比如，作者一言古希腊是科学与民主的象征，再言古希腊是"德先生"和"赛先生"的"祖籍"，仿佛科学与民主是古希腊的专利似的。联想到"五四"时期，先进学人从西方请来"德先生"和"赛先生"以指导中国的现代化建设，仿佛外来和尚会念经似的。两者合而言之，仿佛本土压根儿就没有科学与民主似的。对这三个仿佛，私心不敢苟同，借此予以讨论，略伸以文会友、以友辅仁之意也。

一

严格地说，科学在"轴心时代"① 的古希腊和古中国，只能算作初步的萌

① 轴心时代，系德国学者雅斯贝尔斯于 1949 年提出的，指公元前 800 年至公元前 200 年，尤其是公元前 600 至公元前 300 年间，人类文明处于重大突破、转折期，故称之为轴心时代。在轴心时代，人类各大文明都出现了伟大的精神导师：古希腊有苏格拉底、柏拉图、亚里士多德，以色列有犹太教的先知们，古印度有释迦牟尼，中国有孔子、老子、孙子、墨子、庄子、孟子，等等。他们的理念与思想，塑造了不同的文化传统，并且一直影响着今天的人类生活。

芽，距离现代意义上的科学相去甚远。而且，以萌芽状态的科学而论，古希腊未必独擅胜场；在中国，墨子及其后学，在逻辑、数学、力学、光学、时间、空间等科学方面的成就，完全达到了与古希腊相媲美的水平。已故的历史学家杨向奎先生对墨学有精深的研究，他说：一部《墨经》无论在自然科学的哪一方面，都超过整个古希腊，至少等于整个古希腊。[①]先生以一部《墨经》对比整个古希腊，或有可议之处。但是，"轴心时代"的古中国在科学上不输于古希腊，至少与其各有千秋，应是不争的事实。

我曾经发掘出一则资料，可以说明"轴心时代"我国医学的发达程度：

> 宋阳里华子中年病忘，朝取而夕忘，夕与而朝忘，在途则忘行，在室则忘坐，今不识先，后不识今，阖室毒之。谒史而卜之，弗吉；谒巫而祷之，弗禁；谒医而攻之，弗已。鲁有儒生，自媒能治之。华子之妻子以居产之半请其方。儒生曰："此固非封（封，疑卦字之误）兆之所占，非祈请之所祷，非药石之所攻。吾试化其心，变其虑，庶几其瘳乎？"于是试露之而求衣，饥之而求食，幽之而求明。儒生欣然告其子曰："疾可已也。然吾之方密，传世不以告人，试屏左右，独与居室七日。"从之，莫知其所施为也，而积年之疾，一朝都除。华子既悟，乃大怒，黜妻罚子，操戈逐儒生。宋人执而问其以，华子曰："曩吾忘也，荡荡然不觉天地之有无。今顿识既往，数十年来存亡得失、哀乐好恶，扰扰万绪起矣。吾恐将来之存亡得失、哀乐好恶之乱吾心如此也。须臾之忘，可复得乎！"

这则资料见于《列子·周穆王》篇。《列子》多被看作是伪书，其实只是疑似伪书而已。即使是伪书，书中内容其来有自，未必也是伪的。这是许多疑似伪书的通例。这则资料大意是说，宋国人华子，人到中年突然患了遗忘症，家人先后请来了卜、巫、医为其治病，都不见效。有一位不知名的鲁国儒生毛遂自荐，愿意一试。这位儒生很谨慎，他先做试验，待"露之而求衣，饥之而求食，幽之而求明"的试验结果出来之后，心里有了底，才决定为其治

儒家文化与儒家文明研究

[①] 杨向奎先生在1991年"全国首届墨子学术研讨会暨墨子学会成立大会"上的发言。见张知寒主编：《墨子研究论丛》（一），山东大学出版社1991年版，第32—41页。

疗。但是，他的医方秘不示人，于是要求将自己与华子关在一间屋子里，七天闭门不出。由于无他人在场，谁也不知这位儒生是怎么治病的；只知七天之后，华子的顽症竟然被治愈了。

鲁国儒生无疑是一位优秀的心理医生。我们虽然不能考知其治病的具体方法，但推测他用的不外乎谈话疗法。试想，不用卜、巫、医之法，特别是不施药石，说明鲁国儒生诊断华子患的不是身病，而是心病，所以他决定采用"化其心，变其虑"的疗法。如何"化其心，变其虑"呢？大概只有谈话疗法吧。因为除了谈话疗法，我们实在想象不出还有别的什么疗法。谈话疗法必有若干心理分析技术，可惜鲁国儒生秘不示人。但这不妨碍我们说，这是一则两千多年前我国心理医生运用谈话疗法治愈遗忘症的绝佳个案。若无其事，任何人都不可能凭空杜撰出来。

在西方，谈话疗法属于弗洛伊德（Sigmund Freud 1859—1939）发明的精神分析疗法。精神分析疗法有其理论模型和心理分析技术。据说，一次成功的精神分析治疗往往耗时 100—300 小时，有的可长达数千小时。鲁国儒生的谈话疗法用了七天，折合 168 小时，不出西方精神分析疗法通常所用的时间之外。弗洛伊德的精神分析疗法，是西方医学从治身病延伸至治心病的一次飞跃性发展，须知这是 20 世纪西方医学发展的产物。然而，在中国，早在两千多年前的"轴心时代"，就已有并不逊色的谈话疗法。我们再看看《汉书·艺文志》关于《黄帝内经》等中医典籍的记载，以及扁鹊的高超医术，可知当时的中医有理论、有方法，极为发达而完备，并且至少在鲁国儒生那里已经完成了从治身病到治心病的飞跃性跨越。医学属于科学。当我们了解了鲁国儒生的事迹之后，与西医比较而言，我们还敢妄自菲薄吗？

二

在科学上，我们的先人的确不曾后于古希腊，那么，民主又是怎样的呢？

我们知道，在"轴心时代"，古希腊的雅典实行直接民主，共和国时期的罗马实行代议制民主。古希腊罗马的民主政治，无论从实质到形式，都达到了"轴心时代"的最高水平。反观本土，似乎民主若有若无。认为有之者，必欲求得之而后快，于是凿之深，扬之高，以列国比城邦，以周召共和比城邦民主，极力证明民主在我国乃属固有，民主在我国和民主在古希腊罗马一样，同属于一种根源性的存在。认为无之者，认定舜禹禅让之后便是禹启传子，禹启传子之后便是专制，极力否认三代之后还有什么民主。两种观点明显对立，——其所以对立的原因，不仅在于孰是孰非，也在于双方对民主的理解不同。

民主有实质民主和形式民主之分。民主的要义不外乎主权在民和民意至上两条。主权在民，是指一国公民拥有该国的全部权力和最高权力；民意至上，是指在国家政治生活中民意拥有至高无上的权威性，是一切权力的基础和来源，也是一切决策的原则和依据。在国家政治生活中，凡是具有主权在民的理念，能够尊重民意，贯彻民意，按照民意处理国之大事，我们可以称之为实质民主；再进一步，实行民主制度，在每人一票、每票等值的前提下，民主选举领导人，民主表决国家事务，我们称之为形式民主。

在"轴心时代"，我国没有形式民主，那么，有没有实质民主呢？私心以为有。

早在"轴心时代"以前，先民就有了"民为邦本，本固邦宁"的观念，肯定了民是国家的主人的根本地位。后来，荀子说："君者，舟也；庶人者，水也。水则载舟，水则覆舟"（《荀子·王制》），这已点破了得民心者得天下，失民心者失天下的历史规律。由于民是天下、国家的主人，自然就产生了天下、国家为民所有，非为君所有；为天下人所有，非为一人所有的观念。《吕氏春秋·贵公》篇非常明确地指出："天下非一人之天下也，天下之天下也。"这里的"天下之天下也"，显然丢掉了一个"人"字，添上去，即是"天下人之天下也"。"天下人之天下也"，也就是 of the people 的意思。现代民主政治中的"民权"理念，分而析之，有三个层面：

一是民对于国家的所有权，相当于 of the people，旧译作"民有"。二是民对于国家公共资源的享用权，相当于 for the people，旧译作"民享"。三是民对于国家的治理权，相当于 by the people，旧译作"民治"。

从第三个层面民对于国家的治理权中，又可分析出立法、行政、司法三权。

私心以为，所有权、享用权、治理权属于"政道"的民权，是高一层次的民权；立法权、行政权、司法权属于"治道"的民权，是派生的、低一层次的民权。立法、行政、司法三权分立，是现代民主政治在制度层面的基础性架构。不消说，有了所有权（of the people），享用权（for the people）必定随之而来，所以荀子强调说："天之生民，非为君也；天之立君，以为民也"（《荀子·大略》）。这是说，在君、民之上，有一个高悬的天。民是天生的，君是天立的。天生民，不是让民为君服务，相反，天立君，却是让君为民服务。君和民都是国家的成员，但是，民是国家的主人，君却不是国家的主人。唐代柳宗元曾经打了一个比喻说：官员不过是一国之民出什一之税雇佣的办事之吏而已，其必秉持公平、正义的原则办事，不可消极怠工，更不可盗窃国家财物，否则，激起民怨，必遭黜罚。这和家雇佣人的情况极为相似。[①] 家雇佣人，天立国君。"天视自我民视，天听自我民听"，天人合一。天立，说到底，是民立。以开店作比喻，民是店的老板，君是店的经理，君只是受雇于老板而负责店的经营管理而已。在店的三权中，经理只有治理权，老板拥有所有权和享用权。推而至于天下、国家，亦复如是。因此，我们完全可以说，民是天下、国家的真正主人。

"政道"层面上的所有权、享用权和治理权，三位一体，不可分割。其中，尤以所有权最为重要。所有权是基础，直接决定着享用权和治理权。我有之，

---

① 《柳河东集·送薛存义序》："盖民之役非以役民而已也。凡民之食于土者，出其十一佣乎吏，使司平于我也。今我受其直怠其事者，天下皆然，岂惟怠之，又从而盗之。向使佣一夫于家，受若直，怠若事，又盗若货器，则必甚怒而黜罚之矣。"见柳宗元：《柳河东集》，上海人民出版社 1974 年版，第 391 页。

我享之；我有之，我治之，是举世公认的法则。每一个人在自己的"一亩三分地"里都可以独立自主地说了算，古今一例，中外一理。然而，实际情况却是，在古代中国，一方面存在着民有的理念，一方面却将不可分割的民权分割了。民的所有权合乎逻辑地导致了民的享用权，却不能同样合乎逻辑地导致民的治理权。为什么？原来，在古人的观念里，天下、国家的所有权，不仅仅为民所有，也为天所有、为君所有。在这里，"天有是预设，民有是观念，君有才是真正的、实在的、有文翼之、有武捍之的所有"①。正因为如此，君有迅速而极度膨胀，架空了天有，挤兑了民有，占居了主导地位，再辅以本来就有的治理权，很自然地就形成了君临一切的局面。

民有是观念，仅仅存在于文献典籍和知识分子的头脑里，为什么两千余年来儒家知识分子不对其扩而充之呢？这是一个屈原式的天问。须知，民有的理念，苟能扩充之，足以发明民治；苟不扩充之，不足以道民享。扩充民有的理念，使之挺立起来，推而至于民享，——这一步先民做到了；其后，再进一步推而至于民治，这仅仅是纸上功夫，然而，这纸上的一步却始终没有迈出！近代以来，许多大思想家、大学问家都为此而深感不可理解，以为是咄咄怪事。

因为没有民治，不能从制度上落实民对于天下、国家的治理权，所以，不少人认为：先民只有民本政治，没有民主政治。如果着眼于民主的形式层面来看，这当然不错。我以前也曾经对此做过分析，指出：传统性民本与现代性民主毕竟未达一间，"在儒家的传统中，人们沿着民本的道路只是走到了民有、民享，再也不肯向前一步，向前一步就是民治（by the people）。仅仅由于这一步之差，民本自民本，民主自民主，民本没有走向民主"②。民治是民有的题中应有之义，然而，先民却没有从中发掘出来，——既没有民治的理念，也没有民治的制度设计，所以吾土吾民始终不见形式民主。

仅仅着眼于形式民主看问题，自然有其片面性，所以我们还要切换至实

儒家文化与儒家文明研究

---

① 见拙作：《孙中山的民权主义与儒家的民本主义》，载《文史哲》，2001年第1期。

② 见拙作：《孙中山的民权主义与儒家的民本主义》，载《文史哲》，2001年第1期。

质民主的视域来看一看。

实质民主，在实践层面上有一个民意指标，即在国家政治生活中，是否贯彻、执行了民意，以及在多大程度上贯彻、执行了民意。前者是有无问题，后者是多少问题。这两方面结合起来，是我们判断实质民主的性质及其发展程度的基本依据。

我们审视先民的政治生活，发现周王朝的开创者们（周文王、周武王、周公）确立的"敬天保民"的执政理念，把民和民意摆到了一个几乎与天和天意等同的地位，这有以下材料可以证明：

> 天聪明，自我民聪明。天明畏，自我民明畏。（《尚书·皋陶谟》）
>
> 天视自我民视，天听自我民听。（《孟子·万章上》）
>
> 民之所欲，天必从之。（《左传·襄公三十一年引》）

天高高在上，天意自古高难问，难问也得问，因为天意太重要了！如何获知天意？先民固然发明了卜、巫一类的技术手段，但卜、巫之类多用于日常生活，在政治上更多更重要的还是观察民心向背。因为，商周革命使先民明白了一个道理：所谓"天之历数在尔躬"的君权神授，并非不可改变。天命保佑有德之人，谁有德，天命保佑谁，天命随德转移。先民相信"天生烝民"，民亦包括王。民与王都是天之子，差别在于，民是天之众子，王是天之元子而已。王若无德，失去民心，"皇天上帝改厥元子"（《尚书·召诰》），天必另择他子立为王。判断王有德无德的根据，就在于看他是否获得民心、民意的支持。由于"民之所欲，天必从之"，天意必以民意为指归，天意与民意由此获得了某种默契与一致性。天意不能直接示人，必须经由民意，所以"天聪明""天明畏""天视""天听"云云，必须经由"民聪明""民明畏""民视""民听"而示人。一望而知，这实际上是把天意转化成了民意。

因此，在天意不可预知，也就是天意付诸阙如的时候，可以直接代之以民意，视民意为天意，《左传·僖公十九年》记载的"民，神之主也"，就表达了这个意思。这样一来，在先民的政治生活中，就增添了一个极为重要的因素：民意。国有大事每遇决策困难之际，天子如果明智的话，必四谋而后定，即"谋及乃心，谋及卿士，谋及庶人，谋及卜筮"（《尚书·洪范》）其中，"谋及庶人"，就是听取民意，以民意作为决策的重要因素之一。《周礼》一书记载了征询民意的详细情况：

> 小司寇之职。掌外朝之政，以致万民而询焉。一曰询国危，二曰询国迁，三曰询立君。（《周礼·小司寇》）

在国难、迁都、立君三件大事上，"致万民而询焉"，征询民众的意见。而民众的意见一旦达成一致，形成共识性舆论，必对政治产生决定性影响。

民意之有无、多少，是我们判断实质民主能否成立的必要条件。民意之有无的指标易见，民意之多少的指标却不易量化掌握。尽管如此，我们仍可进行必要的分析讨论。儒家的第二号人物孟子在谈到人才的选拔时，力主听取国人的意见：

> 左右皆曰贤，未可也；诸大夫皆曰贤，未可也；国人皆曰贤，然后察之。见贤焉，然后用之。左右皆曰不可，勿听；诸大夫皆曰不可，勿听；国人皆曰不可，然后察之。见不可焉，然后去之。（《孟子·梁惠王下》）

在选贤问题上，股肱大臣和诸大夫的意见可以不听，国人的意见却不可不听。显然，这是把国人的意见摆到了股肱大臣和诸大夫的意见之上。百余年后，汉初思想家贾谊认为，官吏的选拔，"必使民与焉"：

> 吏不可不选也，……故夫民者虽愚也，明上选吏焉，必使民与焉。故士民誉之，则明上察之，见归而举之；故士民苦之，则明上察之，见非而去之。（《新书·大政下》）

这是说，明君选拔官吏，一定要让民众参与，听取民众的意见。而且，贾谊试图将选贤的民意指标进一步量化：

> 夫民至卑也，使之取吏焉，必取其爱焉。故十人爱之有归，则十人之吏也；百人爱之有归，则百人之吏也；千人爱之有归，则千人之吏也；万人爱之有归，则万人之吏也。故万人之吏，选卿相焉。（《新书·大政下》）

有十人拥戴，做十人之吏；有百人拥戴，做百人之吏；有千人拥戴，做千人之吏；有万人拥戴，做万人之吏；从万人之吏中，选拔卿相人才。这简直就是一幅从基层到高层的民主选贤图！

立君必须"致万民而询焉"，听取国人意见。选贤又是从十人之吏到万人之吏再到卿相，必须视民意而定，——从国君的确立到各级官吏的选拔，尊重民意，体现民意，贯彻、执行民意，这不正是民主吗？因为先民还没有发明出民主选举的技术性手段，所以我们称之为实质民主。

在解决国难、外交、迁都一类的国家大事上，同样需要"致万民而询焉"，听取国人的意见。在国人意见不一致的时候，听取多数人的意见。公元前494年，吴楚两国交战，陈国夹在中间，应该支持哪一方，国君决定听听国人的意见再做决定，于是把国人召集至外朝，号令"欲与楚者右，欲与吴者左"（《左传·哀公元年》）。这是采取站队的方式，让赞成支持楚国的一方站在右边，让赞成支持吴国的一方站在左边，双方人数之多寡一目了然。显然，这是陈国的民意表决方式。由于缺乏足够的史料，我们不能判断这种民意表决方式是否成为惯例，但是，仅此一例，我们完全可以称之为实质民主的一次演练。

可见，民主在"轴心时代"的中国，形式民主谓之无，实质民主谓之有。这应当是持之有据的结论。至于为什么没有形式民主？那是一个说来话长的问题，在此不讨论也罢。

当然，我们也必须指出：实质民主，在"轴心时代"的中国，多是思想上的存有，少是实践上的存有。换言之，实质民主更多的是思想家头脑中理应如此的设想，很少是政治实践中经常发生乃至成为惯例的经验事实。很少，但不是没有，我们可以举出一些实例来。很少，不能形成惯例；不能形成惯例，也就不能形成制度。所以，民主始终悬搁在思想的层面上，犹如空中楼阁，可以欣赏，可以赞美，却不可以说民意已经成为一种经常性的左右国家事务的因素。——我们不禁要问：先民既然能够设计出民主的空中楼阁，为什么不能在实践的层面上设计出民主的瓦舍草房？理念是实践的先导，先有了"学而优则仕"的理念，后来才有科举制的发明。在这里，理念与制度的关联显而易见。可是，恰恰在民主的问题上，实质民主的理念却没有合乎逻辑地引导出形式民主的制度，所以，民主在中国始终是"有其思想而无其制度"。[①] 何以如此？这是一个需要全民族都来思考和回答的问题。

三

科学与民主是现代文明或现代性的要素。对于"轴心时代"的人类文明来说，科学与民主远不如现代这么重要。我们之所以在本土文化里追根溯源，目的无非是通古今之变，证明科学与民主亦属本土所固有。既然为本土所固有，那就不必在根源上舍己芸人，汲汲于外求，所以我比较认同现代新儒家坚持的返本开新的文化理念，回归本原，接续传统，创造历史，开启未来。

"周虽旧邦，其命维新"。古老的中国到了近代的确落伍于世界先进行列，睁眼看世界的国人作中西比较，首先发现自己技不如人，于是提出了"师夷长技以制夷"的主张。等到"师夷长技"的洋务运动经由甲午战争的检验而发现仍不如人意之后，先进的国人又以为"学在西夷"，于是发起了在技艺和政教两个层面上向西方学习的变法维新运动。戊戌变法惨遭镇压，紧随其后而来的滔天巨祸迫使清政府中的顽固守旧力量不得不在灭亡和变法之间做出选择，于是两年前被废止的戊戌新政悉数恢复，而且，更进一步酝酿实行亘古未有的宪政改革。至此，中国向西方学习以求维新的目标，也就是现代化的目标，清晰而简单地展示了出来，那就是经济的工业化和政治的民主化。经济的工业化和政治的民主化，必然召唤科学与民主。因为，经济的工业化需要"赛先生"的指导，政治的民主化需要"德先生"的指导。这是历史的既定逻辑。

遵循历史的既定逻辑，先进的国人对于科学与民主上下求索，"薄言采之"。科学与民主的本土资源有所不足，乃外求于人，奉行"拿来主义"，干

---

① 孙中山：《中国革命史》，见《孙中山全集》（第 7 卷），中华书局 1985 年版，第 60 页。

脆把科学与民主移植过来。无奈，淮南为橘，淮北为枳，科学与民主在中国始终"水土不服"，不能很好地发挥作用。其实，如上所述，科学与民主在中国有本有根，只是不得其养而已。不得其养，发育不良；"苟得其养，无物不长"（《孟子·告子上》）。如果立足于本土资源，不是移植而是嫁接，科学与民主或许更易开花结果。当然，我们也要看到，科学与民主在中国左支右绌，不能很好地发挥作用，还有另外的更多、更复杂的原因。

现代化是后进国家的宿命。愿意的跟着走，不愿意的牵着走。在现代化的浪潮中，没有哪个国家能够自外于现代文明。后进于现代化的国家，按说应该有一种后发优势：既可以借鉴先行者的经验教训，不必摸索前进，少走弯路、错路；又可以充分利用已有的各种有利条件，比如科学、技术、市场、资金，等等，从而最大限度地利用后发优势，制定快速发展乃至跨越式发展战略。

审视百年来的现代化进程，不难发现，中国的现代化建设交替采用改革与革命两种方式方法。改革的方式方法始于1898年的戊戌变法，其时采用了维新变法的说法。革命的方式方法始于1911年的辛亥革命。改革以温和的、渐进的、改良的方式推进现代化建设，革命则以暴风骤雨般的、激进的、大刀阔斧的方式，清除改革无力清除的障碍，推动现代化建设继续向前发展。我国从1978年的"工作中心转移"开始，又重新进入了改革的时代。就现代化建设而言，改革与革命都是必要的。然而，人们很少注意到，改革解决的是体制的合理性问题，革命解决的是制度的合法性问题。一种体制如果趋于僵化，越来越不合理，越来越束缚生产力的发展，必须予以改革。改革能够解放生产力。一种制度如果丧失其合法性，天怒人怨，无可救药，必须予以推翻。推翻旧制度，建立新制度，能够为经济与社会的发展开辟新的道路。

时至今日，几乎尽人皆知民主与科学对于现代化建设之重要与必要，"德先生"与"赛先生"又被请了回来，爱之，尊之，师之，希望两先生能够有所作为，切实指导现代化建设。

本书作者王瑞聚教授，是我的大学同班同学，为人朴直忠厚，为学扎实认真。年高于我，我兄事之；德劭于我，我歆慕之。2008 年，吾兄瑞聚教授光荣退休，翻检旧作，汇集成书，不耻问序于我。我惶恐而逡巡于辞与不辞之间久之，不得已，恭敬不如从命。及至拜读书稿，篇篇有宏论，页页有精义，论如金声玉振，文若行云流水，不免每每生发"曾经瑞聚手，议论安敢到"之叹。乃退而草成此文，一则见贤思齐，参与讨论，一则权冒序名以行窃附骥尾之实也。

（本文原是为王瑞聚教授《古希腊罗马论丛》所作序，后经整理发表于《东岳论丛》2009 年第 12 期。今略作修改）

儒学史研究

孔子的理财实践及其思想

孔子对中国社会的影响力是无与伦比的。他的形象和思想学说，曾在长时间内得到普遍的认同，深刻影响了中国社会的方方面面，理财就是其中的一个重要方面。孔子是思想家、教育家，他之所以能够对理财产生影响，是因为他早年曾经从事过理财，而且他的思想中也有不少关于理财的内容。这是值得认真研究的。

一、孔子的理财实践

孔子是一个具有多方面才能的哲人。多才多艺的周公是他心仪的榜样，他曾经由衷地赞叹"周公之才之美"（《论语·泰伯》）。其实他本人也同样如此。他的同时代人甚至对他的博学多识、多才多艺多次表示不可思议："仲尼焉学？"（《论语·子张》）"夫子圣者与？何其多能也。"（《论语·子罕》）他的弟子则径直以天才论来解释这一令人费解的现象，说："固天纵之将圣，又多能也"（《论语·子罕》）。然而，孔子自己心底清楚，他并非天才，他的一切才干都是从实际生活中学来的，所谓"吾少也贱，故多能鄙事"（《论语·子罕》）就说明了这一点。

孔子少时因为贫贱而被迫谋生，干过不少差事。据《孟子·万章下》记载：

> 孔子尝为委吏矣，曰："会计当而已矣。"尝为乘田矣，曰："牛羊茁壮长而已矣。"

"委吏""乘田"都是受役于人的小吏。汉代赵岐解释说："委吏，主委积仓庾之吏也。……乘田，苑囿之吏也，主六畜之刍牧者也。"[1]（《孟子正义》）用现在的话说，"委吏"就是管理仓库账目的小官，"乘田"则是管理牧场的小官。其中，"委吏"一职特别引人注目。

孔子任"委吏"，尽职尽责，从所谓"会计当而已矣"来看，他干得极为出色。"会计当"三字的意思，前人的解释是："会，合也"；"计，算也"；"零星算之为计，总合算之为会"；"当，直也。直、值同。直其多少无差，故不失也"（《孟子正义》）。就是说，无论平日的"零星算"，还是月底年终的"总合算"，总之，一切账目都清楚准确，没有丝毫差失。

值得注意的是，《史记·孔子世家》亦有一段大致相同的记载：

> 孔子贫且贱。及长，尝为季氏史，料量平；尝为司职吏而畜蕃息。

这里的"史"，据唐代司马贞《史记索隐》说，一本作"委吏"，看来是由"委吏"脱误而成"史"，当据以更正。既然"史"与"委吏"原本是一回事，那么，很显然，"料量平"与"会计当"在基本涵义上也大同小异，而且相异部分还可以相互发明：

> 《史记·孔子世家》云：孔子"尝为季氏史，料量平"。《史记》所言，正足证《孟子》。……会计是司会之事，所云当者，读如"奏当"之当，谓料量委积，上之司会，适当国家会计之数，不为季氏求赢余也。故《史记》则云料量平，《说文》料字解量也。料量犹言概量，以概平斗斛，无浮入也。（《孟子正义》）

不难看出，所谓"以概平斗斛，无浮入也"，正是"料量平"与"会计当"

---

① 赵岐是历史上第一个为《孟子》作注的学者，他的《孟子注》早已亡佚，只有部分内容经他人转引而被保存下来。

相异的部分。这一相异部分的重点，不是指什么账目清楚准确，而是指财物管理公平得当。也就是说，孔子在季氏那里担任"委吏"，严格按照当时的规定办事，进多少，出多少，丁是丁，卯是卯，公平合理，决不马虎。为季氏做事，而能坚持公正的原则，无任何偏向之心，"适当国家会计之数，不为季氏求赢余也"，尤其难能可贵。无怪乎几十年后弟子冉求亦为季氏做事，却违背了公正的原则，"为之聚敛而附益之"，惹得孔子大发脾气，说冉求"非吾徒也，小子鸣鼓而攻之，可也"（《论语·先进》）。

可见，"会计"主要指账目管理[①]，"料量"主要指财物管理，这是两者的"小异"，是"委吏"一职的两种不同的分工范围。而孔子任"委吏"，既管账又管物，无疑反映了当时分工尚不发达的情景，应该说这是符合历史实际的。

无论"会计"还是"料量"，都属于理财的范畴，都在"委吏"的职责范围以内，这又是两者的"大同"。合而言之，则可以说，"委吏"的职责就是理财。孔子任"委吏"，管理账目则"会计当"，管理财物则"料量平"，两方面都有出色的表现，因此，可以得出结论说，孔子曾经是一位优秀的理财专家。

正因为孔子年轻时有过一定的理财实践经验，所以直至晚年仍不时有所流露。例如，据《史记·孔子世家》记载，在孔子率领弟子周游列国的后期，因为长期颠沛流离，吃尽苦头，却几乎一无所获，弟子们遂面露愠色。孔子乘机考察弟子，乃召子路、子贡、颜渊一一试探性询问："吾道非邪？吾何为于此？"子路、子贡的回答皆不能令孔子满意，只有颜渊的回答令孔子大为赞赏，他高兴地说："有是哉颜氏之子！使尔多财，吾为尔宰。"[②]

"宰"，有治理、支配、掌管的意思。孔子一时高兴，随口说出"使尔多财，吾为尔宰"的话来，正说明他是善于理财的。

[①] 会计原为动词，后来变为名词，成为一种职业的名称，沿用至今。可以说，现代会计一职的由来，可追溯到孔子。

[②]《史记集解》引王肃注曰："宰，主财者也。为汝主财，言志之同也。"王肃所说的"主财"，即今天所说的理财。

不仅孔子本人善于理财,他的门下亦多有善于理财的。在他看来,子路、冉求就有明显的理财特长。他对子路的评价是:"千乘之国,可使治其赋也";(《论语·公冶长》)对冉求的评价是:"千室之邑,百乘之家,可使为之宰也"(《论语·公冶长》)。事实的确如此。尤其是冉求,他有着突出的理财才干和成就。他任季氏宰期间,通过改用田赋和多方聚敛,使得本来"富于周公"的季氏变得更加富有。① 其他弟子如子贡、子夏、子游、闵子骞、子贱、冉雍等,也都曾经担任过邑宰或卿大夫的家宰,都有过一定的理财经验。可以说,孔门的理财活动和经验还是比较丰富的。

二、孔子的理财思想

理财是国家的经济职能,也是治国安邦的一项重大内容。孔子虽然"罕言利",但对理财却十分重视。他不但是名副其实的理财专家,熟悉"会计""料量"一类的理财专业技术,而且还曾围绕理财问题发表过许多具有重要价值和重要指导意义的见解、主张,丰富和发展了传统的理财之道,是一位有重要影响的理财思想家。

孔子的理财思想主要包括以下六个方面的内容:

(一) 要求抑制贫富分化,主张社会财富分配大致均等

孔子时代,随着井田制的瓦解和私有制经济的发展,贫富分化的速度明显加快,其程度也逐日加深,以至于引起有识之士的普遍关注和忧虑。孔子是当时最负盛名的思想家,他对社会的变化尤为敏感,自然也比任何人更加注意贫富分化的问题,他还进一步探讨了如何解决这些问题的途径和办法,他的结论是一个"均"字。他曾经十分严肃地向弟子冉求指出"均"的价值和重要性,他说:

> 有国有家者,不患贫而患不均,不患寡而患不安。盖均无贫,和无

---

① 冉求的理财,孔子认为是"不度于礼",孟子认为是"不仁",总之,手段、方法有问题。但孔子承认冉求有才干,在众多弟子中将冉求列为"政事"第一。孟子也承认冉求为季氏宰,使得"赋粟倍他日"。看来,冉求的才干和理财成就还是不能抹煞的。

寡，安无倾。（《论语·季氏》）

在这里，"贫"与"均"是指财富而言，"寡"与"安"是指人口而言。在孔子看来，"有国有家者"在其统治范围内，不怕贫困，就怕贫富不均；不怕人口少，就怕社会不安。理由很简单，因为"均"则"无贫"，"安"则"无倾"。"安无倾"是说只要社会安定，便没有颠覆的危险。"均无贫"是说只要财富平均，大家都一样，也就没有贫穷可言。因此，"均"的作用实在不可忽视。

应该指出的是，孔子在这里既不是提倡"均贫"，也不是主张绝对平均。孔子承认人们占有的社会财富有差别，只是他认为这种差别不宜过于悬殊而已。所谓"不患贫而患不均"，不是指在"贫"与"不均"之间做二难选择，宁要"贫"不要"不均"；而是说在贫富分化已经发生并且相当严重的情况下，"有国有家者"的当务之急是调节财富分配，使之大致均等，以缓和有可能激化甚至爆发的社会矛盾，然后才是采取各种措施解决"贫"的问题。换言之，孔子不是要求以"贫"为基础的"均"，——这是"均贫"，绝非孔子所愿；孔子的最终目的是达到以"富"为基础的"均"，即"均富"，以实现他所提出的"使老有所终，壮有所用，幼有所长，鳏寡孤独废疾者，皆有所养"（《礼记·礼运》）的社会理想。

不难看出，先治"不均"后治"贫"的这一理财思路，有其一定的合理性和参考价值，因为它把社会公正摆在了第一位，容易为人们所接受；而治"贫"的要务是发展经济，增加人们的财富收入。这两者兼顾的理财思路在贫富差别悬殊的地方尤其适用。

（二）正确处理君富与民富的关系，主张藏富于民，首先让人民富足起来

孔子认为，在"贫"与"不均"同时发生的情况下，固然应该首先解决"不均"的问题，但对"贫"的问题也不能掉以轻心，而应该紧接着马上予以解决。所以，在周游列国的途中，他向冉求指出了富民的重要性。

子适卫，冉有仆。子曰："庶矣哉！"

冉有曰："既庶矣，又何加焉？"曰："富之。"

曰："既富矣，又何加焉？"曰："教之"。(《论语·子路》)

"庶"，指人口稠密众多。在孔子看来，人口繁衍增多了，接着应该做的是让人民富足；人民已经富足了，则应进一步对人民进行教育。这个"庶""富""教"的三部曲，是孔子提出的治国安邦的基本主张，其中，富民的重要性是不言而喻的。

然而，有不少统治者只知横征暴敛，榨取民脂民膏，哪里还管人民的死活，更谈不上爱民、富民了。一旦弄得民怨沸腾，则往往导致国灭家亡。孔子当然鄙夷这种自作孽的行为。他认为，统治者应当将眼光放长远，关心、爱护人民，像郑国贤相子产那样，"其养民也惠，其使民也义"(《论语·公冶长》)，摆正君与民的关系，特别是要从经济方面处理好君富与民富的关系。在他看来，执政的当务之急不在于使君富，而在于使民富，要把民富摆在优先考虑的位置。这当然是统治者很难接受的意见。所以，围绕君富与民富的关系问题，孔门师徒与鲁哀公曾经发生过严重的意见分歧。先看孔子与鲁哀公的对话：

> 哀公问政于孔子，孔子对曰："政之急者，莫大乎使民富且寿也。"
> 公曰："为之奈何？"孔子曰："省力役，薄赋敛，则民富矣；敦礼教，远罪疾，则民寿矣。"公曰："寡人欲行夫子之言，恐吾国贫矣。"孔子曰："诗云'恺悌君子，民之父母。'未有子富而父母贫者也。"(《孔子家语·贤君》)[①]

孔子认为一国之政的急务在于"民富"，并且主张以"省力役，薄赋敛"的办法促使和达到"民富"，这也是鲁哀公无论如何想不通的。在鲁哀公眼中，"省力役，薄赋敛"固然可使"民富"，可是，这却导致"国贫"。可见，鲁哀公将君富（国富）与民富对立了起来，认为二者非此即彼，不可得兼。他从维护自己利益的角度出发，自然要舍民富而取君富。对此，孔子不以为然。孔子认为，国中的君民关系，不过是家中父子关系的放大；如果说在父子关

---

①《说苑·政理》也有类似记载。《孔子家语》一向被视为伪书，但古人知其书伪而不能废，今人或谓其书乃孔氏家传之学，其中反映了孔子思想，有重要的参考价值。

系中，不会出现子富而父母贫的情况，那么，同理，在君民关系中，也不会出现民富而君贫的情况。[1] 再看孔子弟子有若与鲁哀公的另一则对话：

　　哀公问于有若曰："年饥，用不足，如之何？"

　　有若对曰："盍彻乎？"

　　曰："二，吾犹不足，如之何其彻也？"

　　对曰："百姓足，君孰与不足？百姓不足，君孰与足？"（《论语·颜渊》）

"彻"，是西周时期各国实行的"什一而税"的田赋制度，即土地收入的十分之一上交国税。到了春秋时期，鲁国加倍征税，实行"什二而税"的田赋制度。可是，遇到灾荒之年，鲁哀公仍然觉得财政收入不足，于是问有若怎么办。有若没有提出多征税，反而主张减税，实行"什一而税"的"彻"法。这是鲁哀公无论如何也理解不了的。所以鲁哀公直接质问有若：实行什二而税，我还觉得税收不够用，怎么可以实行什一而税呢？有若乘机向鲁哀公阐发了孔门一以贯之的观点：民富与君富是一致的。百姓富足，君主岂能不富足？反之，百姓不富足，君主岂能富足？所以有若主张藏富于民，首先让人民富足起来。认为民富是基础，有了民富的基础，就会强兵；有了强兵，就会强国。民富，兵强，国强，就会立于不败之地！

　　应该指出，无论在孔子时代，还是在以后的历朝历代，如何处理君富与民富的关系问题，一直是整个理财工作的核心之所在。孔门师徒首先提出并加以阐述的关于民富与君富不是对立的而是统一的观点，无疑为这一问题的正确解决提供了理论依据，并且事实上作为一种指导原则，为历代政治家和理财专家所接受，在理财工作中发挥着积极有效的作用。

　　（三）反对苛政虐民，提倡厚施薄敛

　　孔子出身贫贱，对下层民众的苦难有着深入的了解和无限的同情。他反

---

[1] 孔子时代，普遍流行家长制大家庭，通常有父子兄弟十几口或数十口的情况。父子析产别居者比较少见。前者是同居共财模式，根本不会存在子女与父母占有财富的差别；后者是异财别居模式，在孝养父母的伦理原则调节下，也不太可能发生子富而父母贫的情况。

对苛政，以苛政比洪水猛兽，认为其有过之而无不及。他的名言"苛政猛于虎"（《礼记·檀弓下》），就表达了他对苛政的愤慨与仇视。

孔子反对苛政虐民，提倡德政爱民。他高高举起"爱人"的旗帜，向统治者大声疾呼，要重视民众；要"养民也惠""使民也义"（《论语·公冶长》）；要"因民之所利而利之"（《论语·尧曰》）；要"博施于民而能济众"（《论语·雍也》）。他特别注意从理财方面要求统治者厚施薄敛，他说："君子之行也，度于礼；施取其厚，事举其中，敛从其薄。"（《左传·哀公十一年》）

"施"与"敛"是理财工作中直接对民的两个方面。"施"是出，用之于民，主要是指从国家财政中拿出一部分来，或救济穷困，或赈灾恤民。而当时的统治者在取之于民方面，贪得无厌，暴敛无度，近乎公开掠夺，以至于弄得"民参其力，二入于公，而衣食其一"（《左传·昭公三年》），亦即民众三分之二的劳作和收获要归入公室，只剩下三分之一维持生存。因此，统治者手中积累了巨额财富，而这几乎全部取之于民。可是，在用之于民方面，统治者又悭吝成性，或有或无，有之，也是一星半点，聊胜于无，似乎不解决什么问题。这就自然造成了"施"与"敛"的巨大反差，出现了像齐国那样的"公聚朽蠹，而三老冻馁"（《左传·昭公三年》）的现象。怎样缩小"施"与"敛"的悬殊差别，减轻人民负担，缓和社会矛盾，实现国家的长治久安，就成为当时有远见的思想家所着重考虑的问题。晏婴就曾直言不讳地向齐景公指出："公厚敛焉，陈氏厚施焉，民归之矣。……陈氏之施，民歌舞之矣。"（《左传·昭公二十六年》）认为长此以往，"齐其为陈氏矣。"（《左传·昭公三年》）果然为晏婴所言中，后来不久陈氏代姜氏而有齐，江山不改而政权易姓。这说明晏婴并非危言耸听。

孔子同样考虑过这一在当时十分突出的"施"与"敛"的问题，他的主张可谓言简意赅，旗帜鲜明，此即前面已经提到的"施取其厚""敛从其薄"。可以看得出来，孔子实际上是要求"施"的部分抬一抬，尽可能厚一些；同时把"敛"的部分压一压，尽可能薄一些，从理财的角度调整一下"施"与"敛"的比例关系，让人民得到实惠，以此来缓解并改善统治者与下层民众的紧张关系，达到维持社会协调、稳定发展的目的。

(四) 反对奢侈，提倡节俭

孔子时代，社会财富的迅速增长，极大地刺激了统治者的高消费欲望，宫室苑囿，声色犬马，宴饮游玩，无不极尽奢侈之能事。靡费财货过甚，乃厚聚敛以补府库之亏空。如果把以前的聚敛之数当作一，那么，这时已经翻了一番，达到了二，恰如鲁哀公所说"二，吾犹不足"（《论语·颜渊》），则继之以敲骨吸髓，榨尽人民血汗。

不消说，在社会财富总量不变的前提下，统治者若能节省一分，府库便可少进一分，民众则多得一分。孔子显然看到了这一点，所以他从维护民众利益的角度出发，要求统治者"节用而爱人"（《论语·学而》）；并且当齐景公问政时，他斩钉截铁地回答："政在节财"！ [1] 这一回答是有明显针对性的。因为当时齐景公穷奢极欲，"高台深池，撞钟舞女，斩刈民力，……宫室日更，淫乐不违。"（《左传》昭公二十年）孔子知"奢侈不节以为乱"（《说苑·政理》），乃向齐景公提出"政在节财"的告诫，希望齐景公闻之而有所警醒，去奢侈，尚节俭，爱惜民力，薄于赋敛。

早在孔子之前，已有人指出："俭，德之共也；侈，恶之大也。"（《左传·庄公二十四年》）把戒奢尚俭视为美德。孔子继承和发扬了这一传统美德，反复强调和宣传从俭尚俭的价值取向，例如：

林放问礼之本。子曰："大哉问！礼，与其奢也，宁俭。"（《论语·八佾》）

子曰："奢则不孙，俭则固。与其不孙也，宁固。"（《论语·述而》）

子曰："麻冕，礼也；今也纯，俭，吾从众。"（《论语·子罕》）

在奢与俭的比较、选择中，孔子坚定地站在俭的一边。他本人即以"温良恭俭让"著称于世，具有俭的美德。相反，管仲失于奢，他不无讥讽地说：

---

[1] 并见于《尚书大传》《韩非子·难三》《说苑·政理》《孔子家语·辩政》等记载。

"管仲之器小哉！"(《论语·八佾》)孔子一向主张把道德原则贯彻、应用到政治生活中去，依此而论，从俭尚俭的价值取向自然也应该在理财实践中体现出来。

总之，在孔子那里，无论是从德政的角度，还是从权衡利害得失的纯功利观点来看，戒奢尚俭都是理财实践应当遵循的一条基本原则。

（五）要坚持"见利思义""义然后取"的原则，坚决摒弃"不义之财"

孔子不仅承认人人都有追求富贵的欲望，说："富与贵，是人之所欲也"(《论语·里仁》)，而且还进一步肯定了这种追求的正当性，说："富而可求也，虽执鞭之士，吾亦为之"(《论语·述而》)。承认并且肯定人对物质利益的欲望和追求，是孔子的开明之处。

然而，比开明更令人钦佩的是高明。孔子的高明之处就在于，他并不把人对物质利益的追求看成是绝对的、无条件的，也不认为无论何时何地以何种手段谋取物质利益都是可以的，相反，他给出了一个"义"的前提或原则，要求任何谋取物质利益的行为都必须置于"义"的前提之下，遵循"义"的原则，合乎"义"的规则，不合乎"义"则一介不取，界限分明，决不含糊。

那么，什么是"义"呢？《中庸》的作者解释说："义者，宜也。"何为"宜"？《说文》说："宜，所安也。"可见，"义"就是"宜"，就是"所安"。换言之，凡事做得适宜，当下心安，这就是"义"。再进一步来看，"义"实际上是指为人处世"应该如此"的基本规定，亦即人人皆应走的"正路"。孟子说的"义，人之正路也"(《孟子·离娄上》)，即指此而言。

正因为"义"有以上两方面的内涵，孔子便格外重视"义"，强调"义以为上"(《论语·阳货》)，把"义"置于一个优先的或崇高的地位之上。特别是当"义"与"利"相对而言的时候，他更是重义轻利，甚至把义利之辨作为君子、小人之分，他说："君子喻于义，小人喻于利。"(《论语·里仁》)

因此，为了做君子，必须摆正义利关系，坚持"义"高于和优于"利"的原则，以"义"为标准，"见利思义""义然后取"(《论语·宪问》)。这是说，"利"不是不可以取，关键在于它是否合乎"义"。合乎"义"则取，不合乎

"义"则不取,取与不取完全由是否合乎"义"来决定。所以,孔子说:"富与贵,是人之所欲也;不以其道得之,不处也。"(《论语·里仁》)这里的"道"是"正路"的意思。富与贵是从"正路"上来的,则坦然接受;不是从"正路"上来的,——"不义而富且贵,于我如浮云"(《论语·述而》)。

孟子似乎最能阐明孔子的"义然后取"的思想,他强调说:

> 非其义也,非其道也,禄之以天下弗顾也,系马千驷弗视也。非其义也,非其道也。一介不以与人,一介不以取诸人。(《孟子·万章上》)

又进一步申说:

> 非其道,则一箪食不可受于人;如其道,则舜受尧之天下,不以为泰。(《孟子·滕文公下》)

"利"之大,莫大于富有天下;"利"之小,莫小于一介。可是,在孟子看来,无论大到天下,还是小到一介,取与不取,受与不受,全视"义"和"道"而定。显然,孟子的阐发符合孔子原意,说明他对孔子思想的领悟与把握是比较深刻、准确的。

孔子率先提出,又经孟子阐发的"义以为上""见利思义""义然后取"的思想主张,对理财实践有着极其重要的指导意义,实际上是理财实践所应遵循的基本原则。这一原则的正面表述是"义然后取",反过来说,则是不取"不义之财"。后一种表述的意思是说,在理财工作中,一切不当有的和来路不正的财物,都要坚决弃而勿取,决不容许有丝毫的染指。

(六) 要根据各种不同情况,合理征收赋税

赋税是"有国有家者"的财政收入的基本来源。孔子认为,征收赋税,除了要贯彻执行"薄"的原则以外,还要考虑各种不同的情况,区别对待,合理征收。在他晚年归鲁被尊为"国老"期间,弟子冉求因为担任季氏宰,曾代表季氏向他征求关于"用田赋"的意见,他的回答很清楚,《左传》《国语》都有记载。见于《左传》记载的是,他主张依礼而行,适中得当,从轻从薄(《左传·哀公十一年》);见于《国语》记载的则是,他要求按照先王(主要是周公)制定的法典办,其中关于赋税的规定是:

先王制土，籍田以力，而砥其远迩；赋里以入，而量其有无；任力以夫，而议其老幼，于是乎有鳏、寡、孤、疾，有军旅之出则征之，无则已。其岁收，田一井出稷禾、秉刍、缶米，不是过也。先王以为足。（《国语·鲁语下》）

在这段话中，值得注意的不是赋税征收的数量，而是赋税征收的原则和办法。一望而知，这原则和办法有三条。由于孔子称引先王，实际上是依托先王以表达他个人的主张，所以这三条可以看作是孔子本人的主张。

其一，是"先王制土，籍田以力，而砥其远迩"。韦昭注曰："制土，制其肥墝以为差也。籍田，谓税也。以力，谓三十者受田百亩，二十者受田五十亩，六十还田也。砥，平也，平远迩，远迩有差也。"（《国语·鲁语下》）这是说，在实行劳役地租①的条件下，先王制定地租，一要看土地的肥瘠，二要看耕种者的年龄，三要看耕种者与土地距离的远近，综合考虑这些因素，再来确定地租的级差，这样就会显得相对公平、合理。

其二，是"赋里以入，而量其有无"。韦昭注曰："里，廛也，谓商贾所居之区域也。以入，计其利入多少而量其财业有无以为差也。"（《国语·鲁语下》）这是说，在市廛征税，首先要弄清楚商贾的实际收入、财产情况和经营项目，然后据此确定税收的比例和税种。收入高、财产多，自然多征收一些；反之，则少征收一些，并且经营什么就征收什么税，税种由经营项目来决定。这也是一种大致合理的，基本上能够为人所接受的做法。

其三，是"任力以夫，而议其老幼，于是乎有鳏、寡、孤、疾，有军旅之出则征之，无则已"。韦昭注曰："力，谓徭役。以夫，以夫家为数也。议其老幼，老幼则有复除也。又议其鳏、寡、孤、疾而不役也。疾，废疾也。征，征鳏、寡、孤、疾之赋也。已，止也。无军旅之出，则止不赋也。"（《国

---

① 在古代社会，地租形式有三种：劳役地租、货币地租、实物地租。劳役地租是比较原始的一种，与较低的社会经济发展水平相适应。在井田制下，农民除了耕种"私田"以外，还要出劳动力耕种"公田"。"私田"收获归己，"公田"收获归地主。耕种"公田"其实就是一种劳役地租。

语·鲁语下》)这里说的是两种徭役之征。一种是常见的徭役之征，比如，耕种公田、建筑宫室、整修军事工程以及道路、桥梁等公共设施，要按"夫"征调，凡属老、幼以及鳏、寡、孤、疾可以免除；另一种是兵役军赋，老、幼可免，而鳏、寡、孤、疾不可免，但也是有战事则征，无战事不征。总之，要具体情况具体对待，不能强求一律。

应该承认，孔子主张赋税征收要充分体现差别，要根据各种各样的不同情况来制定赋税的级差、比例、种类，等等，不搞"一刀切"，决不无根据地随便乱来。这是明智的、合理的，应当给予足够的重视和积极的评价。

(七) 孔子理财思想的价值、意义及局限

孔子在前述六个方面提出的见解和主张，虽然不是专门针对理财提出来的，但均与理财有联系，可以作为理财工作应当而且必须遵循的基本原则。在两千多年的时间内，这些基本原则奠定了传统理财思想的理论基础，对历朝历代的理财实践有过直接的重要指导作用，甚至直到今天也还有着重要的启发、指导意义。比如，节用、节俭的原则，要求人们在开支方面决不能大手大脚，铺张浪费；鄙弃"不义之财"的原则，告诫人们决不能利用"不义之财"来增加财政收入；要求社会财富分配大致均等，抑制贫富分化的原则；这些都是古今通用的，今天照样应该大力倡导，奉行不渝。再比如，厚施薄敛的原则，体现差别、合理征收赋税的原则，正确处理国富（在传统社会，君富与国富往往是一而二、二而一的关系）与民富的关系的原则，只要抽掉其不合时宜的内容和形式，单纯就其精神实质而言，也都对今天的理财工作有着重要的参考价值。

当然，也要看到，孔子毕竟只在很年轻的时候干过一段时间的"委吏"，职位卑微，经验积累不足；后来也不曾有过主持一国财政工作的经历和经验。从"术业有专攻"的角度来说，这或许给他造成了一定的局限。分析一下前面所述六个方面的内容即可看出：这六个方面的内容，不是孔子从理财的专业视域提出来的，而是孔子晚年以思想家的身份并且从治国理政的角度提出来的，适用范围比较宽泛，不限于理财一隅，因此，就理财专业而言，不可避

免地带有边缘性特点；唯其如此，孔子理财思想对于理财实践而言主要是一些最基本的、纲领性的指导原则，相对来说，缺乏能够直接反映一国理财实践的内在规律及特点的专业性内容。换言之，孔子理财思想，主要是提供了一些从大处着眼的一般性指导，而较少针对理财实践的专业性指导。这是孔子理财思想的一个不可忽视的特点。

（本文原为 1997 年 4 月在山东曲阜举行的"孔孟理财思想研究会成立暨全国首次学术研讨会"上提交的论文，时任曲阜市财政局局长隋云宽先生参与本文写作的讨论并共同署名，后收入会议论文集《孔孟理财思想研究》，中国财政经济出版社，1998 年。今略修改润色）

历代孔子形象之嬗变

今天，我们通常把孔子看作是中国历史上伟大的思想家、教育家、儒家学派的创始人，——这是我们这个时代塑造的孔子形象。历史上的孔子形象又如何呢？一个时代有一个时代的孔子形象；即使同一个时代，也有不同的孔子形象。历朝历代塑造的孔子形象，从布衣到素王，从褒之以为神到贬之以为鬼，论嬗变之繁，论数量之巨，都是任何历史人物不能比拟的。而为更多的人们认可和接受的孔子形象则是圣人。可以说，孔圣人是最常见、也是最有代表性的孔子形象。

一、孔子在世时的各种形象

（一）在时人眼里的孔子形象

孔子在世时，以其非凡的智慧和才能赢得了广泛的敬仰。人们惊讶于孔子的博学多识，一再追问"仲尼焉学？"（《论语·子张》）当不得其解时，就认为孔子是生而知之的圣者："夫子圣者与？何其多能也？"（《论语·子罕》）仪封人更认为"天将以夫子为木铎"（《论语·八佾》）。木铎是一种铜质木舌的铃，在古代，被用来召集民众，发布政令。在这里，"天将以夫子为木铎"意思是说，天将以孔子为代言人。达巷党人推许孔子有博大的气象，赞叹："大哉孔子！"(《论语·子罕》)这些无疑都是当时人们从不同的视角看到的孔子形象。

(二) 在弟子眼里的孔子形象

孔子在中国历史上首开民间办学之风，招徒讲学，有弟子三千，贤人七十二。孔子提出的教育原理和教学方法，应用于教学实践，取得了巨大的成功。弟子颜渊曾这样谈起他的感受："夫子循循然善诱人，博我以文，约我以礼，欲罢不能。既竭吾才，如有所立卓尔。虽欲从之，末由也已。"(《论语·子罕》)这是说：孔子教学，循序渐进，善于启发诱导，既能以文开阔弟子们的视野，又能以礼约束弟子们的言行，让弟子们欲罢不能，竭尽心力，似乎卓然有所立，但自知远远不如孔子。虽欲从孔子之道，又不知路径何在。在弟子眼里，孔子是"循循然善诱人"的良师。

(三) 孔子自我描绘的形象

孔子一生中有过几次自我评价。透过这些自我评价，我们可以看出，好学是贯穿孔子一生的特点。他说："我非生而知之者，好古，敏以求之者也。"(《论语·述而》)又说："默而识之，学而不厌，诲人不倦，何有于我哉？"(《论语·述而》)当有人推崇他是圣者、仁者时，他说："若圣与仁，则吾岂敢？抑为之不厌，诲人不倦，则可谓云尔已矣。"(《论语·述而》)孔子晚年周游列国，到了一个叫作叶的地方，地方官叶公抓住机会向他请教政事。隔了几天，叶公又问子路孔子是一个什么样的人，子路没有回答。孔子闻知后，对子路说：你为什么不说"其为人也，学道不倦，诲人不厌，发愤忘食，乐以忘忧，不知老之将至云尔"(《论语·述而》)。这是孔子晚年自我描绘的形象。

二、战国时期百家争鸣中的孔子形象

(一) 儒家心目中的孔子形象

孔子是儒家的创始人。孔子死后，儒家宗师孔子，对孔子无比尊崇。弟子们追思孔子，一致认为：孔子无与伦比，不可企及。后来的孟子，战国中期的儒家领袖，自称"私淑"孔子，说："乃所愿，则学孔子也"（《孟子·公孙丑上》）。他高度称赞孔子是"圣之时者"，是"集大成者"，说："自生民以来，未有盛于孔子也"（《孟子·公孙丑上》）。荀子是战国晚期的儒家领袖，他推尊孔子是具有高度智慧和仁德的大儒，"德与周公齐，名与三王并"（《荀子·解蔽》）。总之，战国时期的儒家树立了孔子的宗师形象。

（二）墨家心目中的孔子形象

战国时期，墨家与儒家并称"显学"，是争鸣中对立的两派。"儒之所至，孔丘也。墨之所至，墨翟也。"（《韩非子·显学》）孔子主张仁爱，墨子倡导兼爱，二人道不同不相为谋。墨子本人对孔子有称赞有批评。他称赞孔子"博于诗书，察于礼乐，详于万物"（《墨子·公孟》）；又借晏婴之口批评孔子："盛容修饰以蛊世，弦歌鼓舞以聚徒，繁登降之礼以示仪，务趋翔之节以观众，博学不可使议世，劳思不可以补民，累寿不能尽其学，当年不能行其礼，积财不能赡其乐，繁饰邪术以营世君，盛为声乐以淫遇民，其道不可以期世，其学不可以导众。"（《墨子·非儒》）在墨子看来，孔子博学，却过于繁琐、迂阔，不切实用。

（三）道家心目中的孔子形象

孔子早年曾经拜访过道家的祖师老子，并从老子那里领受了一番关于深藏若虚、与时迁移之类的教诲。战国时期，道家中人一方面对孔子多有赞扬，认为孔子是"北方之贤者""中国之君子"，称赞孔子的好学精神："嘻！甚矣子之好学也"（《庄子·渔父》）；另一方面又批评孔子宣扬仁义以至遮蔽了人的自然本性，倡导礼乐以至走向了虚伪和浮华，推行先王之道于当世，是胶柱鼓瑟、不知古今异同，等等。更有极端者，直斥孔子是"鲁国之巧伪人""盗丘"（《庄子·盗跖》）。在道家看来，孔子之所以有种种不足和缺点，根本原因在于孔子未悟大道，是一个"明于礼义，而陋于知人心"（《庄子·田子方》）的世俗之人。

（四）法家心目中的孔子形象

法家是儒家在政治上的对手。法家主张人性恶，否定仁义，坚持严刑峻法以治国，指斥儒家"以文乱法"。法家的主要代表人物韩非对孔子的思想学说持尖锐批评态度，认为孔子回答国君问政时提出的"政在悦近而来远""政在选贤""政在节财"，是"亡国之言也"（《韩非子·难三》）；但是，韩非却并不诋毁孔子其人，相反，他认为"仲尼，天下圣人也"（《韩非子·五蠹》），称赞"仲尼为政于鲁，道不拾遗"（《韩非子·内储说下》）。可见，韩非只是非难孔子之学，认为其学不合时宜，而对于孔子其人却给予了相当多的肯定。

三、两汉时期的孔子形象

（一）司马迁笔下的布衣形象

历史上，第一个为孔子作传的大历史学家司马迁以其如椽之笔为我们描绘出了孔子的布衣形象。在《史记·孔子世家》里，孔子出身于一个没落的贵族家庭，父母早亡，既贫且贱。为了谋生，孔子曾先后做过管理仓库账目的"史"和管理牧场的"司职吏"。鲁国执政大夫季氏举办"飨士"宴会，孔子以为父亲是士，在那个世袭的社会里，自己也应该有士的身份和地位，于是赶去参加宴会。不料，季氏的家臣阳虎拦住了孔子，冷冷地说："季氏飨士，非敢飨子也。"孔子只得默默退下。然而，贫贱不能压垮孔子，孔子发愤努力，脱颖而出，最终成为"学者宗之"的圣人。

（二）举世公认的圣人形象

孔子的圣人形象，早在孔门弟子那里已经大致形成，但是，还没有得到人们的公认。到了汉代，由于独尊儒术，经学大盛，统治者奉行以经治国的方针，孔子渐渐成了从官府到民间共同推崇的圣人。虽然也还有批评孔子的声音，但十分微弱。司马迁将孔子列入世家，不仅肯定了孔子是圣人，而且推崇其为"至圣"，认为孔子是从圣人中走出来，出类拔萃，独步天下的人物。

(三) 谶纬神学中的素王形象

素王指有圣王之德与才、无圣王之爵与位的人。孔子被称为素王,大概始自《淮南子》一书。到了董仲舒时,"推明孔氏",认为孔子作《春秋》,"见素王之文焉"(《汉书·董仲舒传》)。董仲舒以后,素王之说似乎没有流行开来。到了两汉之际,谶纬神学产生,并很快风行一时。谶纬神学上承素王之说,不仅尊孔子为素王,而且还模仿朝廷建制,以孔子为素王,以颜渊为司徒,以子路为司空,以左丘明为素臣。尤有甚者,谶纬神学进一步神化孔子,认为素王孔子具有种种感生、异表、符命、先知等神圣特征。在谶纬神学看来,孔子是黑帝之子,生而有异表,"反宇""辅喉""骈齿""虎掌""龟脊""坐如蹲龙,立如牵羊,就之如昂,望之如斗",胸前有文曰"制作定世符"(《太平御览》),等等。这样一来,谶纬神学完全确立了孔子的素王形象,而且是一个具有种种神通的素王形象。谶纬神学衰落之后,人们剔除了附在孔子身上的神化色彩,但仍接受了孔子的素王形象。

四、魏晋至明清的孔子形象

(一) 三教鼎立时期的孔子形象

儒佛道是中国传统文化的基本构成。佛教自两汉之际传入中国,道教则产生于东汉后期;到魏晋时,佛道二教迅速发展,与儒家渐成鼎立之势。由于宗旨、信仰的不同,儒佛道三教之间的冲突、辩难、诋毁,不曾歇息,亦不相让。三教之争的方式之一,是各自美化、抬高其教主以压低对方,如:道教一方面以老子与孔子同时代而又年长于孔子而置老子于孔子之上;另一方面又编造老子化胡说,称老子出关,入天竺为佛陀。佛教也不示弱,称释迦派了三个弟子来到中国,一为儒童菩萨,即孔子;一为光净菩萨,即颜渊;三为摩柯迦叶,即老子。由于三教势力大致相当,斗争之中有妥协,因此,孔子与老子、释迦并称三圣。

(二) 三教合一论中的孔子形象

儒佛道三教之争，不仅有妥协，也有融合。从南朝梁武帝首倡三教同源说，到隋朝王通主张三教合一，人们不断发现儒佛道的会通、合一之处，认为"三教虽殊，劝善义一"（《二教论》），又认为儒佛道功用不同，可以分工合作：以佛治心，以道治身，以儒治世。值得注意的是，儒、佛、道各有各的三教合一论。儒家的三教合一论，主张三教归儒，以孔子为宗；道教的三教合一论，主张三教归道，以老子为领袖；佛教的三教合一论，主张三教归佛，以释迦为中心。由于儒家始终占据正统地位，拥有对于佛、道的相对优势，所以，佛道二教往往向孔子靠拢以争取支持，如佛教宣称儒佛一家，"周孔即佛，佛即周孔"（《喻道论》）；道教则吸取孔子学说，要求"忠于君，孝于亲，诚于人"①。这就使得孔子在三教中基本上保持了中心地位。

(三) 历代中央政府封立的孔子形象

自汉武帝独尊儒术以来，孔子的地位不断上升，影响不断扩大。历朝历代都借助孔子加强统治。从平帝元始元年（公元元年）始封孔子，一直到清朝，历代中央政府皆以褒封孔子的方式，参与了孔子形象的塑造，大致说来，主要有三类：一类是偏重外王方面，将孔子塑造成世俗的王、公形象，如"褒成宣尼公""邹国公""隆道公""文宣王"；一类是偏重内圣方面，将孔子塑造成具有思想权威的师、圣形象，如"先师""先圣""至圣先师"；一类是偏重内圣外王方面，将孔子塑造成圣王形象，如"玄圣文宣王""至圣文宣王""大成至圣文宣王"。"大成至圣文宣王"是孔子获得的最高封号，在曲阜孔庙立有元代"大成至圣文宣王追封碑"，碑文中这样写道："先孔子而圣者，非孔子无以明；后孔子而圣者，非孔子无以法。所谓祖述尧舜，宪章文武，仪范百王，师表万世者也。"

---

① 真大道教创始人刘德仁倡导的教规。见宋濂：《书刘真人事》，《文宪集》，四库全书版。

五、近代以来的孔子形象

(一) 太平天国时期的孔子形象

进入近代，中国社会发生巨变，孔子及其思想学说受到了强有力的挑战。最初的挑战来自乡村知识分子和农民组成的太平天国运动。19世纪40年代，洪秀全接受了基督教教义的启发，创立了拜上帝教，并发动了轰轰烈烈的太平天国运动。太平天国高举反孔旗帜，到处焚毁孔庙，砸碎孔子牌位、塑像，删改或者查禁焚儒家经典烧。为了反孔，洪秀全还虚构了这样一个神话故事：孔子在天上，遭受天父上帝、天兄基督和洪秀全的一连串痛斥，"孔丘见高天人人归咎他，他便私逃下天，欲与妖魔头偕走。天父上主皇上帝即差主同天使追孔丘，将孔丘捆绑解见天父上主皇上帝。天父上主皇上帝怒甚，命天使鞭挞他。孔丘跪在天兄基督前面再三讨饶，鞭挞甚多，孔丘哀求不已，天父上主皇上帝乃念他功可补过，准他在天享福，永不准他下凡"[①]。在历史上，像洪秀全这样妖魔化孔子，大胆无情地批判、嘲弄和鞭挞孔子，可谓自生孔子以来而未有。

(二) 20世纪初孔教运动中的孔子形象

儒学具有宗教性，并且很早就开始了其宗教化历程。20世纪初，康有为、陈焕章等发起孔教运动，使儒学的宗教化历程达到了高潮。1912年10月，孔教会在上海成立，以昌明孔教、救济社会为宗旨；随后，在全国各地设立分会，推动孔教运动蓬勃开展。康有为推举孔子为教主，认为孔教是中国数千年来的国教，"孔子为教主，为神明圣王，配天地，育万物，无人、无事、无义不围范于孔子大道中，乃所以为生民未有之大成至圣也"[②]。陈焕章宣称"孔子者，文明之教主；而孔教者，文明之宗教也。"认为孔子不仅是宗教家，也是道德家、教育家、哲学家、礼学家、文学家、历史家、政治家、法律家、

① 洪秀全：《太平天日》，见中国史学会主编：《中国近代史资料丛刊·太平天国》，上海人民出版社、上海书店出版社2000年版，第635—636页。

② 康有为：《孔子改制考卷十·六经皆孔子改制所作考》，见郑力民编著：《康有为集》，广东人民出版社2018年版，第144页。

外交家、理财家、音乐家、兵法家、武力家、旅行家等，"他教之教主，多属单纯之宗教家，而孔子独为美富之宗教家"①。可见，康有为、陈焕章把孔子塑造为教主形象。

（三）"五四"时期的孔子形象

"五四"新文化运动的重要内容之一，是批孔，"打倒孔家店"。这是近代以来继太平天国之后出现的第二次反孔高潮。"五四"批孔，是针对当时的尊孔复古之风而发起，具有鲜明的政治性。陈独秀、李大钊、吴虞、胡适、鲁迅等新派人物纷纷揭批孔子，认为孔子是封建礼教的代表；孔子尊君，易演成"独夫专制"之弊；孔子讲学，不许问难，易演成"思想专制"之弊；孔子但重做官，不重谋食，易入"民贼牢笼"；孔门伦理，曰忠，曰孝，曰节，皆非推己及人之主人道德，而为以己属人之奴隶道德；孔子者，历代帝王专制之护符也。必须指出："五四"批孔，实际上是将孔子作为旧文化的偶像来批的，"打倒孔家店"，不是打倒孔子本人。相反，新派人物对孔子本人表示了尊重，服膺孔子在世时确为社会之中枢、时代之圣哲。

（四）现代新儒家的孔子形象

现代新儒家是指"五四"时期及其以后陆续出现的以弘扬儒学为职志的学人。他们尊崇孔子，面对"五四"批孔思潮，挺身而出，如梁漱溟应聘到北京大学任教，声称"我此来除替释迦、孔子发挥外，更不作旁的事"②。梁漱溟认为，中国文化比西方文化高明，是未来人类文化发展的必由之路，而"周孔教化"是中国文化的核心，孔子的影响尤大于周公。唐君毅则选取并详细比较了六种一般人所崇拜的人格类型，以凸显孔子之伟大：学者与事业家型、天才型、英雄型、豪杰型、偏至的贤圣型、圆满的贤圣型；这六种人格类型依次递升，以圆满的贤圣型为最上，而孔子的人格正是圆满的贤圣型，其特点

---

① 见《民国丛书》（第四编），商务印书馆1912年版，第7—9页。陈焕章于清末民初数次作有关孔教的讲演，1912年汇集成《孔教论》一书出版。

② 梁漱溟：《东西文化及其哲学》，见《梁漱溟全集》（第一卷），第344页。

是极高明又极平凡，平凡之中见伟大。①

（五）批林批孔运动中的孔子形象

批林批孔，开始于1974年，此前还有评法批儒，两者相加，前后持续了两年多时间。批林批孔期间，全国上下一片讨伐声，歪曲历史事实，诋毁、丑化孔子，把孔子说成是"开历史倒车的复辟狂"，"虚伪狡猾的政治骗子"，"凶狠残暴的大恶霸"，"不学无术的寄生虫"，"到处碰壁的丧家狗"，"心黑手狠的恶鬼"，指出："在孔子身上，我们看到的是一个'阳奉阴违，口是心非，当面说得好听，背后又在捣鬼'的两面派形象"，"孔子不仅在政治上善于耍弄两面派手法，生活上也是一个极端虚伪而又无耻的家伙"，捏造了一个完全虚假的孔子形象。

（六）最近二十多年来正常学术研究中的孔子形象

"文革"结束以后，思想文化领域拨乱反正，逐步恢复了正常的学术研究。人们呼吁重新评价孔子，提出既不反孔，也不尊孔，而是科学地研究孔子。自20世纪80年代以来，首先是恢复孔子的本来面目，重新认定孔子是中国古代伟大的思想家、教育家、政治家和哲学家；其次是研究和评价孔子的思想学说及历史地位，指出孔子思想是中国传统文化的重要组成部分，对世界文化也有广泛而深远的影响，吸收孔子思想的精华，有助于推动中国的现代化建设；三是发掘孔子思想的现代价值，认为孔子思想有不少内容不仅具有永恒的价值，适用于过去、现在和未来，而且具有普遍的价值，适用于中国和世界，如"己所不欲，勿施于人"，"和而不同"，"见得思义"，"有教无类"，等等；孔子的智慧到今天仍然可以指引着人类前进的脚步。

（本文原载《中华文化画报》2006年第1期）

---

① 唐君毅：《孔子与人格世界》，载《民主评论》，1950年第二卷第五期。

汉代孔子世家特殊继承制

　　司马迁是第一个为孔子作传的历史学家，他撰写的《史记·孔子世家》给予孔子两个定位：一个是"至圣"，一个是"世家"。在当时，被称为圣人的不知凡几，司马迁唯独推崇出身平民的孔子为至圣。孔子是诸子之一，司马迁却对孔子高看一眼：诸子入"列传"，孔子入"世家"。司马迁给予孔子的"至圣"和"世家"的定位，后世沿用两千余年，充分表现了大历史学家的远见卓识。

　　孔子世家是司马迁推崇的惟一不靠血统和军功而是"立德"与"立言"获得成功的"世家"，是《史记》三十"世家"中一个特殊类型。与其他"世家"比较而言，孔子世家的特殊性，不仅在于起家的方式与路径不同、影响的深远程度不同，而且在于谱系延续时间长。到了汉代，孔子世家还实行着特殊的继承制度。

一、特殊的继承制度

　　孔子之后，瓜瓞绵绵，子孙绳绳，到司马迁时代，已传至十四世。《史记·孔子世家》记载了历史上第一份完整的孔子世系，其中，与孔子世家继承制度有关而值得我们注意的是八、九两代：

> 孔子生鲤，字伯鱼。伯鱼年五十，先孔子死。

> 伯鱼生伋，字子思，年六十二。尝困于宋。子思作中庸。

> 子思生白，字子上，年四十七。子上生求，字子家，年四十五。子家生箕，字子京，年四十六。子京生穿，字子高，年五十一。子高生子慎，年五十七，尝为魏相。

> 子慎生鲋，年五十七，为陈王涉博士，死于陈下。

> 鲋弟子襄，年五十七。尝为孝惠皇帝博士，迁为长沙太守。长九尺六寸。

孔子第七代孙孔穿，字子高，生了一个儿子叫子慎。子慎是孔子第八代孙，不知何故，司马迁只记了他的字，未提及他的名。[①] 所以，后世关于子慎的名的说法竟然有六种之多：武、微、斌、胤、谦、谨；[②] 而且，他的字，除了子慎以外，还有子顺一说。[③] 名与字如此之多，容易混淆弄错，我们姑且采用比较常见的《孔子世家谱》的说法，称其名为谦。《史记·孔子世家》记载了孔谦的两个儿子：长子，名鲋；次子，即孔鲋的弟弟，字子襄。而据《连丛子·叙书》记载，孔谦除了长子、中子以外，还有小子，即其第三个儿子。孔谦以后，其三子分成了三支：

> 家之族胤，一世相承，以至九世相魏，居大梁，始有三子焉。长子之后承殷统，为宋公；中子之后奉夫子祀，为褒成侯；小子之后彦以将事高祖，有功封蓼侯。[④]

这位官拜魏相、生有三个儿子的"九世"是谁？考《史记》《汉书》的记

儒学史研究

---

① 司马迁记孔子世系，七代孔穿以上，既记其名，又记其字；八代子慎以下，或记其名，或记其字，名、字只记其一，没有名、字全记的。

② "武、微、斌"见于《孔子家语·后序》，"胤"见于《新唐书·宰相世系表》，"谦"见于《阙里志》《孔子世家谱》，"谨"见于王世贞《弇山堂别集》。

③ "子顺"见于《孔丛子》。

④ 王钧林、周海生译注：《孔丛子》，中华书局2009年版，第292页。

载，战国末年，孔子后世子孙中担任过魏相的只有孔穿的儿子孔谦一人，由此可以确定此"九世"必指孔谦无疑。只是这里的"九世"，就世系而论，是以叔梁纥为孔氏第一代计算其世系，才能够成立；如果以孔子为第一代计算其世系，则为第八代。我们自然认可和接受以孔子为第一代的孔子世系。

孔谦在孔子世家的繁衍与传承上具有特别的重要性，原因在于他生了三个儿子，一个广泛流传的说法认为，他自此改变了自孔子以后孔氏"七世单传"①的局面；而在我看来，更重要的是，孔谦的三个儿子，长子继承殷统，中子继承宗统，自此，孔子世家实行着两个统系的继承制度。这是从周代到汉代所有世家大族中仅见的特例，其何以如此？殷统、宗统的由来及实际情形如何？值得我们做一番研究和讨论。

孔谦的三个儿子，分别是长子孔鲋（字子鱼）、次子孔腾（字子襄）、三子孔树（字子文）。从孔谦的这三个儿子开始，孔子世家分为三支：长子之后、中子之后、小子之后。在宗法制条件下，由于人口繁衍，宗族分支立派是正常的，可是，孔氏宗族分立三支之后所确立的继承制却极不寻常："长支（长子之后）继承殷统。第二支（中子之后）主持孔子祭祀，接承孔氏宗统。第三支（小子之后）不在殷统、宗统继承之列。"

《连丛子·叙书》的作者是一位慎终追远的孔氏族人，他记载的汉代孔子世家的继承制度，从《史记》《汉书》《后汉书》的相关记载中可以得到证明，其可信度无可置疑。

从时间上说，孔氏宗族实行如此特殊的继承制度，应在上述三支分立之

---

① 所谓"七世单传"，是指人们根据《史记·孔子世家》记载的孔子世系而做出的判断。实际情况很可能不是七世单传，理由之一是《礼记·檀弓上》记曾子提及"子思之哭嫂也"，子思有嫂必有兄。阎若璩等学者认为，此子思不是孔子之孙，而是孔子弟子原宪，原宪，字子思。此说难以成立。《礼记·檀弓上》记子思哭嫂后，紧接着又有"曾子谓子思曰：'伋，吾执亲之丧也，水浆不入于口者七日。'"的记载。伋是名，子思是字，此指孔子之孙子思确凿无疑。由此可证子思不是单传。不过，孔子之后，即使不是七世单传，也是人丁不旺，男性孤弱，到了孔谦这一代，生有三子，从此人丁兴旺，扭转了男性孤弱的状况。

后。代表三支的孔鲋、孔腾、孔树兄弟三人生活于秦末汉初，他们的子孙在汉代都十分活跃。三支分立的时间应该在汉初；与此相应，其继承制度亦应随之在汉初确立。据说，汉高祖十二年（前195），刘邦由淮南经过鲁地，封孔腾为奉祀君（一曰奉嗣君，一曰奉圣君）。① 其时，长支的孔鲋已死，他的儿子尚在；第三支的孔树，其本人情况不明，他的儿子孔藂（字子彦）追随刘邦打天下，是有名的将领，军功卓著，后被封为蓼侯。刘邦既没有按照嫡长子继承制的通例封长支，也没有根据立贤的变例封第三支，却偏偏封第二支的孔腾为奉祀君，让第二支主持孔子祭祀。由谁来主持孔子祭祀，本来是孔子世家的内部事务，国家政权可以不干预。然而，由于孔子地位特殊，奉祀者的身份需要孔氏宗族和国家政权的双重承认。这从刘邦封孔腾就已经开始了。

孔腾被封为奉祀君，应该是一个标志性事件，表明孔子祀事不是由孔谦之后的长支而是由第二支来主持，与此相联系，亦表明孔子世家的特殊继承制度的初步确立。

二、孔腾一支（中子之后）奉祀孔子继承宗统

孔腾以"中子"身份被封为奉祀君之后，其子孙世代相传，主持孔子祭祀。《汉书·孔光传》记载，孔腾在惠帝时成为博士，担任长沙太傅。孔腾生孔忠，孔忠生孔武与孔安国，孔武生孔延年，孔延年生孔霸。孔霸曾教授元帝读经，元帝即位当年封其为关内侯。孔霸随后上书请求奉祀孔子，元帝批准，赐号褒成君，并让其仍然享受关内侯的爵位与待遇。

孔霸请求奉祀孔子，显然是按照孔子世家已经形成的继承惯例行事，元帝准其所请，不过是尊重孔氏继承惯例，给予国家政权的正式承认而已。孔霸生有四个儿子，他让长子孔福回曲阜故里主持孔子祀事。孔福生孔房，孔

---

① 刘邦封孔腾为奉祀君，不见两汉历史记载。南宋孔传《东家杂记·历代崇奉》首载其事，称奉嗣君。元代孔元措《孔氏祖庭广记》、明清《阙里文献考》等沿袭其说，并改奉嗣君为奉祀君。

房生孔莽。汉平帝元始元年（1 年），晋封孔莽为褒成侯。稍后，孔莽因避王莽名讳，改名孔均。从褒成君到褒成侯，是一步登侯的跨越，这既是奉祀孔子者爵位的擢拔，也是孔子祀事规格的提升。此前，孔霸封关内侯，是因为他为帝师而封，不是因为奉祀孔子而封。因为奉祀孔子而封的是褒成君，所以孔霸一身二任：既是关内侯，又是褒成君。奉祀君、褒成君大概属于荣誉封号①，待遇甚低，与一般平民无甚差异，所以，当时人曾对此有议论，说：

> 今仲尼之庙不出阙里，孔氏子孙不免编户，以圣人而歆匹夫之祀，非皇天之意也。"（《汉书·梅福传》）

孔腾以降，奉祀君、褒成君虽然由孔子子孙主持祀事者专任，但还没有形成世袭的格局。②褒成侯属于高等爵位，与诸侯同列，孔均之后开始世袭：光武帝建武十四年（38 年），孔均的儿子孔志袭封褒成侯；汉明帝永平十五年（72 年），孔志的儿子孔损袭封褒成侯；汉和帝永元四年（92 年），改封爵号曰褒亭侯，仍由孔损袭封；汉安帝延光三年（124 年），孔损的儿子孔曜袭封褒亭侯；汉灵帝建宁二年（169 年），孔曜的儿子孔完袭封褒亭侯。孔完没有儿子，他死后，由其弟孔讚的儿子孔羡于魏文帝黄初二年（221 年）袭封宗圣侯。具体见表 1。

表 1　两汉时期孔腾一支奉祀孔子传承表

世系	名	字	封袭	品秩	俸禄
9 代	腾	子襄	高祖十二年（前 195 年）奉祀君		
10 代	忠	子贞			
11 代	武	子威			

---

① 战国时期有封君制度，封君多为国君亲属和功臣、宠臣，他们有封地或封邑，却只有在封地或封邑征收赋税的权力，而没有其他更多的权力（参见杨宽：《战国史》，上海人民出版社 1983 年版，《封建的封君制度的创设》一节）。秦汉沿袭，亦有封君制。但是，汉代的封君，凡封号称君的，如褒成君，往往只是一种荣誉封号，实际地位并不高，一般情况下没有食邑，也不世袭。

② 孔霸的儿子孔福、孙子孔房继承了关内侯的爵位，却没有沿袭褒成君的封号。

世系	名	字	封袭	品秩	俸禄
12代	延年				
13代	霸	次孺	元帝永光元年（前43年）封褒成君 元帝初元元年（前48年）封关内侯	爵19等	食邑 800户
14代	福				
15代	房				
16代	均	长平	平帝元始元年（1年）封褒成侯	爵20等	食邑 2000户
17代	志		光武帝建武十四年（38年）封褒成侯		
18代	损	君益	明帝永平十五年（72年）封褒成侯 和帝永元四年（92年）改封褒亭侯	爵20等	食邑 1000户
19代	曜	君曜	安帝延光三年（124年）封褒亭侯		
20代	完		灵帝建宁二年（169年）封褒亭侯		

可见，两汉时期，孔腾一支奉祀孔子的传承世系十分清楚。从孔腾到孔均，共传七代，只有不世袭的奉祀君、褒成君的荣誉封号；从孔均到孔完，共传五代，有可以世袭的褒成侯的高等爵位。汉代以后，孔腾一支仍然继承孔氏宗统而持续繁衍发展，经过了历朝历代，也经过了两次分立南北宗和一次几乎灭宗的危险，[①] 顽强地走到了今天，成为举世公认的"天下第一家"。

三、孔鲋一支（长子之后）继承殷统

孔子世家什么时候设立了殷统，由于两汉文献没有记载而不能确知。明

---

① 第一次分立南北宗，发生在两晋之际，孔子第二十五代孙孔懿随晋元帝南迁，居会稽，孔氏自此分南北宗；第二次分立南北宗，发生在两宋之际，孔子第四十八代孙、衍圣公孔端友随宋高宗南迁，居衢州，孔氏再次分立南北宗。一次几乎灭宗，是指曲阜孔氏盛传五代后梁末帝乾化三年（913年），孔庙洒扫户孔末将曲阜孔子后裔杀灭殆尽，只剩下幼小的孔仁玉因为藏匿于外祖父家而幸免于难，史称孔末之乱。2008年在曲阜孔林发现了孔仁玉墓志铭，并无孔末乱孔的记载，有专家据此提出疑问，认为孔末之乱或无其事。

代学者王世贞（1526—1590）曾经指出：孔鲋的儿子孔随"承殷后为宋公"（《弇山堂别集》），认为孔鲋父子时已设殷统。这一说法不知其根据何在。

孔鲋一支继承殷统，与孔腾一支奉祀孔子一样，也得到了国家政权的承认。据《汉书·成帝纪》记载，汉成帝绥和元年（前8年）二月下诏曰：

> "盖闻王者必存二王之后，所以通三统也。昔成汤受命，列为三代，而祭祀废绝。考求其后，莫正孔吉。其封吉为殷绍嘉侯。"三月，进爵为公，及周承休侯皆为公，地各百里。[1]

按《阙里志》所记载的孔子世系，孔鲋之后，五传即至孔吉，所以，孔吉属于孔鲋为首的"长子之后"。汉成帝封孔吉为殷绍嘉侯，一个月后又升爵为公，说明汉朝承认孔鲋一支继承殷统，并授予殷绍嘉侯的爵位以示支持与鼓励。

汉成帝封孔吉为殷绍嘉侯，肇始于匡衡、梅福的先后动议。汉元帝时，匡衡提议封孔子之后以承汤统：

> 《春秋》之义，诸侯不能守其社稷者绝。今宋国已不守其统而失国矣，则宜更立殷后为始封君，而上承汤统，非当继宋之绝侯也，宜明得殷后而已。今之故宋，推求其嫡，久远不可得；虽得其嫡，嫡之先已绝，不当得立。《礼记》孔子曰："丘，殷人也。"先师所共传，宜以孔子世为汤后。（《汉书·梅福传》）

汉元帝认为此议荒诞不经，没有采纳。不料，到了汉成帝时，梅福再次提出"封孔子之世以为殷后"的建议：

> 孔子故殷后也，虽不正统，封其子孙以为殷后，礼亦宜之。何者？诸侯夺宗，圣庶夺嫡。传曰："贤者子孙宜有土"，而况圣人，又殷之后哉！（《汉书·梅福传》）

成帝的诏令和匡衡、梅福的建议，构成了为什么封孔吉为殷绍嘉侯的一个完整说明。原来，这缘起于一个悠久的、伟大的革命传统。

在改朝换代之后，旧政权命运如何？有的被斩尽杀绝，有的被羁押、流

---

[1] 《汉书·外戚恩泽侯表》记载是封孔吉的嫡子孔何齐为殷绍嘉侯，与此略有差异。

放，有的被贬为平民等。然而，有一个选项迄今鲜为人知，即至少从周代开始便已形成的让旧政权继续封邦建国的模式。周武王发动革命，推翻了殷商王朝，原地册封商纣王的儿子武庚，让其继续享国，维持其族群，延续其文化。武庚发动叛乱被镇压后，又改封商纣王的哥哥微子启为诸侯，建立了宋国。孔子的先祖就是宋国公室贵族。除此之外，还有虞夏两代的后裔和其他异姓诸侯国，周王朝或者一仍其旧，或者予以重新封立，于是有了虞舜之后的陈国、夏禹之后的杞国，以及姜姓、子姓、任姓、己姓、风姓、曹姓、妘姓、姚姓、姒姓、漆姓等数以百计的异姓诸侯国。对于殷商奉行革其命而不灭其国 ① 的原则，对于虞夏和其他异姓奉行"兴灭国，继绝世"（《论语·尧曰》）的原则，这是何等的胸襟，何等的仁厚！有了善后的宽容仁厚，以暴易暴的革命减少了丛林法则的残忍，增添了人性化的光辉。

汉代追述这一革命传统 ②，辅以其时十分流行的《春秋公羊传》的"通三统"学说 ③，于是朝野上下慢慢形成了仿效王者故事，重建"三统"的共识。汉成帝诏令中说的"盖闻王者必存二王之后，所以通三统也"，即这一共识的明确表达。汉武帝元鼎四年（前113），访得周的后人姬嘉，封为周子南君。汉元帝初元五年（前44），将周子南君升格为周承休侯；接着又四处寻访殷的后人，结果从已亡的宋国族群中找到了十余姓，却不能分辨谁为正宗。这时，

---

① 原始意义上的革命，即历史上著名的汤武革命，是指革其天命，而非革其人命。革命标志着天命转移的完成。一姓不再拥有天命，只是表示其不再拥有天下而已。失去天下，降格为诸侯，仍可保持其国、族群及文化。革命胜利者并不怕失败者将来以其国作为复兴基地，这与后世个别的、极端的斩尽杀绝的做法形成鲜明的对照。

② 杨树达《论语疏证》转引《白虎通·封公侯》曰："王者受命而作，兴灭国，继绝世，何？为先王无道，妄杀无辜，及嗣子幼弱，为强臣所夺，子孙皆无罪，因而绝。重其先人之功，故复立之。"《汉书·外戚恩泽侯表》："自古受命及中兴之君，必兴灭继绝，修废举逸。"《汉书·高惠高后文功臣表》："内恕之君乐继绝世，隆名之主安立亡国。"

③《春秋公羊传》的"通三统"学说，指夏商周三代各代表一统，"三统"指黑统（天统），白统（地统）、赤统（人统），三统循环变化，夏商周三代彼此交替。每个王朝的"统"受之于天，表现在典章制度上亦有相应的变化。汉代时，"春秋公羊学"十分兴盛，人们对"三统说"多有阐述，如《汉书·楚元王传》指出："王者必通三统，明天命所授者博，非独一姓也。"《汉书·律历志》："三统者，天施，地化，人事之纪。"汉代"三统说"的实质在于论证汉代政权受命于天的合法性。

匡衡提出孔子的后人可以承接殷统,因为孔子自称是殷人,由孔子后人承接殷统,名正言顺。殷统也就是汤统。汤是商人的先王,他推翻夏末暴君桀的统治,建立了商朝;周武王是周人的先王,他推翻了商末暴君纣的统治,建立了周朝。商汤和周武王的革命壮举,在历史上并称为"汤武革命"。汤、武因此被看作是商周"二王"或商周"二王"的代表性人物。封周承休侯是继周人的先王,封殷绍嘉侯是继殷人的先王,两者合起来就是匡衡、梅福和汉成帝所说的"存二王之后"。以周承休侯继承周统,以殷绍嘉侯继承殷统,加上汉代自身为一统,这就完成了"三统"的重建工作。

由于匡衡、梅福以及成帝接力式的努力,孔吉被封为殷绍嘉侯,几个月后又升爵为公,孔子后世子孙孔鲋一支得以正式继承殷统。从此,世代相传,王莽当政时,于汉平帝元始四年(4年),改称殷绍嘉公为宋公。王莽始建国元年(9年),又改封宋公孔弘为章昭侯。到了东汉,光武帝建武五年(29年),封孔吉之后孔安为殷绍嘉公。这是重建的汉代政权对孔子后世子孙继承殷统的再次确认。建武十三年(37年),改称殷绍嘉公孔安为宋公。此后殷统的传承,史无记载,不知终结于何时。

两汉时期,孔鲋一支继承殷统的情况,《汉书》《后汉书》仅记四人,传四代,爵位则有从殷绍嘉侯、章昭侯、殷绍嘉公到宋公的变化。具体参见表2。

表2　两汉孔鲋一支继承殷统表

世系	名	字	封袭	品秩	俸禄
13代	吉	元士	成帝绥和元年(前8年)封殷绍嘉侯 旋即晋升为殷绍嘉公	位在诸侯王上	食邑1670户
14代	何齐		平帝元始四年(4年)改称为宋公 [①]		食邑2602户
15代	弘		王莽始建国元年(9年)改封为章昭侯 [②]		
16代	安		光武帝建武五年(29年)封为殷绍嘉公 [③] 建武十三年(37年)改封为宋公		

比较而言，孔鲋一支受封承殷统，地位高于孔腾一支。论爵位，孔鲋一支起点是侯，旋即晋升为公；孔腾一支起点是君，后来晋升为侯。论食邑，孔鲋一支初受封是1670户，后增加为2602户；孔腾一支初受封是800户，后增加为2000户，不久又减至1000户。更重要的差别是，孔鲋一支世袭的殷绍嘉公，与周承休公在汉代并称为殷周"二王后"，尊为"汉宾"④，待以宾礼，表示不以其为臣，这是孔腾一支世袭的褒成侯所享受不到的崇高地位和待遇。

四、殷统与宗统继承制的由来

应该说，刘邦封孔腾以承宗统和汉成帝封孔吉以立殷统，绝非任意而为。其封立殷统的论证过程，经历了从匡衡到梅福两代人几十年的时间，即知当时政权是如何的慎重。政府行为介入孔子世家的继承问题，没有别的目的，完全是在承认并尊重孔子世家原有的继承制度的基础上踵事增华，以求政府与孔子世家相互利用的双赢。那么，孔子世家原有的继承制度究竟如何？其与政府加封的殷统与宗统有何关联？这很值得我们探究。

———————————

① 《汉书·外戚恩泽侯表》记成帝绥和元年封孔何齐为殷绍嘉侯，颜师古注：孔吉之嫡子也。据此知孔吉、孔何齐乃父子关系。汉平帝元始四年改称宋公，或在孔吉时，或在孔何齐时，不能考定。此表暂系之于孔何齐时。

② 孔弘受封为章昭侯，距汉平帝元始四年改称殷绍嘉公为宋公仅五年，时间如此之近，孔弘与孔何齐当为父子关系。

③ 《后汉书·光武帝纪》记建武五年封孔安为殷绍嘉公，注："安即吉之裔也。"孔安受封距孔弘受封20年，二人亦当为父子关系。

④ 《后汉书·祭祀志》记光武帝建武三十二年封禅泰山，助祭者有汉宾二王之后和孔子之后褒成侯等，确认二王之后为"汉宾"。杜佑《通典》指出："虞舜以尧子丹朱为宾，曰虞宾而不臣之。夏禹封丹朱于唐，舜子商均于虞，皆有疆土以奉先祀，服其服色，礼乐如之，以客礼不臣也。"据此可知，宾即宾客，虞宾、汉宾表示最高统治者待之以宾客之礼，以示尊重。换言之，虞宾、汉宾与最高统治者不是君臣关系，而是主宾关系。《左传·僖公二十四年》记："宋，先代之后也，于周为客。"说明周天子尊重宋国为殷商之后，不以君臣关系对待之，而是以主客关系对待之。两汉均以殷周二王后为汉宾。王莽篡汉后，改以周、汉为宾，夏、殷为恪。东汉建立后，拨乱反正，恢复殷周二王后。此后，"二王三恪"之说仍为儒者所坚持，产生很大影响，魏晋至唐宋几乎都参照或变相封建"二王三恪"。

在宗法社会，一个家族或宗族最重要的权利是宗庙祭祀权。宗庙祭祀权永远归宗子所有①，由宗子世袭继承，这是最重要的继承权，他人不得分享。宗庙—祭祀—继承，构成一种递进说明的关系。循此思路，我们首先考察一下汉代孔子世家的宗庙制度。汉代孔氏宗庙共有两庙：一是夫子之庙，一是弗父之庙。夫子之庙，即孔子庙。司马迁曾经亲临曲阜考察孔子庙，《史记·孔子世家》记曰：

> 故所居堂、弟子内，后世因庙，藏孔子衣冠琴车书，②至于汉二百余年不绝。高皇帝过鲁，以太牢祠焉。诸侯卿相至，常先谒然后从政。

司马迁考察的孔子庙，由孔子故居稍加改造而成，庙中收藏了孔子生前使用的衣、冠、琴、车、书等物。郦道元《水经注》（卷二十五）"泗水条"下记孔庙在周公台南四里左右：

> 周公台，高五丈，周五十步，台南四里许则孔庙，即夫子之故宅也。宅大一顷，所居之堂，后世以为庙。……汉武帝时鲁恭王坏孔子旧宅，得《尚书》《春秋》《论语》《孝经》。时人已不复知有古文，谓之科斗书，汉书秘之，希有见者。于时闻堂上有金石丝竹之音，乃不坏。庙屋三间，夫子在西间，东向；颜母在中间，南面；夫人隔东一间，东向。夫子床前有石砚一枚，作甚朴，云平生时物也。鲁人藏孔子所乘车于庙中，是颜路所请者也。③

郦道元的记载更为详细，不仅有孔子庙的具体方位，还有其"庙屋三间"的规模与布置。司马迁和郦道元都认为孔子庙是后世所为，由孔子故宅稍加改造而成。他们所说的"后世"，应离孔子去世之年不远，司马迁说"后世因庙……至于汉二百余年不绝"，从孔子去世（前479年）到汉朝建立（前206年）不过273年，正合"二百余年"之数。这期间，为孔子立庙的，或为孔子弟子，或为孔子的孙子孔伋。《孔丛子·抗志》篇记孔伋说："鲁，父母之国

---

① 宗子，即宗族的大家长，通常指大宗嫡长子，拥有承袭爵位、主持祭祀、处理宗族事务的权利。实际上，小宗也实行嫡长子继承制，小宗的嫡长子可以看作是小宗的宗子。

② 司马贞《史记索隐》曰："谓孔子所居之堂，其弟子之中，孔子没后，后代因庙，藏夫子平生衣冠琴书于寿堂中。"

③ 郦道元著，陈桥骁校证：《水经注校》，中华书局2013年版，第569页。

也，先君宗庙在焉。"说明孔伋时代已有孔子庙。孔传《东家杂记》认为孔子庙在孔子去世第二年（前478年）即已设立①。此说广泛流行，官修史志，如1736年《山东通志》、1994年《山东省志·孔子故里志》都采纳了这一说法。

孔伋所说的"先君宗庙"，应该不单单指孔子庙，而是指整个孔氏宗庙。秦末孔鲋提及孔子庙，往往称"先君之庙"②或"夫子之庙"。孔子庙与孔氏宗庙有区别，《孔丛子·独治》篇记孔鲋对陈胜说：

　　　是故臣之家哭孔氏之别姓③于弗父之庙，哭孔氏则于夫子之庙。

这条资料透露了一个很重要的信息：曲阜阙里孔氏除了孔子庙以外，还有弗父之庙。弗父之庙和夫子之庙，合起来就是孔氏宗庙。换言之，孔子庙只是孔氏宗庙的一部分。弗父，指弗父何，曲阜孔氏的先祖，西周时宋国湣公的长子，因为有让国之德而被视为圣人。《左传·昭公七年》记鲁僖子临死时嘱其两个儿子拜孔子为师学礼，说："吾闻将有达者"曰孔丘，圣人之后也。而灭于宋，其祖弗父何，以有宋而授厉公。"孟僖子明确指出弗父何是孔子的先祖。弗父何是宋湣公的长子，本来可以继承君位，可是他放弃了继承权，他和他的子孙最初仍属于宋国公室成员，后来才从宋国公室中分立出来，别为一族，于是有了孔氏。传至孔子，已经到了第十一代。④其间，除了孔氏一系以外，还有若干支裔流亚，被称为"孔氏之别姓"。孔氏是大宗，别姓是小宗。孔氏及其别姓既出自弗父何，弗父何自然也就成了孔氏及其别姓共尊的始祖。所以，孔氏所立的弗父之庙，乃其始祖之庙。

---

① 孔传《东家杂记·历代崇奉》曰："鲁哀公十七年立庙于旧宅，守陵庙百户。"

②《孔丛子·答问》记孔鲋临死时说："鲁，天下有仁义之国也。战国之世，讲诵不衰，且先君之庙在焉。"

③《孔丛子》四部丛刊本作"子氏之别姓"，四库全书本作"孔氏之别姓"，两者比较，以后者为胜。

④ 孔子的先祖世系，《孔子家语》《潜夫论》《世本》都有记载，各校本大同小异，如《世本》少记一世、名字略有差异，等等。这些记载都出自后世追记，清崔述表示不敢全信，他说："鄹叔以前，见于《春秋传》者仅弗父何、正考父、孔父嘉三世，见于《史记·世家》者仅防叔、伯夏二世；此外皆不见于传记。《史记》之言余犹不敢尽信，况《史记》之所不言者乎！"（见《洙泗考信录·原始》，上海古籍出版社1983年版，第264页）崔述似乎疑古过勇，《孔子家语》所记世系应属孔氏世代口耳相传，当为可信。

弗父之庙不知立于何时。自从孔氏有了两庙之后，随之也就有了两个祭祀场所和祭祀系统：一个是弗父之庙，祭祀孔氏及其别姓的共同始祖弗父何，参与祭祀的是弗父何的后裔；一个是孔子庙，祭祀孔氏的"先君"孔子[1]，参与祭祀的是孔子后裔。那么谁来主持两庙祭祀呢？这在孔子第八代孙孔谦以前似乎不成其为问题，[2]因为孔谦以前，孔氏即便不是"七世单传"，也是人丁不旺，合而不分，宗庙祭祀一代一代轮换主持。到了孔谦以后，由于三支分立，问题就来了：宗庙共两庙，如何延续祭祀的传统，是一仍旧贯，还是分开祭祀？这在三支分立的孔氏宗族那里一定成了大问题。我们不知孔氏宗族是如何协商解决这个大问题的，但是，我们可以推断出他们解决这个大问题的结果：

第一，孔子庙的祭祀，由孔腾主持。这可以从公元前195年刘邦封孔腾为"奉祀君"一事合理推断出来。刘邦只是路过鲁地，他对孔氏宗族内部事务不会有多少了解，他之所以封孔腾为"奉祀君"，让孔腾主持孔子祭祀，惟

---

① 孔子不是孔氏从所由来的始祖（始祖是弗父何），也不是孔氏之氏得以确立的祖先（孔氏之氏应该来自孔父嘉），所以，从孔伋到孔鲋，多称孔子为"先君""先君子"。

② 所谓"似乎不成其为问题"，其实还是有问题。孔子有兄曰孟皮，孟皮有子有女。《论语·公冶长》记孔子将孟皮之女嫁给了南容。《史记·仲尼弟子列传》记有孔忠，裴骃《集解》认为此即《孔子家语·子路初见》篇所记"孔子兄子有孔篾者"。这里所说"孔子兄子有孔篾者"，细玩其辞意，似乎孔子兄子不止孔篾一人。清代著名学者阎若璩注意到了孔子有兄子孔忠，在论及孔氏宗法关系时说："盖当时孔子之兄子孔忠纵有数孙，亦不得取以后大宗，何者？大宗者宗孔子，非宗叔梁纥，须取血脉相传者。"（《尚书古文疏证》卷二）这是根据后世情况而论，当然不错。然而，若按当时的宗法关系而论，叔梁纥无嫡子，孔子与孟皮同为庶子，虽然地位相当，孟皮却为长子，孔子为次子。叔梁纥早死，没有确立孔氏继承人。其妾颜征在在叔梁纥死后不久即携幼子离开了鄹邑孔家，到鲁都曲阜谋生。叔梁纥有一妻两妾，妻生九女，妾各生一子，家庭关系比较复杂，亦有可能孔子母子受排斥，被迫离家出走。孔子母子离家出走，实际上等于放弃了孔家的一切，包括宗子的继承权。孔子成名后，以孔子一贯尊重传统的作风而言，未必与孟皮争夺孔氏宗子继承权。到了孔子晚年，等其安排后事的时候，他惟一的儿子孔鲤先他而去，孙子孔伋年幼，而其兄之子孔篾曾经出仕，已有相当的社会地位，孔子也不大可能将孔氏宗子继承权从孔篾那儿夺回来，交给孔伋传承。这样一来，依情理推断，至少在孔子死后相当长一个时段内，孔氏大宗在孟皮、孔忠一系，而不在孔子、子思一系。这时，由孔忠一系以大宗身份主持弗父之庙似不无可能。孔忠宗叔梁纥，不宗孔子，这也可以解释何以汉代孔子世家是从叔梁纥开始计算而不是从孔子开始计算。

一合理的解释是，他在以太牢祭祀孔子时发现了孔腾，进而了解到孔氏内部主持孔子庙祭祀的是不是别人，而是孔腾。他承认这一既成事实，尊重孔氏宗族已经形成的祭祀制度，在孔腾已经实际主持孔子祭祀的情况下，封其为奉祀君，给予了国家政权的正式承认而已。

第二，弗父之庙的祭祀，由孔鲋一支主持。祭祀权是一项很重要的宗族权利。按照宗法制的原则，一个宗族的始祖，只能由大宗主持其祭祀，小宗无权参与。弗父何是孔氏及其别姓的共同始祖，自然由大宗孔氏主持其祭祀。到了孔鲋、孔腾、孔树兄弟三人这一代，孔氏一分为三，即《连丛子·叙书》所说的"长子之后""中子之后"和"小子之后"，大宗属于孔鲋一支。弗父之庙的奉祀权，无论如何，只能归孔鲋一支！这是理之必然，势之必至，事之必成。

这时的孔氏，还不是以孔子为始祖，而是以弗父何为始祖；其大宗不是奉祀孔子的孔腾一支，而是奉祀弗父何的孔鲋一支。明代学者程敏政（1446—1499）早已指出了这一点，他说：

> 鲋、腾之后分为两宗。鲋六世生何齐，成帝时，梅福上书言：孔子殷人，宜封其后以奉汤祀。遂封何齐为殷绍嘉侯，寻进爵为公，地满百里，此一宗也。腾四世生霸，元帝时，赐号褒成君，奉孔子祀，此一宗也。然则绍嘉公乃大宗，褒成君乃小宗。（《篁墩文集拾遗·圣裔考》）

大宗孔鲋一支，到了东汉建武十三年（37年），其所世袭的殷绍嘉公被改封为宋公以后，不知所终，史无记载。在一个我们今天不能确知的时候，子孙兴旺、传承不已的孔腾一支来了一个华丽转身，由孔氏小宗变成了大宗，随之整个孔氏宗族也发生了变化：以前的孔氏宗族，以弗父何为始祖，族人包括孔氏和"孔氏之别姓"；孔腾一支变成大宗以后，孔氏宗族不再奉弗父何为始祖，而是奉孔子为始祖，以孔子为第一代计算世系，"孔氏之别姓"不再列入孔氏宗族谱系。

如果以上推断不误的话，可知孔氏宗庙祭祀在"三父"[①]之后一分为二：

---

① 汉代孔氏后人称孔鲋、孔腾、孔树兄弟三人为"三父"。

孔鲋一支主持弗父之庙的祭祀，孔腾一支主持孔子庙的祭祀。所谓殷统和宗统，就是在孔氏宗庙两个祭祀系统的基础上发展而来。孔腾一支作为小宗奉祀孔子，世代相承，已经形成了小宗宗统。待到孔腾一支由小宗变为大宗以后，原先的孔氏谱系完全改写，始祖变了，世系变了，宗统也变了：小宗宗统一变而为大宗宗统。这就是汉代孔子世家宗统的由来。

至于殷统的情况，比较复杂。如前所述，殷统乃政府所设，设立殷统的本意，是为了建立商、周、汉"三统"以论证汉继商、周而兴的合法性，这与孔子世家并无关联。只是在寻找殷统合法继承人的时候，才将目光转到了孔子世家。而这时的孔子世家，有资格承接殷统的，是大宗孔鲋和小宗孔腾两支，比较而言，大宗孔鲋一支更适合承接殷统。理由有以下三点：

一是大宗孔鲋一支奉祀的弗父何是宋国人，是真正的殷遗民。奉祀弗父何，实质上是延续殷遗民的血脉。而孔子虽然临终之际自称殷人，但这只是他的慎终追远之言，毕竟孔子先祖由宋奔鲁已历四世①，身份发生了变化，不再是殷遗民，而是地地道道的鲁人，并且是有对鲁国有了感情、视鲁国为父母之国的鲁人。两相比较，奉祀弗父何的孔鲋一支比奉祀孔子的孔腾一支更接近于殷统，这应该是没有什么问题的。

二是殷统是国家所设，承继殷统者的地位明显高于奉祀孔子者的地位，在此情况下，由大宗孔鲋一支承继殷统合乎情理，反之，由小宗孔腾一支承继殷统，致使小宗地位高于大宗，有违宗法原则。

三是孔腾一支早已承接了宗统，其小宗地位决定了它不可能再兼及殷统；孔树一支居三支之末，已被排除在宗统和殷统之外。这样一来，三支之中就只剩下孔鲋一支了，殷统的承继者非孔鲋一支莫属。

大概正是基于以上三条理由，汉成帝最后选定了孔鲋一支承接殷统。

孔鲋一支承接殷统，一身二任，一方面属于国家事务，一方面属于宗族

① 孔子先祖由宋奔鲁，汉代《孔子家语》、唐代孔颖达引《世本》、宋代孔传《东家杂记》都认为是防叔，当为可信。防叔生伯夏，伯夏生叔梁纥，叔梁纥生孔子，到孔子时已历四世。

事务。就其属于宗族事务而言，这标志着汉代孔子世家在宗统之外又增加了一统：殷统。殷统与宗统的关系，与大、小宗关系并不完全对等。大、小宗关系是纯粹的血缘宗法关系，殷统与宗统的关系则掺杂了国家的因素，这使得殷统与宗统彼此有了更多的相对独立性。《汉书·外戚恩泽表》记殷绍嘉公孔何齐居沛郡（治所在今安徽淮北市相山区），褒成侯孔均居瑕丘（今山东兖州市东北），两统继承人相距较远，几乎没有什么往来。宗统与殷统一段时间内的并存，是汉代孔子世家区别于汉代其他世家、也区别于后世孔子世家的一大特色。

（本文原载《齐鲁学刊》2011 年第 6 期）

孔孟"大人"观之比较

　　孔子、孟子都是有志于改造"无道"社会的仁人志士,他们拒绝消极的避世,积极参与到社会中来,宣扬其政治理念,以不同的方式议政、参政、为政,这使得他们不得不与各色人等打交道,其中就包括"大人"这个特殊群体。孔孟二人对待"大人"的态度,以及和"大人"相处的方式,既有共同点,也有不同点。共同点是孔孟都坚持了有道者的自信、立场与本位,不同点是对待有权势而缺乏道德修养的"大人"孔恭孟倨。其之所以有孔恭孟倨的不同,一个重要原因在于孔孟的圣贤气象不同。孔子有天地气象,包容性极大;孟子有"泰山岩岩"的气象,棱角分明,不能容忍权势者的盛气凌人。

一、"大人"类型的分析

　　孔孟时代,约公元前 6 世纪中叶至公元前 3 世纪初,即从春秋晚期到战国中期,是中国社会大变化的时代。这一时期,旧的"礼乐刑政"土崩瓦解,新的社会秩序正在逐步形成。在这个时代,能够左右社会形势、影响社会发展走向的有两大群体:一是掌握政治资源的"王公大人",一是掌握文化资源的百家诸子。"王公大人"与百家诸子的合作与对抗,决定了当时社会发展的基本格局。

"王公大人"是墨子对那些有国有家的诸侯、大夫①的习惯性称呼。早于墨子的孔子和晚于墨子的孟子，对诸侯和大夫只单称"大人"，其含义也和墨子的"王公大人"有所不同。孔孟提及的"大人"，至少有以下三种类型：

(一) 有权势的统治者

孟子曾经从分工的角度谈及有国有家的统治者，认为他们为齐家、治国、平天下而日理万机，没有闲暇兼顾耕作，他说："然则治天下独可耕且为与？有大人之事，有小人之事。"(《孟子·滕文公上》)孟子将"治天下"视作"大人"之事，显然，在孟子眼里，"大人"与"小人"有明确的分工。这里的"大人"应该指有国有家的诸侯、大夫，和墨子说的"王公大人"，含义约略相同。

(二) 德高望重者

孟子以道德论人，在回答"钧是人也，或为大人，或为小人，何也"的问题时，明确指出："从其大体为大人，从其小体为小人。"(《孟子·告子上》)所谓"大体"指人的本心，又称良心，蕴藏着仁、义、礼、智的种子；所谓"小体"指人的耳目口鼻和四肢，是人的欲望所在。人的言行本于良心而生发，一定是道德高尚的人。道德高尚又享有人望，拥有很高的社会地位，就可以视为"大人"。

(三) "德慧术智"不可企及的圣人

《易传》相传是孔子的著作，也有人认为是孔孟之间儒家诠释《周易》的著作。《周易》古经中十几次提及"大人"，高亨认为"大人"和"君子"都是有官位者之称。②然而，《易传·文言》却对"大人"做了这样的定义："夫'大人'者，与天地合其德，与日月合其明，与四时合其序，与鬼神合其吉凶。先天而天弗违，后天而奉天时，天且弗违，而况于人乎！况于鬼神乎！"③不

①《墨子》一书中，"王公大人"一词约有上百见，偶尔也有单称"大人"的例子。两者含义相同。

②高亨：《周易古经今注》(重订本)，中华书局1984年版，第163页。

③刘大钧、林忠军：《周易传文白话解》，齐鲁书社1993年版，第153页。

消说，这样的"大人"绝不是有官位者可以企及的，只有"德慧术智"不可企及的圣人才可以望其项背。

以上三种"大人"类型中，《易传·文言》所说的"大人"其实是不出世的理想人格，在现实世界中比较常见并且为孔孟屡屡提及的是前两种类型。

在孔孟那里，有"大人"与"小人"对举之例，也有"君子"与"小人"对举之例。"大人"与"君子"虽然都与"小人"构成对举关系，二者有相似之处，但又不完全相同。"大人"和"君子"的身份中有两种最重要的构成要素，一是社会地位，一是道德修养。比较而言，"大人"身份中社会地位这一要素所占的权重更大一些，"君子"身份中道德涵养这一要素所占的权重更大一些。《周易》古经在革卦卦辞和《易传·象下》中，分别连带提及"大人虎变""君子豹变""小人革面"，将"大人""君子""小人"三者并举，从历代的注释和解说中，可以看出"大人"的社会地位要高于"君子"。孔子也曾经讲过"君子有三畏"，其中之一是"畏大人"（《论语·季氏》），含有"大人"的地位要高于"君子"的意思。

二、孔子的"畏大人"

《论语·季氏》记载了孔子的"三畏"说："君子有三畏：畏天命，畏大人，畏圣人之言。小人不知天命而不畏也，狎大人，侮圣人之言。"在孔子看来，君子与小人对待"大人"的态度正好相反，君子"畏大人"，小人"狎大人"。

君子所畏的"大人"是什么样的人呢？或者说，具备了哪些要素才可以称得上"大人"呢？程树德考察了古今《论语》注疏，指出："大人有二说，郑主有位者，何主有位有德者。"然后又引朱熹的说法："大人不止有位者，是指有位有齿有德者。"① 实际上，朱熹在郑玄的"有位"说、何晏的"有位有德"说之外，还增添了一个"有齿"说的要素。齿指年龄。换言之，朱熹提出的"有位有齿有德"可以自立为一说。可见，君子所畏的"大人"应有三

---

① 程树德：《论语集释》（四），中华书局1990年版，第1157页。

说①，郑玄、何晏、朱熹各主一说，究竟哪一说更合理可取？还需要做些仔细的分析。

地位、道德、年龄是孔孟时代普遍受人尊敬的三大要素。孟子指出："天下有达尊三：爵一，齿一，德一。"（《孟子·公孙丑下》）"爵"指爵位，包括官位，泛指人所拥有的与爵位、官位相应的社会地位。孟子认为，爵位是人授予的、外在的东西，他称之为"人爵"。"人爵"既然是人授予的，那么也可以被人剥夺，如孟子所说，赵孟能贵之，赵孟亦能贱之②，可见，"人爵"作为一个人尊贵的要素，一个人成其为大人的要素，是后天的、可变的、不牢靠的。而道德是天赋予的、内在的，孟子称之为"天爵"③。一个人的仁义忠信由其良心的培养与扩充而来，良心出自天授，是内在的，人人都有。年龄可以称为"齿爵"。"齿爵"和"天爵"同样出自天，都是尊贵的，然而又有差异。"天爵"出自天赋天授，每个人的先天所得完全相同，没有差别；可是，后天的守护、培养与扩充却参差不一，呈现出差异性，而这也正是"大人""君子"与"小人"的差异性。"齿爵"不假人力，自然生成。因为"齿爵"所得人人平等，彰显不出"大人""君子"与"小人"的差异，所以"齿爵"固然受人尊敬，却不如"天爵"更富有人文价值。对于地位（人爵）、道德（天爵）、年龄（齿爵）三项，一个人究竟如何取舍才可以成为令人敬畏的"大人"？郑玄、何晏、朱熹三人的认识有差异，但"有位"这一项却为三人所共取，足见"有位"是确认"大人"身份的真正的必备要素。

再看"有德"一项。孔孟时代，"德"与"位"呈现分离状态，有德者未必有位，有位者未必有德。如果有谁将"德"与"位"合二为一，既有"德"又有"位"，那就是圣人了。何晏正是从"德""位"合一的角度把"大人"视为

儒学史研究

---

① 孔孟时代，儿子称父亲为大人，此不在讨论之例。

② 赵孟是春秋时期晋国正卿，是能够使人贵也能够使人贱的权势人物。

③《孟子·告子上》："有天爵者，有人爵者。仁义忠信，乐善不倦，此天爵也；公卿大夫，此人爵也。"

圣人，说：“大人，即圣人，与天地合其德者也。”① 何晏的理解有三个问题：

其一，“与天地合其德”是《易传·文言》描述的“大人”，何晏将其视为圣人。孟子认为，一般的圣人，如伯夷是“圣之清者”，伊尹是“圣之任者”，柳下惠是“圣之和者”，都不是不可企及；只有孔子是“集大成”的圣人②，“出于其类，拔乎其萃，自生民以来，未有盛于孔子也”（《孟子·公孙丑上》）。然而，即使孔子这样不可企及、逾越的圣人，也没有达到《易传·文言》所说的“大人”“天且弗违，而况于人乎”的高度和境界。因为，对孔子来说，天不违其道，却违其行道之志。孔子生前大力推行其道，始终不见成功，连他的弟子子贡都一度怀疑夫子之道太过高大，为天下所不能容，劝孔子降低为道的标准。孔子自称“知我者其天乎”（《论语·宪问》），企盼得到上天的帮助，然而，上天并没有帮助孔子推行其道，以至于孔子晚年长叹：“道之不行，已知之矣”（《论语·微子》）。③ 不止如此，孔子最得意的弟子也是最得力的助手颜渊英年早逝，孔子悲痛地连呼“天丧予，天丧予”（《论语·先进》）。如果连孔子都不是“天且弗违，而况于人乎”的“大人”，那么，这样的“大人”只能是虚拟的理想人物，以人间世的圣人比喻这样的“大人”是不适当的。其二，清代学者陈鳣早已指出，何晏将“大人”释为圣人，与“畏大人”下面的“畏圣人之言”重复，不可取。④ 此说甚当。其三，孔子本人曾经声称：“圣人，吾不得而见之矣；得见君子者，斯可矣。”（《论语·述而》）在孔子看来，圣人是以前的历史人物，在他那个时代已不复有之。君子所畏的“大人”必

---

① 何晏：《论语集解》，见黄怀信主撰，周海生、子德立参撰：《论语汇校集释》（下），上海古籍出版社2008年版，第1483页。

② 孟子也将孔子视为“圣之时者”，但孔子不与伯夷、伊尹、柳下惠并列，孔子是“集大成”的圣人，是不可企及、逾越的圣人。

③《论语》记此语出自子路，不少学者认为其实是出自孔子。朱熹《论语集注》指出，宋初福州有一《论语》写本，标明此语乃孔子所说；今人黄怀信《论语汇校集释》认为是子路转述孔子之语。

④ 陈鳣：《论语古训》，见高尚榘主编：《论语歧解辑录》（下），中华书局2011年版，第878页。

定是当世的"大人"，而不会是早已逝去、不复存在的圣人。"畏"是一种上下、尊卑、长幼近距离发生的心理情感。比如，孝子对于严父有敬畏，如果严父逝世，孝子会慢慢将敬畏转化为思慕、怀念。汉代的司马迁尊孔子为"至圣"，他到了孔子故里，见到了孔子生前居住的房屋和使用的车辆、器物、服饰等，"想见其为人"，所生发的也只是"高山仰止，景行行止"的仰慕之情，而不是敬畏之情（《史记·孔子世家》）。同理，君子"畏大人"，一定不会是敬畏"吾不得而见之矣"的圣人，而是敬畏当世可得而见之的"大人"。既然"大人"不能视为圣人，则"大人"身份中的"有德"只能是可选项，而不是必选项。

"有德"是可选项，"有齿"呢？孟子讲过，他那个时代"朝廷莫如爵，乡党莫如齿"（《孟子·公孙丑下》）。乡党有尊老传统，年高者受到普遍尊重。孔子本人就是尊老的典范，如：他主张"有酒食，先生馔"（《论语·为政》）；参加乡饮酒礼，"杖者⑤出，斯出矣"（《论语·乡党》）。可是，"畏大人"显然超出了乡党的范围。尤其重要的是，"大人"不必年高，也就是说，"有齿"不是构成"大人"身份的必备项。天子、诸侯即使年幼在位，也被尊为"大人"。

经由以上分析，可知"位""齿""德"三个选项，只有"位"是构成"大人"身份的必选项。只要满足了"有位"这一条件，即可称为"大人"；"齿"与"德"都属于可有可无，有之则锦上添花，无之仍不失为"大人"。郑玄将"大人"解释为"天子诸侯为政教者"⑥，杨伯峻解释为"在高位的人"⑦，都是关于"大人"的正解。

孔子说君子"畏大人"，他本人是否"畏大人"呢？孔子生活在鲁国，从他所接触的鲁国国君和卿大夫来看，孔子批评过把持鲁国政权的季氏、叔孙氏、孟孙氏，却没有批评过鲁国国君。孔子35岁时，鲁昭公（前541—前510

---

⑤"杖者"即老者。孔子虽然骂过原壤"老而不死是为贼"，那只是针对原壤个人的特例。

⑥郑玄：《论语郑氏注》，见高尚榘主编：《论语歧解辑录》（下），第878页。

⑦杨伯峻：《论语译注》，中华书局1980年版，第177页。

在位)被季平子赶走，流亡国外。事前，宋国人乐祁评论鲁君失民，认为鲁君失去民心，将被驱逐(《左传·昭公二十五年》)。孔子有何评论，史无记载。而他不久跟随鲁昭公到了齐国，却是有记载的。孔子似乎是以其实际行动表达了对鲁昭公的同情和支持。鲁定公在位期间(前509—前495)，孔子开始从政，致力于弱私门，强公室，壮大国君的力量，最终因招致"三桓"的排挤而出走，周游列国十四年。孔子68岁返鲁，担任"国老"。鲁哀公(前494—前468年在位)经常向孔子请教。据《荀子》记载，鲁哀公有一次向孔子询问："寡人生于深宫之中，长于妇人之手，寡人未尝知哀也，未尝知忧也，未尝知劳也，未尝知惧也，未尝知危也。"孔子回答："君之所问，圣君之问也，丘，小人也，何足以知之？"(《荀子·哀公》)孔子年长于鲁哀公许多，但他恪守君臣名分，自称"小人"，恭维鲁哀公之问是"圣君之问"，由此推知，在孔子眼中，鲁哀公应该就是"大人"了。

《论语·乡党》记载了孔子对待国君的一些揖让周旋的片断，如：

在朝的时候，如果君在，则"踧踖如也，与与如也"。杨伯峻将"踧踖如也，与与如也"翻译为"恭敬而心中不安的样子，行步安详的样子"[1]。

"君召使摈，色勃如也，足躩如也。揖所与立，左右手，衣前后，襜如也。趋进，翼如也。宾退，必复命曰：'宾不顾矣'。"杨伯峻的翻译是："鲁君召他去接待外国的贵宾，面色矜持庄重，脚步也快起来。向两旁的人作揖，或者向左拱手，或者向右拱手。衣裳一俯一仰，却很整齐。快步向前，好像鸟儿舒展了翅膀。贵宾辞别后一定向君主回报说：'客人已经不回头了'"[2]。

"入公门，鞠躬如也，如不容。立不中门，行不履阈。过位，色勃如也，足躩如也，其言似不足者。摄齐升堂，鞠躬如也，屏气似不息者。出，降一等，逞颜色，怡怡如也。没阶，趋进，翼如也。复其位，踧踖如也。"杨伯峻的翻译是："孔子走进朝廷的门，害怕而谨慎的样子，好像没有容身之地。站，不站在门的中间；走，不踩门坎。经过国君的座位，面色便矜庄，脚步也

---

① 杨伯峻：《论语译注》，第97页。

② 杨伯峻：《论语译注》，第97—98页。

快，言语好像中气不足。提起下摆向堂上走，恭敬谨慎的样子，憋住气好像不呼吸一般。走出来，降下台阶一级，面色便放松，怡然自得。走完了台阶，快快地向前走几步，好像鸟儿舒展翅膀。回到自己的位置，恭敬而内心不安的样子"[1]。

这三段记载真实可靠，展现了孔子面对国君所流露出的恭敬、庄重、谨慎、害怕的样子，一言以蔽之，就是"畏大人"之"畏"的样子。

关于"畏"字，历来的解说有三：其一指心服；其二指严惮、畏惧；其三指敬畏。廖名春教授撰文专门讨论了"畏"字，认为"畏"训为敬，不训为惧，即使解释为既敬且惧或由敬生畏，也不对，也会歪曲孔子的思想。[2] 其实，就"畏大人"来说，"大人"在高位，人多敬之；"大人"有威严，人多惧之，这是自然而然的合乎情理的事情。孟子见梁襄王，出来后对人说："望之不似人君，就之而不见所畏焉。"（《孟子·梁惠王上》）"人君"即"大人"。梁襄王没有"人君"的威严，孟子在其面前没有"畏"的感觉。这是孟子见"大人"而论及"畏"的重要证据。孟子所说的"就之而不见所畏焉"的"畏"与孔子所说的"畏大人"之"畏"，可以互训，都有畏惧、害怕、战战兢兢的含义，都是敬畏的意思。

三、孟子的"说大人，则藐之，勿视其巍巍然"

从孔子到孟子，对待"大人"的态度发生了从敬畏到藐视的巨大变化。

在孟子那里，"大人"被反复提及，绝大多数情况下是指德高望重者，这里仅举几例：

> 居恶在？仁是也；路恶在？义是也。居仁由义，大人之事备矣。（《孟子·尽心上》）

> 非礼之礼，非义之义，大人弗为。（《孟子·离娄下》）

> 大人者，言不必信，行不必果，惟义所在。（《孟子·离娄下》）

---

① 杨伯峻：《论语译注》，第98页。
② 廖名春：《〈论语〉"君子有三畏"章新释》，载《孔子研究》，2011年第6期。

大人者，不失其赤子之心者也。(《孟子·离娄下》)

孟子提及"大人"时，充满了恭敬、尊重之意。孟子藐视"大人"，在《孟子》一书中仅见一例："说大人，则藐之，勿视其巍巍然"(《孟子·尽心下》)。汉代赵岐认为："大人，谓当时之尊贵者也"；清代焦循进一步明确指出："此大人指当时诸侯而言，故云尊贵者"。[①]参照"说大人"下文孟子所列举的"大人"的豪华排场，如："堂高数仞，榱题数尺""食前方丈，侍妾数百人""般乐饮酒，驱骋田猎，后车千乘"(《孟子·尽心下》)，可以确认此"大人"非诸侯莫属。恐怕当时的小国之君都未必有这等豪华排场。这类诸侯之所以被视为"大人"，只是因为在国君的高位上，掌握国家权力。他们不必有多少道德涵养，也不在乎年龄的大小，甚至形象猥琐，"望之不似人君"(《孟子·梁惠王上》)，都被当时人们尊为"大人"。孟子对这类"大人"冷眼相看，反复申明那些"大人"的排场"我得志弗为也"，最后大义凛然宣称："在彼者，皆我所不为也；在我者，皆古之制也，吾何畏彼哉？"(《孟子·尽心下》)孟子一句"吾何畏彼哉"，与孔子的"畏大人"形成了鲜明的对照。

从孔子的"畏大人"到孟子的"吾何畏彼哉"，这一巨大变化不是突然发生的，而是其来有渐。

早在孔门弟子曾子那里，就已经显露出以仁义对抗富贵的气势。面对既富且贵的人，曾子毫不气馁，宣称："彼以其富，我以吾仁；彼以其爵，我以吾义，吾何慊乎哉？"(《孟子·公孙丑下》)仁义是珍贵的道德，富贵是难得的利益资源。彼有富贵，我有仁义，我少什么呢！

曾子之后，子思继续发扬道德富有的精神，改变了其祖父孔子肯定的君子"恶称人之恶者，恶居下流而讪上者"(《论语·阳货》)的传统做法，竟然常常毫不留情地批评国君，辩称"恒称其君之恶者，可谓忠臣矣"[②]。鲁穆公(前407—前376年在位)励精图治，礼贤下士，拜子思为师，参与国政。子思与鲁穆公的关系，类似于孔子与鲁哀公的关系：论"位"，是君臣关系；论

---

① 焦循：《孟子正义》(下)，中华书局1987年版，第1014页。

②《鲁穆公问子思》，见荆门市博物馆编著：《郭店楚墓竹简》，第141页。

"齿"，子思年长于鲁穆公，孔子年长于鲁哀公；论"德"，子思是"师"，孔子是"国老"。可是，孔子恪守君臣名分，十分尊重鲁哀公。子思却不然，鲁穆公向他询问国君"友士"如何？他听后很不高兴，说："古之人有言曰，事之云乎，岂曰友之云乎？"（《孟子·万章下》）鲁穆公认为国君对于士能够待以朋友之道也就可以了，而子思认为这还不够，应该待以师长之道。子思与鲁穆公的对话暗指二人关系，所以孟子在向弟子万章转述这段对话时，直接代子思立言，说："子思之不悦也，岂不曰：'以位，则子，君也；我，臣也；何敢与君友也？以德，则子事我者也，奚可以与我友？'"（《孟子·万章下》）孟子藉此案例提出了"德"与"位"的关系问题。从"位"的视角看，子思是臣，鲁穆公是君，君臣不可为友；从"德"的视角看，子思是施教者，鲁穆公是受教者，师徒二人也不可以为友。在"德"与"位"之间，子思、孟子自然选择"德"的视角加以强调，并形成了以"德"抗"位"的思维定势。

从孔子的"畏大人"开始，经过曾子、子思、孟子三代人持续不断的调整与努力，早期儒家终于完成了对待"大人"从"畏"到"吾何畏彼哉"的根本性转变。

四、孔孟对"大人"态度转变的原因

南宋学者最早注意到孔孟二人对待"大人"态度的不同。朱熹在《孟子》"说大人，则藐之，勿视其巍巍然"章的注解中引用了杨时的原话："《孟子》此章，以己之长，方人之短，犹有此等气象，在孔子则无此矣。"[①] 在杨时看来，"大人"之长在于富贵权势，孟子之长在于道德文章，孟子与"大人"各有所长，亦各有所短。孟子以己之长攻"大人"之所短，反之，"大人"亦可以己之长攻孟子之所短，这样一来，孟子与"大人"将不分上下，难判胜负。在此情势下，孟子理直气壮喊出"吾何畏彼哉"！这种英气逼人的气象，在孔子那里是没有的。

从孔子的"畏大人"到孟子的"吾何畏彼哉"，的确是一大转变。造成这

215 儒学史研究

---

① 朱熹：《四书章句集注》，中华书局 1983 年版，第 374 页。

一转变的原因何在？这值得探讨。

首先，从"大人"方面来说，孔子时代，高居诸侯之位的"大人"往往名实不符，有国君之名，无政权之实，和孔子同时代的鲁国昭公、定公、哀公三代国君就是典型代表，他们被以季氏为首领的"三桓"势力所架空，手中无权，既无作恶的资本，也无主政的权威，处于受人挟持、令人同情的境地。只要他们尚能维持国君的身份和尊严，孔子出于"君君，臣臣，父父，子子"的考虑，则尽量维护和支持他们，给予他们足够的尊重。而到了孟子时代，经过战国初期各国的变法运动，"大人世及以为礼"的旧制度已经瓦解，以郡县制、官僚制、中央集权制为特征的社会制度初步形成，[①] 各国国君普遍重新登上政治舞台，执掌生杀予夺的大权。他们之中的优秀者，能够富国强兵，造福社稷；而不肖之徒却暴虐无道，残害人民。对此，孟子疾呼："民为贵，社稷次之，君为轻"（《孟子·尽心下》）。显然，孟子的"说大人，则藐之"，与"君为轻"一致，都是专指暴虐无道、傲慢无礼的国君而言。从孔子到孟子二百余年间，"大人"群体的分化是引起孔孟对待"大人"态度变化的客观原因。

其次，从孔孟方面来说，他们对待"大人"态度的不同，有其自身个性不同的主观原因。孔孟二人的个性，表现在为人处世上，呈现出不同的气象。宋代大儒程颢曾经对孔孟二人气象作过比较，他说："仲尼，元气也；颜子，春生也；孟子，并秋杀尽见。……仲尼，天地也；颜子，和风庆云也；孟子，泰山岩岩之气象也。"[②] 程颢以"元气""天地"比喻孔子的气象，以"秋杀尽见""泰山岩岩"比喻孟子的气象，考之以孔孟二人的个性特征，的确得其精髓。

孔子以其"天地"气象，表现出自强不息和厚德载物的精神。他胸襟博大，为人宽厚。他的弟子子贡喜欢批评、指责别人，他表示："赐也贤乎哉？

---

① 杨宽：《战国史》，上海人民出版社1983年版，第170—260页。

② 朱熹、吕祖谦：《圣贤气象》，见董治安、张忠纲主编，刘凤泉译注：《近思录》，山东友谊出版社2001年版，第405页。

夫我则不暇。"（《论语·宪问》）意思是说，你子贡就有那么好吗？我却没有闲工夫去批评别人。他主张"见贤思齐焉，见不贤而内自省也"（《论语·里仁》），而不是对别人评头论足，说三道四。他直接告诫子贡：君子"恶称人之恶者，恶居下流而讪上者"（《论语·阳货》）。"称人之恶"，指出并批评别人的过失，是从一般意义上而言的；"居下流而讪上"，杨伯峻根据清代学者的研究成果，指出晚唐以前的《论语》作"居下而讪上"[①]，这是从特定的上下关系来讲的。"居下而讪上"，是下级毁谤上级，臣毁谤君。子思"恒称其君之恶者"，是比较典型的"居下而讪上"。尽管子思作了辩解，认为这是忠臣的表现，可是，按照孔子的政治伦理观念，这是不可取的。孔子反对"居下而讪上"，并非无原则地接受国君的错误。不讪上，只是为了维持国君的权威与尊严而已。他主张"天下有道则见，无道则隐"（《论语·泰伯》），"以道事君，不可则止"（《论语·先进》）；国君不行其道，直接选择退出，不怨人，不讪上。他真正做到了"用之则行，舍之则藏"（《论语·述而》），用舍在人，行藏在己，坦然接受，毫无怨言。这就是孔子包容一切的"天地"气象。孔子从"天行健，君子以自强不息"的意义上力主"事君以忠""事君尽礼"；从"地势坤，君子以厚德载物"的意义上主张不讪上，不称君之恶，都可以从这种"天地"气象中得到合理的解释。

与孔子不同，孟子的生命活动表现出圭角分明、英气逼人的特征。他推崇并实践着大丈夫的人格，"富贵不能淫，贫贱不能移，威武不能屈"（《孟子·滕文公下》）；他善养其至大至刚的浩然之气；他锋芒毕露，辩才无碍，《孟子》一书记载他与杨墨、许行等人的辩论，尽显其雄辩滔滔、咄咄逼人的气势，激动时不惜破口骂人。程颐评论孟子"才有英气，便有圭角。英气甚害事"[②]，就是指孟子气势凌厉，不如颜渊"浑厚"。孟子对待国君一级的"大人"，依其好恶而有分别。他对于那些有抱负、有作为的国君，多少还有一些尊重；对于那些只知个人享乐、不顾人民死活、穷奢极侈的国君，充满

---

① 杨伯峻：《论语译注》，第190页。

② 程颢、程颐著，王孝鱼点校：《二程集》（第一册），中华书局1981年版，第197页。

了鄙夷与蔑视；对于那些暴虐无道、率兽食人的国君，则予以无情的批判与挞伐。正义在我，孟子无所畏惧，所以他喊出了"吾何畏彼哉"的心声。孟子的"秋杀尽见"的个性、"泰山岩岩"的气象，是他不畏"大人"的底气所在。

五、孔孟"大人"观的现代启示

孔孟对待"大人"的不同态度，在现代社会仍有其价值和意义。

现代社会崇尚人人平等，传统意义上的"大人"早已不复存在。然而，在一些特定的场合、特定的关系中，"大人"若隐若现，为人们所承认，亦为人们所尊重。不过，现代社会的"大人"，在概念的内涵上发生了重要变化。比较显著的是，社会地位（位）在"大人"身份中的权重下降，而道德（德）和年龄（齿）的权重上升。社会地位不再是构成"大人"身份的必备要素；而年高德劭者，因为是青年人的长辈，青年人作为晚辈尊其为"大人"或许并不为过。

如果说年高德劭者被尊为"大人"还有争议的话，那么，父母无论对于未成年的子女还是成年的子女来说，都是没有任何争议的"大人"。从人格平等的意义上说，父母与子女人格平等。特别是对待已成年的子女，做父母的应该暂时隐退其"大人"身份，平等地与子女沟通、交流；遇到子女有不同意见，不以"大人"身份压制子女，而是耐心地、充分地从情、理、法几个方面与其共同讨论与商量，分辨其是非可否，与子女达成一致意见；不能达成一致意见时，不妨求同存异。从家庭血缘关系的意义上说，子女理所当然地视父母为"大人"，需要尽其孝，赡其养，致其敬，存其畏。家庭是社会的细胞。在现代社会，当我们将视线移向家庭，将"大人"定位为父母的时候，孔子倡导的"畏大人"应该是适宜的，必须的，值得肯定的。

现代社会无论是否实行民主制度，都没有消灭以科层管理为基本特征的官僚体制。而在非民主国家，官僚体制尤为发达。官僚体制决定了上下级的科层关系是领导与被领导、决策与执行、命令与服从的关系。个别的官僚居于领导地位，自我膨胀，骄横跋扈，以"大人"自居，高高在上，发号施令，压制不同意见，打击敢于提出不同意见的人。更有甚者，不但以"大人"欺人，还以"大人"自欺，昏昏然以为自己真是"大人"了，讲究起"大人"的排场。对于这类有位无德、自以为是真的"大人"，我们应当记取孟子的教导，"吾何畏彼哉"！理直气壮地藐视他，勿视其巍巍然。

当然，官僚体制下也有不少有位有德的官员，他们廉洁奉公，主持正义，有能力，有作为，享有良好的口碑和极高的声望。对于这类官员，古代社会无一例外视其为"大人"而予以敬畏；到了现代社会，我们虽然不再视其为"大人"，但这并不妨碍我们尊重其人，敬畏其精神。

在现代社会，无论是孔子的"畏大人"，还是孟子的"吾何畏彼哉""说大人，则藐之"，两者所内含的精神都有其可取之处，关键在于不能一概而论，要具体情况具体分析。如上所述，在一种情况下，我们应当牢记孔子的"畏大人"的教导，敬畏父母大人给予我们的嘱咐与教诲；在另一种情况下，当小人得志猖狂，有位无德，装扮成"大人"时，我们就应当发扬孟子的大丈夫精神，大胆喊出"吾何畏彼哉"！这或许就是孔孟"大人"观超越时空，给予当代中国人的启示。

（本文原载《东岳论丛》2016年第11期，与张亚宁共同署名）

孟子民本思想的新贡献

孟子的民本思想是我国夏商周三代民本思想发展的高峰，也是儒家民本思想发展的高峰。在历史上，孟子的民本思想产生了积极的影响。到了现代社会，孟子的民本思想仍然具有巨大的学理价值和现实意义。孟子的民本思想，自然出自孟子本人的思想创造，但孟子不是凭空创造的，而是在了解和总结夏商周三代民本思想的基础上创造和发展而来的。那么，孟子的民本思想究竟有哪些新发展、新贡献呢？

一、民本思想的起源与发展

民本是"民为邦本"的简化说法。"民为邦本"见《尚书·五子之歌》，其中讲到"民为邦本，本固邦宁"。这是民本概念的由来。"民为邦本"是指民众是一个国家的根本或基础，"本固邦宁"是指民众作为国家的根本，人心安定，群体和平，社会和国家就会安宁。可见，民本的概念是从国家和民众的关系中概括提炼出来的。

在周秦文献中，民本以外还有一个人本的概念。《管子·霸言》指出："夫霸王之所始也，以人为本，本理则国固，本乱则国危。"这是"以人为本"

的原始出处。民本和人本是什么关系？大致说来，人本主要是从人与社会、国家的关系中抽象出来的概念，民本主要是从君主与民众的关系中提炼出来的概念，人本与民本视域不同，民本概念的政治性意味更浓一些。

（一）民本思想的产生

恩格斯曾经讲过，"国家是文明社会的概括"。人类跨入文明时代之后，最重要的文明要素不是文字、金属、城市，而是国家。国家一旦产生，人们不禁要问，它的基础或根本是什么？古人对这个问题的认识饶有趣味。

最初，人们认为对一个国家来说最重要的是天命。国家秉承天命而建立，才具有合法性。《诗经·商颂·玄鸟》中说："天命玄鸟，降而生商。"这是说上天命令玄鸟降生下商人的祖先。换言之，商人的祖先奉天命而生，肩负着天命赋予他的历史责任与担当。这是后来商汤革命"顺天"的基本根据。商朝末年，纣王暴虐无道，周人起来革命，纣王满不在乎，说："我生不有命在天。"言外之意是，周人其奈我何！这时，天命仍然是殷商国家政权的强有力的支撑。经过两次"汤武革命"（商汤和周武王的两次革命），人们逐渐认识到天命是不可靠的，天命是能够转移的，天命并不能保障一个国家的长治久安。

"汤武革命"还使人们认识到：当一个国家出现了暴政的时候，暴君处于失德的状态，而丧失道德一定会丧失民心，丧失民心也就失去了天命的支持，失去了天命的支持就造成了他的灭亡。这样一个逻辑关系，古人是非常清楚的。所以，对一个王朝和统治者来说，必须有德，有德才会得到天命的支持和保佑。有德，才会以德服人，而不是以力服人，这才能赢得民心，赢得民众的拥戴。周初，有远见的大思想家、大政治家意识到这一点，提出了"敬德保民"的思想。这时，天命依然是支撑一个国家的主要因素，但道德的作用被凸显了出来。

周人认为"皇天无亲，惟德是辅"（《尚书·蔡仲之命》），即上天会辅助有德之人。除了认德以外，上天也认民，"民之所欲，天必从之"（《左传·襄公三年》）。民众渴望得到的东西，上天一定给予满足。民众不满暴君的统治，希望出现一个明君或圣王来统治国家，上天就会通过改易天命的方式满足民众的愿望和要求。所以，民众又是天命转移的另一个支点和重心。而"天视自我民视，天听自我民听"（《孟子·万章上》），更把民心民意提升到了天意天命的高度，认为民心民意是决定政权更替、国家兴亡的一个非常重要的因素。"民为邦本，本固邦宁"的民本思想，就是在这样的时代和社会背景下产生的。

(二) 民本思想的初步发展

民本思想一旦发生、确立，接下来的问题就是人们如何充实和发展民本思想。西周和春秋时期的思想家们为此做了大量的工作。

第一，春秋时期的思想家进一步确立了国民的地位和作用。随国大夫季梁明确指出："夫民，神之主也。"（《左传·桓公六年》）这是把民众视作鬼神的主人，把民众和鬼神的关系颠倒了过来，鬼神要听从人的安排。而思想家史嚚对于国家、民众、鬼神三者的关系提出了全新的认识，他认为"国将兴，听于民；将亡，听于神"（《左传·庄公二十二年》），这将民众突出出来，视民众为一种正面的力量。

第二，民众凝聚与否是国家兴亡成败的重要因素。齐国在齐景公的时候，政府横征暴敛，"民参其力，二入于公，而衣食其一"（《左传·昭公三年》）。这是说，当时民众全部的收入如果划为三份的话，其中的两份被政府的横征暴敛拿走，而民众只能拿到他全部收入的三分之一维持生活，生活相当贫困。齐国陈氏为争取民心，开仓借粮，用大斗借出去，小斗还回来，民众得到了实惠，非常高兴，纷纷投奔他，"陈氏之施，民歌舞之矣"（《左传·昭公二十六年》）。过了大约不到一百年的时间，陈氏果然夺取了齐国的政权，姜齐变成了田齐。这很生动地说明了民众的支持对一个政权及一个国家的重要性。

第三，正因为民众对一个国家来说具有决定性的意义，所以那个时代的思想家和政治家反复思考如何能够保住民众，赢得民众的支持。他们思考的结果就是提出了一系列的利民、爱民、安民、惠民、富民、抚民、养民、教民的思想观念。

（1）利民。春秋时期，邾国国君想迁都，让史官占卜吉凶，占卜的结果是，迁都利于民众而不利于国君。对此，邾文公表示"苟利于民，孤之利也"（《左传·文公十三年》），这是说，迁都有利于民，就是有利于我；又说"天生民而树之君，以利之也。民既利矣，孤必与焉"（《左传·文公十三年》）。一国之君是天立的，天立国君的目的就是要国君有利于民，为民众服务。在邾文公这里，利民的概念十分明确而清晰。

（2）爱民。晋国的师旷针对卫国国君的暴虐无道评论说："天之爱民甚矣，岂其使一人肆于民上？"（《左传·襄公十四年》）上天爱民，上天不会允许国君骑在人民头上作威作福。这是师旷借上天之口喊出了"爱民"的口号。

（3）惠民。齐景公访问晋国，反复询问师旷为政要做什么？师旷三次给予同样的回答："君必惠民而已矣。"（《韩非子·右储上》）怎么做才算惠民？孔子讲"因民之所利而利之"（《论语·尧曰》），让人民得到实惠才是惠民。

（4）富民。孔子对治国之道设计了"庶、富、教"三步走的方案。"庶"是人口众多，人口众多以后怎么办？要让民众富裕起来。民众富裕起来以后，要对民众进行礼乐教化。比孔子更早的齐国政治家、思想家管仲明确提出了"凡治国之道，必先富民"（《管子·治国》），把富民摆在了为政的前面。

（5）抚民。周朝大夫富辰说过这样的话："大上以德抚民，其次亲亲，以相及也。"（《左传·僖公二十四年》）所谓"以德抚民"，就是按照道德的要求安抚、安慰、爱护民众。

（6）安民。吴国公子季札一再强调国君应该"务德而安民"（《左传·哀公十年》）。这和孔子强调的"修己以安人""修己以安百姓"是相通的。

（7）养民。邾国欲迁都，占卜师认为迁都会减国君的寿命。邾文公对此回答说："命在养民。死之短长，时也。民苟利矣，迁也。"（《左传·文公十年》）邾文公认识到他担任国君的使命就在于"养民"，所以他不顾自己寿命的长和短，只要对民众有利，就坚决迁都。

（8）教民。周代有司徒一职，其职责之一在于"教民"。"教民"包括文武两方面的内容，主要在冬季和春季农闲的时候进行。孔子说过："不教民战，是谓弃之。"(《论语·子路》)这说明当时有对民众进行军事训练的安排。

此外，《管子》书中还有"牧民"的概念。"牧民"是管理民众的意思。书中明确提出，判断政治的优劣兴替的标准，在于"顺民心"和"逆民心"。一个政权能够顺民心一定会兴旺起来，相反，逆民心，一定会走向衰败。民心决定了政权的兴亡更替。"牧民"的要义在于"顺民心"。

综合以上可以看到，"牧民""利民""安民""爱民""惠民""富民""抚民""养民""教民"等都指向一个目的，就是以民为本，把一国之民的事情办好，厚植国家的根本，夯实国家的基础。

二、孟子对民本思想的新发展、新贡献

孟子以前，民本思想已经有了比较充分的发展，孟子是在前人的思想基础上做出了他的新发展和新贡献。

我们可以从四个方面做出分析和考察。

第一，孟子明确提出了"民贵"说。孟子对国君、民众和社稷三者的重要性做了比较，指出"民为贵，社稷次之，君为轻"(《孟子·尽心下》)。这在当时是惊世骇俗的言论。如何理解孟子的"民贵说"？

首先，"贵"和"轻"是相对而言的，它表达的是价值多少、高低、轻重的意思。孔子弟子有若说"礼之用，和为贵"(《论语·学而》)；荀子讲"人有气、有生、有知亦且有义，故最为天下贵"(《荀子·王制》)；《孝经》讲"天地之性，人为贵"，均提到了"贵"字。这几个"贵"字都表示了"最为贵"的意思。参照来看，孟子说的民、社稷、君的贵和轻，实际上构成了一个价值链条，民居于这个价值链条之首，最为贵。

其次，孟子在"民贵"说中，把民、社稷和君作为组成国家的三大要素。孟子在另一个场合还讲到了诸侯之宝三：土地、人民、政事。两说大致相对应："民"和"人民"相对应，"土地"和"社稷"相对应，"君"和"政事"相对应。"政事"讲的是一国政治，一国政治是由君把持和负责。比较一下两说的排序，可以发现，孟子对诸侯"三宝"是按照先后顺序来排序的。对一个国

家来说，先要有国土，之后才有人民，再之后才有一国的政事。而"民贵"说是按照民、社稷、君三者的价值贵贱、轻重、大小来排序的。这两种排序的差异，说明在孟子眼中，民、社稷、君三者不能做孰先孰后的排序，只能做价值上孰贵孰轻的排序。在价值排序上，孟子把民放在了第一位，一下子抓住了国家的根本和要害，这是非常高明的。

第三，孟子的"民贵"说，彻底颠覆或者颠倒了以往的君民关系。这是"民贵"说的创新之点和闪光之点。在孟子以前，只要讲到君民关系，都认为君是尊贵的，民是卑贱的，这样的观念早已根深蒂固。人们普遍认可《尚书》里讲的"天降下民，作之君，作之师"的观点，即"君权神授"。正因为如此，一国之君就具有了独步天下的唯一性和至高无上的尊贵性，而人民只能匍匐在地，甘愿接受君主的统治。然而，到了孟子这里，却被颠倒了过来。孟子的"民贵"说彻底颠覆了以往君主是尊贵的、民众是卑贱的传统观念。"民为贵，君为轻"，是那个时代的最强音，也是那个时代关于君民关系认识的一大突破。对此，我们无论给予多么高的评价都是不会过分的。

（二）肯定了人民革命的正当性

孟子在"民贵"说中讲过"诸侯危社稷，则变置"（《孟子·尽心下》），这是说，如果诸侯为政无道，危及社稷，人民可以起来革命，可以罢免他再另立新君。孟子周游列国到了齐国，跟齐宣王再次阐明了这个观点。齐宣王问孟子，商汤讨伐夏桀，周武王讨伐商纣王，有没有这样的事？孟子回答说：根据历史的记载是有的。齐宣王接着问：商汤对夏桀来说是臣，周武王对商纣王来说也是臣，而夏桀和商纣王都是君，商汤和周武王起来革命，这不是臣弑君吗？这样做是可以的吗？孟子的回答是："闻诛一夫纣矣，未闻弑君也。"（《孟子·梁惠王下》）在孟子看来，人们起来革命，推翻暴君的统治，消灭独夫民贼，这不是什么臣弑君的问题。可见，孟子充分肯定了革命的正当性。在孟子以后的中国历史上，类似于"汤武革命"的事情出现多次，几乎每次更朝换代都是人民起来革命的结果。

孟子以后，过了不到二百年，到了西汉的景帝时期，又发生了类似的讨论。两位知名学者黄生和辕固生在汉景帝面前讨论"汤武革命"。黄生认为"汤武非受命，乃弑也"(《史记·儒林列传》)。意思是说，商汤、周武王起来革命不是秉承天命，只是作为一个臣子起来造反而已。辕固生不同意黄生的观点，他阐发了与孟子相似的观点：桀、纣暴虐，天下民心都归向了商汤、周武王，而商汤、周武王就是顺应天下民心而起来革命的。商汤、周武王实际上是受民众之命，受民众之命也就是受上天之命，因为"民之所欲，天必从之"。黄生反驳说：帽子再破也是个帽子，只能戴在头上；鞋子再好也是鞋子，只能穿在脚上；帽子和鞋子不能颠倒过来，把帽子踩在脚下，把鞋子戴在头上。帽子和鞋子的上下之分是天经地义、不可更改；同理，桀、纣虽然是暴君、昏君，毕竟是君；商汤、周武王纵然是圣人级的人物，毕竟是臣。作为臣下，对君主应该忠心耿耿。君主有了过失，可以通过进谏的方式更正国君的错误，但是不可以起来革命，用暴力的方式推翻他。黄生的这番理论也有道理，辕固生无法从理论上来反驳他，于是引用当朝的例子，说汉高祖刘邦起来革命，推翻了秦始皇的统治，难道不应该吗？争论到了这个地步，汉景帝在旁边听不下去了，因为牵扯到当朝的政治问题，于是马上打了个圆场，中止了这场争论。

孟子和齐宣王、黄生和辕固生的争论，单纯从理论上看，他们是各执一词，谁也说服不了谁，因为他们都能做到言之成理、持之有据，都能够自圆其说。实际上这里有一个立场问题。孟子和辕固生一方明确而坚定地站在民众的立场上。站在民众的立场上看，一个国君如果荒淫暴虐，为政无道，残害人民，人民就可以起来革命。而齐宣王和黄生一方是站在统治者的立场上。站在统治者的立场上，一定反对民众起来革命的。很明显，孟子是站在人民的立场上，肯定了人民革命的正当性。

(三) 选贤举能，必须听从国人的意见

以民为本体现在国家政治上，一定要求一国之事特别是一国的大事，不能由国君一个人专断独行，而是要听从民众的意见。在孟子以前，已经有了这样的规矩：当一个国家遇到三件大事的时候，一定要听从民众的意见。哪三件大事？一是国危，二是迁都，三是立君。很明显，这是尊重民意的表现。

孟子在这个基础上有没有新发展？有的。孟子认为，一国政治一定要选贤举能，让优秀的人才加入到管理国家的行列中。选贤举能和其他国家大事一样，不能由国君一个人说了算，也不能由少数人来操纵，一定要听从国人的意见。认定贤人的标准是什么？孟子说："左右皆曰贤，未可也；诸大夫皆曰贤，未可也；国人皆曰贤，然后察之。见贤焉，然后用之。"（《孟子·梁惠王下》）在这里，孟子分了三个层次：第一个层次是左右大臣的意见，第二个层次是士大夫的意见，第三个层次是国人的意见。孟子对国人的意见是充分认可的，指出只有"国人皆曰贤"且经国君考察之后，才可以提拔任用。同样的道理，在官员的罢免上，也应该如此："左右皆曰不可，勿听；诸大夫皆曰不可，勿听；国人皆曰不可，然后察之。见不可焉，然后去之。"（《孟子·梁惠王下》）

在选贤举能上，在官员罢免上，孟子把国人的意见提升到这样一个高度，是在当时民本政治的条件下对民意最大限度的承认、尊重和肯定。这一点毫无疑问是孟子民本思想的闪光之点。任何一个国家政府官员的任用和罢免，如果照孟子所说，听从国人的意见，这就等于民心、民意参与了这个国家的政治，并且在国家的政治生活中发挥着重要的作用。而由民心民意直接参与的政治是清明的、廉洁的、公正的。

(四) 仁政爱民，制民恒产

孟子的目光始终盯着民众，时时处处为民众着想。他对孔子很崇拜，有学孔子的强烈愿望，也有"安人""安百姓"以及"博施于民而能济众"的强烈愿望。所以，孟子在讲王道和仁政时从爱民入手。

首先，孟子对他那个时代的弱势群体表示了极大的同情。一个社会对弱势群体给予了关注和救助，就说明这个社会的文明发展水平很高。在我国历史上，对弱势群体有所界定并表示高度关注的，以孟子最为突出。孟子对弱势群体有一个定义，他说："老而无妻曰鳏，老而无夫曰寡，老而无子曰独，幼而无父曰孤。此四者，天下之穷民而无告者。"（《孟子·梁惠王下》）认为施行仁政，首先从关注这些弱势群体做起，对弱势群体给予相应的同情、温暖、关怀、救助。

其次，孟子反复强调一个社会一定要给予人民一个最低限度的生活保障。这个最低限度的生活保障的标准是，灾荒之年，民众能够生存下来，不饿死，不流离失所；丰收之年，民众能够过上不饥不寒的生活。有了最低限度的生活保障，才不会让弱势群体和低层民众陷入绝望。一个社会一旦形成一个绝望阶层，是非常可怕的。陈胜、吴广不就是因为陷入绝望才揭竿而起，发动起义的吗？

当然，一个社会仅仅提供最低限度的生活保障是不够的，还要让人们过上更好的生活，达到温饱的生活水平。温饱的生活水平在孟子那个时代，相当于我们今天所说的中产阶级的生活水平。《孟子·梁惠王上》一文讲述了孟子为他那个时代的温饱生活水平制定的四条具体标准："仰足以事父母，俯足以畜妻子"；"乐岁终身饱，凶年免于死亡"；"五十者可以衣帛，七十者可以食肉"；"养生丧死无憾"。而要达到这样的温饱生活水平，在孟子看来，必须要拥有一笔"恒产"。这笔"恒产"的性质是什么？多大规模？孟子认定"恒产"的性质是住宅和土地，规模是"五亩之宅"和"百亩之田"。为了让人们拥有"五亩之宅""百亩之田"的"恒产"，孟子从井田制的角度进行了设计：在方圆一里的范围内，把土地划分为九份，中间这一份是公田，公田为国君所有，或者用现在的话说，是政府所有；剩下的八份是私田，由八家农民各持一份，一份一百亩。孟子认为政府应该通过井田制的设计和推行，使其国民每家每户拥有一百亩的井田，有了这么一份"恒产"，就能保证温饱的生活水平。

孟子的井田制设计，实际上是以家庭为单位实行的土地分配上的平均主义。因为每家每户的私田都是一百亩，井田制其实是"均田"的方案。

按照井田制的规划，公田和私田以及各家私田的划界，是清晰的、明确的，但是，因为社会黑暗，有人经常故意破坏土地之间的划界，以便浑水摸鱼，谋取个人利益。孟子对此有严正之词，他表示划界一定要清清楚楚，确定边界。在这里，孟子实质上是明确了一个产权问题。边界清晰，产权清晰，任何人不得随便侵犯其他人的产权。可见，孟子有经济学家的眼光。在现代社会，有一种理论认为，一个社会中产阶级的数量越庞大，力量越强大，这个社会就越稳定。这个理论和孟子的理论恰好是相通的。孟子的理论是有"恒产者有恒心"。一个人拥有了能够过上中产阶级生活水平的那份"恒产"，就会珍惜这份"恒产"，珍惜已经获得和拥有的生活水平，上养父母、下育儿女，这就知足了，不会轻易犯上作乱、为非作歹。西方社会学家、经济学家研究中产阶级的时候，未必知道孟子已经有了这样的理论，如果知道了，必定惊讶于孟子早在两千多年前已经有了这样的理论。孟子以"恒产"培育中产阶级、以中产阶级保持社会稳定的观点，非常珍贵，到今天光彩犹存，具有很高的理论价值。

三、孟子民本思想的现代价值

讨论、研究孟子民本思想的现代价值，必须讲清楚孟子的民本思想和现代民主思想是什么样的关系、有什么样的异同，这里牵涉的问题很多，我们着重讨论两点。

（一）孟子民本思想以及中国传统民本思想是现代民主思想在中国的本土根源

现代民主思想不是我们本土自产的，而是从国外引进的。从 19 世纪末到 20 世纪初，中国人在引进现代民主思想、确立现代民主制度方面做了很大的努力。其中，有三件历史事件值得注意：第一件事是清朝末年（1900—1911）的立宪运动，虽然是君主立宪，但也确立了民主的理念，仿照民主制度设计清末的宪政制度，可惜功亏一篑。第二件事是 1912 年中华民国建立。中华民国是按照民主的理念来设计的共和制度。第三件事是 1919 年"五四"运动高举科学与民主的旗帜。这三件事完全确立了现在的民主理念在中国思想文化领域的崇高地位。

有一种观点认为，民主是个舶来品，在中国缺乏本土根源的支持。这种观点其实是站不住脚的，对此，我在2009年发表了《科学与民主的本土根源》一文，做了专门的讨论。我的基本看法是，民主在中国有它的本土根源，这个本土根源就是中国传统的民本思想，其中最主要的就是孟子的民本思想。为什么这么说？我对此做了一些论证，把民主做了实质民主和形式民主的区分。

什么是实质民主？在国家的政治生活中，凡是具有主权在民的理念，能够尊重民意，贯彻民意，按照民意处理国家事务，我们就可以称其为实质民主。从实质民主再进一步，实行民主制度，按照每人一票、每票等值来进行民主选举领导人、民主表决国家事务，这是形式民主。在孟子的设想中，显然已经达到了实质民主的水平。

其一，"民为邦本"，特别是孟子提出的"民为贵"的思想，确立了人民在国家生活中的根本性和基础性的地位。按照孟子的思想再往前发展，到战国末年，我国思想家已经提出并阐明了"天下非一人之天下，天下之天下也"（《吕氏春秋》）的观念。所谓"天下之天下"，漏了一个字，应该是"天下人之天下也"。这无疑明确了人民是国家的主人，这和现代政治学中的"主权在民"的思想非常接近。

其二，在君民关系上，孟子阐发了"民贵君轻"的观念。《礼记·缁衣》也指出："君以民存，亦以民亡。"意思是说，一国之民决定了一国之君的生死存亡。后来的荀子进一步提出了千古名言："君者，舟也；庶人者，水也。水则载舟，水则覆舟。"（《荀子·王制》）以船和水的关系比喻君和民的关系，民是决定国家、君主存亡的重要力量。这和后世的"君为臣纲"截然不同。在前一种君臣关系中，君是为民而存在的。荀子说："天之立君，以为民也。"（《荀子·大略》）君为民作主，必须为民服务。为民作主，自然包含有作民父母的意思，但是，为民作主还包含了为民服务的一面，即：民有冤屈，君要为民主持公道；民有灾难，君要及时救助。《诗经》说"凡民有丧，匍匐救之"，可以看作是对君的这一责任与义务的写照。

其三，在国家政治生活中，一定要认同、尊重民意，贯彻、执行民意。前面已经讲过，孟子认为在官员的任用和罢免上要听从民意。受孟子思想的影

·230·

响，西汉初年贾谊提出官吏的选拔必须有民众的参与，他说：明君选拔官吏，一定要有民众的参与，而且是"必使民唱，然后和之"（《新书·大政下》）。这是说，在选拔官吏方面，民唱之于先，君和之于后。这一唱一和、一先一后，表明了民在选举上的优先地位。所谓"民唱"其实是民心民意。民心民意是衡量官吏优劣的标准。所以贾谊提出：官吏选拔的标准是一种可计量的民众的爱戴、拥戴。十个人爱戴、拥戴，就选拔为"十人之吏"；一百人爱戴、拥戴，就选拔为"百人之吏"；一千人爱戴、拥戴，就选拔为"千人之吏"；一万人爱戴、拥戴，就选拔为"万人之吏"。贾谊在这里提出的十人、百人、千人、万人的数字，难道不是民心民意的数字化管理和表达？可惜，这只是贾谊的一个设想，而没有再进一步据此做出可操作的制度化设计，没有形成选举的民主制度。贾谊之后的两千多年也没有人走出这一步。

（二）孟子的民本思想没有达到现代民主思想的高度，二者的差异在于"民治"

孟子的民本思想的确只是达到了实质民主的水平，而没有发展转化为形式民主。实质民主如果只是一种理念、一种设计，那么，它就是有灵魂而无躯体。实质民主的游魂只有"附体"在中国社会制度上，才有可能过渡、发展到形式民主。近二三十年来，有不少人对孟子的民本思想、对中国传统的民本政治给予了拔高式的评价，认为它就是古代的民主政治。对此，我不敢苟同。

我们必须从理论上说清楚传统的民本思想包括孟子的民本思想与现代的民主政治、民主思想之间的差异。

关于现代的民主政治，美国总统林肯有一个很精彩的说明：The government of the people, by the people, for the people，即政府为民众所有，由民众管理，也是为了民众而存在的。孙中山对林肯的这个说法非常认同，并且把它翻译成"民有""民治""民享"。孙中山的这个翻译非常准确和精彩，完整地表达了民主政治的含义。首先是"民有"，政府或者国家的所有权归谁？归民众，这表达了主权在民的观点。其次是"民治"，民众参与国家的治理和管理。再次是"民享"，是指民众享有国家和社会发展的"红利"，享受国家和社会提供的各种服务。这就是现代民主政治的三个基本理念。

如果把现代的民有、民治、民享的民主理念和中国传统的民本思想做一个比较，就可以看出差异究竟何在。"民有"的理念，我们是固已有之，这就是前面已经讲过的天下是"天下人之天下"；"民享"的理念，我们同样也是固已有之，荀子所讲的"天之立君，以为民也"，就约略表达了一种"民享"的理念。唯独缺乏的是"民治"的理念。从20世纪初不断有学者看出了端倪，深知我国传统民本思想缺乏"民治"的理念。首先是梁启超，他指出："中国人很知民众政治之必要，但从没有想出一个方法叫民众自身执行政治。所谓 by people 的原则，中国不惟事实上没有出现过，简直连学说上也没有发挥过。"现代新儒家的代表人物梁漱溟也讲："在中国虽政治上民有民享之义，早见发挥，而二三千年卒不见民治之制度。岂止制度未立，试问谁曾设想及此？三点本相联，那两点从孟子到黄梨洲可云发挥甚至，而此一点竟为数千年设想所不及，讵非怪事？"金耀基先生对中国传统的民本政治做过专门研究，他认为："任何一位大儒，都几乎是民本思想的鼓吹者，'天下非一人之天下，天下人之天下'，肯定了民有（of the people）的观念；'民之所好好之，民之所恶恶之'，肯定了民享（for the people）的思想；……但是，民本思想毕竟与民主思想不同，民本思想虽有民有、民享的观念，但总未走上民治（by the people）的一步。"

可见，从梁启超到梁漱溟再到金耀基，这三代学者都看到了同一个问题：中国传统的民本思想包括孟子的民本思想缺少了"民治"这个环节。缺了这个环节，就决定了民本和民主的差异：民本就是民本，它不是民主；民主就是民主，它不同于民本。"民治"成了民本与民主的界标、分水岭。

总之，我国古代的民本思想，包括孟子的民本思想，因为缺了"民治"这个环节，始终没有演变成为民主，没有走上民主之路。所以，我们充分肯定孟子民本思想的新发现、新贡献，而又不能给予过高的评价，误认为孟子的民本思想就是民主思想，我们对此要保持清醒的认识。

（本文根据 2013 年 5 月 25 日在山东邹城市所作孟子公开课第六讲讲稿整理而成）

《论语》章句学诠释

——以"君子不重则不威"章为例

经学是从两汉到明清时期中国学问的大宗。汉代治经，注重章句学；清代治经，注重考据学。清代考据学自诩为汉学，其实是与东汉学近而与西汉学远。章句学在西汉臻于全盛，到东汉由盛转衰，但仍占据官学地位，具有极大的影响力。① 章句学在对经典文本的整体理解与把握上卓有成效，即使在各种传世的经典文本的章句梳理工作早已全部完成的情况下，章句学仍然不宜被束之高阁，因为还有一些篇章存在着这样或那样的章句问题，需要重新

---

① 孔季彦(75—124)是东汉孔氏家学的代表人物之一，他为学专攻自孔安国以下的传统家学——古文经学。其时，有人对孔季彦说："今朝廷以下，四海之内，皆为章句内学，而君独治古义。治古义，则不能不非章句内学；非章句内学，则危身之道也。独善固不容于世，今古义虽善，时世所废也，而独为之，必将有患，盍姑已乎？"（王钧林、周海生译注：《孔丛子》，中华书局2009年版，第327页）这段话对于了解东汉学术的基本状况极为重要。所谓章句内学，指今文经学，章句为其内学，经术为其外学。孔季彦处于东汉中期，其时，"朝廷以下，四海之内，皆为章句内学"，说明以章句为内学的今文经学仍占据官学的主导地位。不过，由于古文经学的兴起，并开始向章句学的垄断地位发起挑战，章句学已呈现衰退的迹象。

审视乃至返工解决，《论语·学而》篇"君子不重则不威"章就是其中的一例。

（一）

章句学，简单地说，是对经典文本的篇、章、节、句进行梳理分析及意义诠释。最初，经典文本大多通篇写在竹简、缣绵帛或木片上，不分篇章，没有标点，读起来十分吃力。因此，治经的基础性工作，首先是分析篇章，标明句读，然后才做意义诠释。这看起来简单，其实不易。每一部经典，大概都经过了几代人疏通章句的工作，才明白可读。即使如此，经典文本中的章句问题仍有值得商榷之处。

《论语·学而》篇中的"君子不重则不威"章，就存在着明显的章句问题。按照汉代经学家的章句分析，该章计27字，全文如下：

子曰君子不重则不威学则不固主忠信无友不如己者过则勿惮改

历代学人对此章的讨论，都集中在两点上：一是分章，一是文字训释。关于分章，清代学者毛奇龄、江永认为，汉代经学家的分析有误，从"主忠信"以下应另分为一章，汉儒错在将两章合为一章。① 现代学者黄怀信先生在《论语新校释》中，将"子曰君子不重则不威学则不固"单独列为《学而》篇的第七章，而将"主忠信无友不如己者过则勿惮改"从该章中删去，理由是这些文字重复见于《论语·子罕》篇，在此属于衍文；② 而在《论语汇校集释》中，他又恢复了汉儒的分章法③。历经两千余年的研讨，至今连《论语》"君子不重则不威"章的分章问题都不能敲定。治经之难，可见一斑。

问题不止如此。在我看来，此章还有一个句读问题。以比较通行的朱熹《论语集注》中华书局标点本为例，此章的句读采用新式标点符号，表示为：

子曰："君子不重则不威，学则不固。主忠信。无友不如己者。过

① 毛奇龄、江永的意见，见程树德：《论语集释》（第1册），中华书局1990年版，第34页。

② 黄怀信：《论语新校释》，三秦出版社2006年版，第10页。

③ 黄怀信主撰，周海生、孔德立参撰：《论语汇校集释》（上），第56—62页。

则勿惮改。"①

句读与分章一样，直接关系到对原文的理解。按照以上标注的句读，此章分为四节，有四层意思。

第一层：君子不重则不威，学则不固。第二层：主忠信。第三层：无友不如己者。第四层：过则勿惮改。

问题在于，这四层意思有何内在的关联？正因为怀疑这四层意思之间没有什么内在的关联，毛奇龄、江永、黄怀信等人才觉得这里的分章有问题。

总之，关于此章的理解，第一步是分析章节的问题，第二步是句读的问题，第三步是文字训释的问题。这三个步骤的问题都一一予以解决，才能获得关于此章的正确理解。

这三个步骤，可以简化表示为：章—句—字，这正是汉代章句学的基本程序与方法。两汉经学家对此心领神会，掌握熟练。比较而言，西汉经学家似乎偏重前两步，善于从寻章摘句中探求经典文本中的微言大义；东汉经学家则偏重后两步，主要从鲁鱼亥豕的文字辨析、草木鱼虫的名物训诂、典章制度的比较考释上，弄通经典原文原意。②西汉章句学重义理不忘训诂，东汉章句学重训诂不忘义理，两者都能做到义理与训诂兼顾。

清代学者治经以考据见长，自以为是继承了汉学，且是汉学的发扬光大。③他们所津津乐道的学术路径，是从语言文字开始起步的，把经典文本的语言

儒学史研究

---

① 朱熹：《四书章句集注》，第50页。需要说明的是，这是今人对此章的句读，未必合乎朱熹原意。但我们的讨论，只能以此为依据，因为我们无法得知朱熹究竟是如何句读的。

② 据廖平的研究，汉代经学分今古文两派，西汉经学以治今文经为主，东汉经学以治古文经为主。周予同进一步分析论述了经今文学和经古文学在对经的认识上、治经的基本方法上，存在若干差异（参见周予同注：《经今古文学》，载周予同著，朱维铮编：《周予同经学史论著选集》，上海人民出版社1983年版）。经今古文学是晚起的说法，不见于两汉文献，其与章句学有何对应关系，笔者未及考察，不敢妄言。

③ 清代学者所说的汉学，实际上是指东汉的经学，也就是梁启超所说的"家家许郑，人人贾马，东汉学灿然如日中天矣"的汉学。

文字看作登高的阶梯、渡河的舟楫，认为必须从语言的音韵、文字的训诂入手，明其字义，通其词意，才有可能弄明白经文所表达的圣人之道。认为不知文字、音韵、训诂，不能治经；知文字、音韵、训诂而轻视之，不能通经；不能通经，即不能明道。而在治经实践中，他们却又往往徘徊在文字、音韵、训诂之间，久而久之形成了错觉，以为学问即在于考据，而忘记了发明义理乃是更重要的学问。也就是说，他们只知修阶梯、造舟楫，而忘记了修阶梯是为了登高，造舟楫是为了渡河。清代汉学家这种专心致志于文字、音韵、训诂的考据学，与汉代的章句学相去甚远。第一，汉代章句学是章—句—字三步并重，清代考据学却偏重最后一步，着重在字、词上下功夫。第二，汉代章句学的诠释程序与方法，可用章—句—字来表示，由大及小，步步深入；清代考据学反其道而行之，诠释的程序与方法，可用字—词—道来表示，即从组成文本的最小单位——字开始，"由字以通其词，由词以通其道"①。问题是，越过了句，越过了章，由字词直接明道，有多大的可靠性？举一个众所周知的例子：《论语·泰伯》"子曰民可使由之不可使知之"章，仅有12字，对此章的理解，难点不在字词，而在句读。此章的句读，有人搞文字游戏，列出了十几种，这里仅举最常见的两种：

子曰："民可使由之，不可使知之。"

子曰："民可，使由之；不可，使知之。"

一望而知，两种句读，含义截然相反：第一种句读有愚民的嫌疑，第二种句读全然没有愚民的嫌疑。句读直接关系对文本的理解，而清代汉学家却忽略了这一点，直到康有为才指出了问题所在。

清代汉学家借以自骄、且以骄人的，是其考据工夫和考据成就，而他们的考据工作大半集中在由文字辨释、语言声韵、名物训诂等内容组成的所谓"小学"范围之内，所取得的成就的确超越了汉代。可是，"小学"只是经学

---

① 戴震在《与是仲明论学书》中说："经之至者道也，所以明道者其词也，所以成词者字也。由字以通其词，由词以通其道，必有渐。"这是清代考据学治经方法的经典式表述。

的支裔流亚，戴震所说的"明道"才是经学的根本宗旨。就治经的目的在于"明道"而言，清代汉学家所标榜的"由字以通其词，由词以通其道"的字—词—道的程序与方法，不如汉代经学家的章—句—字的程序与方法更为有效，他们的考据学也不如汉代的章句学更为高明。

（二）

我们有理由回到汉代的章句学，按照章句学的程序与方法来审视"君子不重则不威"章。

第一步是分析章节的问题。

分章与句读一样，直接关系对经典文本的理解，为汉代经学家所重视。分章的学理依据是，一个经典文本构成一个意义表达的完整体系，在这个体系中，又可以细分为若干个相对独立、亦相对完整的意义表达的单元，汉代经学家将此单元称之为章。[1] 每一章所表达的意义，往往由几个层次的意思所组成，一层意思用一节来表示。这就是章之下的节。《论语》是语录体，全书似乎没有一个意义表达的逻辑结构，[2] 一段语录，或者一个片断的记事，即构成一个独立的意义表达的单元。了解并掌握了每一个单元的意义，融会贯通，就会对《论语》全书的思想宗旨有正确的认识。所以，分章在《论语》文本的理解上显得尤为重要。

我们审视"君子不重则不威"章，遇到的第一个问题就是，此章是否构成《论语》文本的一个独立的意义表达的单元？这是此章能否成立的基本依据。如果是，则又如何解释此章四节彼此疏离的问题，以及"主忠信"以下三节重见于《论语·子罕》篇的问题。在汉代经学家看来，此章作为一个独立的意义表达的单元，并无问题。我们不妨认可和接受这一说法，并推测这一说法

---

① 在早期经典文本的篇、章、节结构中，只有章比较合理地构成相对独立、亦相对完整的意义表达的单元，章之上的篇太大，章之下的节太小，都不足以构成这样的单元。审视《老子》《论语》《墨子》《孟子》等，莫不如此。

② 近几十年来，不断有学人努力挖掘《论语》各篇、各章之间的逻辑关系，试图证明《论语》有一个意义表达的逻辑结构。

的根据，不外乎两种情况：一种情况是，此章是孔子一次言谈的完整的真实的记录，自成一个意义表达的单元；另一种情况是，此章是孔子在不同时间、场合言谈的记录，共有四个片断，散见于不同弟子的记录，是《论语》的编纂者将这四个片断归拢、合并在一起，组成了一章。大概由于竹简错乱或者重复抄写的缘故，编纂者又将"主忠信"以下三个片断重复置于《子罕》篇。第一种情况表明，此章在孔子那里就构成一个意义表达的单元；第二种情况表明，此章只是在《论语》的编纂者那里构成一个意义表达的单元。由于文献不足征，我们目前还无法判断哪种情况更接近于真实。不过，这对于我们来说，已经足够了，因为，无论哪种情况，都表明此章可以作为一个意义表达的单元来看。况且，即使是第二种情况，《论语》的编纂者去孔子未远，其对于《论语》文本的理解应该最为近真。

既然"君子不重则不威"章，可以独立成章，可以视成一个意义表达的单元，那又如何看待此章四节内容不连贯的问题？这牵涉对此章的整体把握与理解的问题。持之有据的答案是不存在的，我们只能提供一个言之成理的思路，即此章是孔子针对君子而言的，[①] 是孔子关于君子应该具备哪些条件的言说。孔子并没有给出做君子必须具备的全部条件，而是采取了列举法，简单地列举了四条，分别代表了从四个视角或四个方面提出的要求和条件。不同的视角、方面之间可以没有内在的逻辑关联，却有着共同的指向，指向同一个目标、同一个整体。具体来说，在此章中，君子是孔子言说的中心，围绕着君子，孔子从不同的视角、方面提出要求：

"不重则不威，学则不固"，这是从个人修养和学习的方面提出的教导。君子要自重，自重才能赢得他人的尊重，才能有威严。自重是品性修养。除此之外，还要加强学习。学习使人知识广博，不至于闭塞固陋。

"主忠信"，即坚持忠信的原则，这是从道德方面提出的要求。在道德方面，孔子为什么只提"忠信"而不及其他，估计很可能与孔子讲"主忠信"的

---

① 邢昺《论语注疏》已指出："此章勉人为君子也。"见黄怀信主撰，周海生、孔德立参撰：《论语汇校集释》（上），第57页。

语境有关。此语境今已不得而知。

"无友不如己者"，这是从交友、择友方面说的。儒家一向重视朋友关系，将其列为"五伦"^①之一。孔子多次提及朋友，《论语》首篇首章即记载了孔子一句名言："有朋自远方来，不亦乐乎！"孔子认为，与朋友交往首先要坚持诚信的原则^②，其次是有所选择，"无友不如己者"^③。与贤于自己的人交朋友，一则"见贤思齐"，二则能够得到指导和帮助，有利于提升自己；相反，与不如自己的人交朋友，不能从相互勉励、批评、帮助中受益，不利于提升自己。在这个意义上，孔子认为，君子应该"无友不如己者"。

"过则勿惮改"，这是从迁善改过的方面说的。人非圣贤，孰能无过？君子不怕犯错误，怕的是犯了错误，文过饰非，坚持不改。所以，孔子指出：犯了错误就不怕改正，以此作为君子应有的特点和优点。

本来，以君子为中心，还可以有针对性地提出一些条件和要求，可是，孔子只提出了这四条；也有可能孔子提出了若干条，但被记录下来的只有这四条。总之，这四条是孔子针对君子提出的条件和要求，如此理解，全章作为一个意义表达的单元，就完全可以成立了。

第二步是句读问题。

对全章的意义有一个正确而透彻的理解，这是解决句读问题的前提所在。弄懂了，读通了，句读自然不成其为问题。所以，"先立乎其大"（《孟子·告

①"五伦"指父子、君臣、夫妇、兄弟、朋友五种人伦关系。孟子阐述"五伦"，指出："父子有亲，君臣有义，夫妇有别，长幼有序，朋友有信。"见《孟子·滕文公上》。

②在《论语》中，孔子反复强调"与朋友交而有信"，"与朋友交而不信乎"，"朋友信之"等。

③"无友不如己者"，有多种解说，其中有两种解说怀疑"无友不如己者"的合理性：一是认为，如果在择友上，人人都坚持只和贤于自己的人交朋友，那么，贤于自己的人也坚持"无友不如己者"的原则，他岂肯与你交朋友？如此一来，天下人将无朋友可交。显然，这是一个逻辑悖论。二是认为，在交友、择友上，和不如自己的人交朋友，以此来勉励、帮助不如自己的人，不也是值得提倡的吗？笔者认为，如果单独考察"无友不如己者"这句话，并将其作为普遍性原则，的确存在以上问题。可是，这句话不会是单独存在的，它有语境，也有针对性，只是我们今天已不知其语境和针对性，所以造成了理解上的困惑和问题。

子上》），由大及小，是章句学遵循的程序或步骤。此章的句读，按现在通用的标点符号，应该标注如下：

> 子曰："君子，不重则不威，学则不固；主忠信；无友不如己者；过则勿惮改。"

杨伯峻《论语译注》对此章的理解，与笔者相同，但是，在句读上却有差异。杨伯峻的句读如下：

> 子曰："君子不重，则不威；学则不固。主忠信。无友不如己者。过，则勿惮改。"

如此句读、标点，对于理解全章意义似有困难，杨伯峻意识到了这一点，所以他在注释中特别说明："君子——这一词一直贯串到末尾。"如果不做交代，恐怕读者很难想象到君子一词贯串全章各节，直至末尾。而且，杨伯峻用了四个句号，将全章分为四节，一节一层意思。人们很容易误以为这四节彼此独立，相互间没有关联。

（三）

章、句已明，剩下的就是文字的训释了。

文字训释对于理解全章意义来说无关宏旨，却有关细节。细节不可小觑。差之毫厘，谬以千里，不可不慎。此章的文字训释，历经两千余年的研究，应该解决的问题基本上都解决了，只有几例还有继续讨论的空间。

"重"与"威"。已有的各种解释，基本上都是着眼于人的外在表现，比如，把"重"解释成言行的慎重、表情的严肃、举止的庄重、衣冠的整齐，以及为人的厚重，[1] 等等。与"重"相对应的"威"，也被解释为外表外貌上的威严、威仪。这类解释固然持之有据，言之成理，能够自圆其说，但是，细察之下，又觉得从外在表现的"重"说到外表外貌的"威"，总是在表面上转来转去，未能深入一步。

我认为，"重"应指自重。自重，是在人格上自己看重自己，自己尊重自

---

① 黄怀信主撰，周海生、孔德立参撰：《论语汇校集释》上，第56—59页。

己。自重是内在的。有了内在的自重，由内至外表现出来，就是衣冠、容貌、言语、举止的守正持重。人必自重而后人重之，人重之而后有威严。同理，人不自重而后人不重之，人不重之而后无威严。这应当是"不重则不威"的正解。

关于"威"，孔子有一个解说："君子正其衣冠，尊其瞻视，俨然人望而畏之，斯不亦威而不猛乎？"（《论语·尧曰》）请注意孔子用了"望"这个字眼，意思是说，"威"是那种让人望而生畏的威严。这种威严，不限于外表外貌，而是从内到外综合透露出来的威严气象。孟子看人，不看其外表外貌，而是望其气象，如见梁襄王，"望之不似人君"（《孟子·梁惠王上》），就是指其没有人君的气象。人有不同的气象①，威严即其一。威严、气象是内外的综合表现，仅从外表外貌来看威严气象是不够的。

"学则不固"。首先解决此句与前句"不重则不威"的关系问题。从朱熹、杨伯峻等人的解释看，他们实际上将"不重则不威，学则不固"看作一句，认为"不重"一因两果，既导致"不威"，也导致"学则不固"。②此说大误。我认为，"不重则不威，学则不固"是两个并列句："不重则不威"指为人而言，"学则不固"指为学而言。为人与为学是两回事，二者并没有内在的必然关联。萧纲早已指出："立身之道与文章异：立身先须谨重，文章且须放荡。"③朱熹、杨伯峻等人的解释，千虑一失，应予纠正。

然后再来看文字训释。此句的难点在"固"字。考查以往的训释，"固"有两解：第一，以"固"为固陋，指见识浅薄，闭塞固陋；第二，以"固"为坚固，指为学根柢扎实，基础牢固。

若取第一种解释，"学则不固"，指为学能够增长见识，解除闭塞固陋。这是通顺明白的解释，也是正确的解释。

儒学史研究

---

① 程颢、朱熹喜欢谈论人的气象，如圣贤气象、儒者气象；孔子有天地气象，颜渊有和风庆云气象，孟子有泰山岩岩气象，等等。

② 分别见朱熹：《四书章句集注》，第50页；杨伯峻：《论语译注》，第6页。

③ 梁简文帝萧纲《诫当阳公大心书》，见梅鼎祚编：《梁文纪》卷二。

若取第二种解释，"学则不固"，直译似乎扞格不通，必须给予解释才能说得通。比如，朱熹是将"不重则不威"与"学则不固"连接起来解释，说："重，厚重。威，威严。固，坚固也。轻乎外者，必不能坚乎内，故不厚重则无威严，而所学亦不坚固也。"① 为人不厚重与所学不坚固，有何必然联系？实在让人费解。朱熹将"学"解作"所学"，也不如解作"为学"更为恰当。

黄怀信教授亦解"固"为坚固，但他认为"学与重不重无涉，蔽固或学不坚固与威不威无关"②，所以他绕开朱熹，另辟蹊径，认为此句前脱"不"字，"学则不固"应为"不学则不固"，于是他将"学则不固"解释为"不学习就不坚固"③。这显然属于增字解经，应该特别谨慎。

"主忠信"。看似明白易晓，实则歧见不少。关键在于"忠信"是指忠信之人，还是指忠信之德。如果是指忠信之人，则"主忠信"可以与下面的"无友不如己者"并为一节，意思是说，亲近忠信之人，不要与不如自己的人交朋友。焦循、俞樾等人坚持这种看法。如果是指忠信之德，则"主忠信"与"无友不如己者"是两节，一节讲道德，一节讲交友、择友。皇侃、朱熹等人有此主张。④ 两说俱通，哪一说更为合理？我认为是后者，理由是，将"主忠信"解为坚持忠信之德，有《论语》内证的支持。据《论语·颜渊》记载，子张向孔子请教何为"崇德"，孔子指出："主忠信，徙义，崇德也。"此"忠信"指道德，彼"忠信"亦应指道德。

（四）

运用章句学梳理分析《论语》"不重则不威"章，有两方面的意义：一方面是重新发现章句学的价值；一方面是的确能够解决实际问题。当然，笔者笨拙，试图解决问题却出乎预期。同一技艺，大匠为之神乎其技，拙工为之滥乎其艺，人们不为拙工而废弃技艺。章句学的学理精髓，在于"先立乎其

---

① 朱熹：《四书章句集注》，第 50 页。

② 黄怀信主撰，周海生、孔德立参撰：《论语汇校集释》（上），第 58 页。

③ 黄怀信：《论语新校释》，第 10 页。

④ 黄怀信主撰，周海生、孔德立参撰：《论语汇校集释》（上），第 59—62 页。

大"，善于从宏观上、整体上把握一个意义表达的单元；然后，高屋建瓴，从整体出发，了解并把握整体之下的若干组成部分，如同章句学的章—句—字的程序与方法所展示的那样。这是我们应当记取并加以熟练运用的治学方法。

章句学在经学草创时期特别适用，并而很快走向全盛。经学草创时期，是各种经典文本的大发现、大汇合、大整理、大诠释的时代。而各种经典文本的最初整理与诠释，会自然遵循章句学指示的路径，首先了解并把握其篇章布局，然后经由句读，读通读懂经典文本。这完全是不期而然的路径选择。经学草创时期约与西汉同步，到了西汉末年，章句学发展至烂熟，运用章句学梳理分析经典文本的篇章结构及句读工作，一代又一代，该做的和能做的几乎都做了，并且不知做过多少遍了。在章句学的第一、二步工作似乎"山穷水尽"的情况下，经学发生了一次转向，由章句分析转向名物训诂。其实，这是汉代章句学的内部转向，即工作重点由第一、二步转向第三步。了解这一转向的意义在于，我们今天必须清醒地认识章句学实际应用的限度，那些在经典文本中的章句分析已经得到圆满解决的地方，不必再逞能，做画蛇添足之功。至于新出土的简帛文献，正是章句学的"英雄用武之地"。

章句学三步工作的全部目的，在于了解经典文本所记载的作者的"本言"，即作者在此究竟说了什么。这是经典诠释学的基础性工作。章句学还要进一步发明经典文本中的"微言"，即作者隐含于文本之中的言外之意和一些题中应有之义，西汉经学家善于从寻章摘句中发明经典文本中的微言大义，即属此类。一般而言，章句学进展至"微言"这一步就此打住，不再向前。然而，汉代经学家，特别是治《春秋》公羊学的一派，却能继续探索前进，他们不仅乐于发明经典文本中的题中应有之义，而且还进一步追问、寻求其题外应有之义。这就不可避免地在题中和题外应有之义的阐发上间附己意，以"参言"的方式参与了经典文本的意义创造。① 此犹不足，更有甚者。受经典文本中的题中应有之义和题外应有之义的综合启发，诠释者有所领悟，感觉

① 东汉何休《春秋公羊传解诂》，阐发了《春秋》"大一统""张三世"等思想，其中，即有不少公羊学家的"参言"。这些"参言"，丰富了《春秋》公羊学的义理内涵，并对后世产生了深远的影响。

必欲替作者说出一些什么，于是产生了代圣贤立言的冲动。代圣贤立言，其实是自己立言。"立言"是经典诠释学的最高阶段。立言者以我为主，六经皆为我注脚，其所立之言超出了经典文本的"固有"与"应有"之义，扬之高，凿之深，却又不偏离经典文本的学理逻辑，这是真正意义上的思想创造。①

"本言""微言""参言""立言"，在我看来，是经典诠释学循序渐进的四个阶段。②"本言""微言"属于章句学的范畴，"参言"跨在章句学的边界上，"立言"则超出了章句学的边界。笔者关于"君子不重则不威"章的分析讨论，只属于"本言"阶段的工作。"本言"治之未洽，无暇他顾；由"本言"拾级而上，愿俟诸高明。

（本文原载《社会科学战线》2012年第4期）

---

① 在汉代经学史上，似乎还找不到一位藉由儒家经典的诠释而进行系统的思想创造的"立言"者，就像孟子、二程、朱熹、陆九渊、王阳明等人那样；但是，如果放宽标准，不是系统的而是在某一点或几点上确立新说新义也应该算的话，则董仲舒无疑就是一位"立言"者。
② 此处所说的经典诠释学的"四言"，与傅伟勋（1933—1996）的"五谓"（见氏著：《从创造的诠释学到大乘佛学》，东大图书出版公司1990年版，第9—46页）有联系也有区别。所谓联系，在于"四言"是以"五谓"为参照而创立的；所谓区别，在于二者有诠释程序上的四步、五步之分，没有严格的对应关系。

关于当代《论语》学的几个问题

当下《论语》学仍然处于研讨的热潮期。这里我想简要地谈谈与当下《论语》学相关的三个热点问题:第一个问题是简单地谈谈今天我们应该如何读《论语》;第二个问题谈谈现代《论语》学的转型问题;第三个问题谈谈今天研究《论语》的理论与方法。

一、今天应该如何读《论语》

我们简单地梳理一下,从古至今,读《论语》、学《论语》,大致有以下两种方式:第一种方式是古人的方式、传统的方式,即认同、奉行传统儒学和《论语》所倡导的价值观。我们不但要读、要学,而且还要做,读一句,学一句,照着做一句;读一章,学一章,照着做一章。这种方式我把它称作"知行合一"的方法或者范式。第二种方式是知行分开,这种方式是"五四"新文化运动以来,或者说是现代学术规范确立以来所形成的方式。读《论语》,学《论语》,作为一个学者,是把自己看作一个认知的主体,把《论语》文本看作一个认知的客体。读《论语》、学《论语》,只是为了了解《论语》文本说了些什么,从《论语》文本中获得关于孔子思想的知识。只是为了获得一种知识,而没有想到如何按照《论语》所说的去做,按照孔子的教导去做。这样就把知和行分开了。对于这两种方式，我认为，每个人对于儒家倡导的价值观的认同和取向是有所区别的，我们不可以勉强不认同儒家价值观的人按照儒家观点去做，但是，作为一个儒学研究者，我们应该认同和倡导古人的知行合一的模式。我们不仅要读、不仅要学，而且要踏踏实实地去做。今天，我们倡导这种知行合一的为学方式特别有价值、有意义。弘扬中华优秀传统文化尤其需要倡导这种方式。

二、《论语》学的现代转型

《论语》学在历史上经历了三个发展时期：第一是汉唐经学时代的《论语》学；第二是宋明理学时代的《论语》学；第三是当今时代的《论语》学。从汉唐经学到宋明理学，《论语》学的转型非常成功，这个转型成功的标志就是朱熹的《四书章句集注》的问世。汉唐时期的《论语》学，重点是对《论语》文本的认识和解读；宋明理学时代，以程朱为代表，重点是解读《论语》文本的义理。从《论语》文本的一字一句入手以求得识字断文，读通读懂《论语》，到在读通读懂《论语》的基础上再进一步求得《论语》的义理，这个转型是非常成功的。当代《论语》学的转型，我认为，康有为的《论语注》是转型的开始，到今天这个转型还没有真正完成。当然，这个时间非常短，不过一百年左右，完成这样一个重大转型，时间可能不够，我们的理论准备、学理准备、方法论准备还不足，但我们一定要认识到我们当下有一个《论语》学的转型问题。而这个《论语》学转型的重大任务是什么呢？我认为，就是在汉学《论语》学的方法、宋学《论语》学的方法之外，开创当下中国人的新的《论语》解读和诠释的方法。到现在为止，我们还没有发明一个成熟的、为大家所认可的、非常成功的当代《论语》学方法，所以任重而道远。一个比较好的《论语》学方法，一定是理论与方法合而为一的。在座的很多学者都已经做了很好的尝试，但是，我所说的很成熟的、为大家所认可的《论语》学的理论与方法还没有发明出来，这就需要我们继续努力探索。

三、当今研究《论语》的理论与方法

我刚才所说的汉学，其实主要是指以东汉的古文经学为代表的学问，这和清代考据学比较相似，都是从经典文本的一字一句入手，先弄懂一个字，然后进一步弄懂由字组成的词，由词组成的句子，由句子组成的章，由章组成的篇，由篇组成的书，从小处入手，一步一步，由小见大，这种方式是东汉经学家的方式，也就是我们通常所说的汉学的方式。西汉经学家的方式与此完全不同，我把它称作章句学的方式。章句学的方式有其产生的必然性。从先秦时期流传到西汉初年的经学文本，儒家的、道家的、墨家的、法家的，等等，这些文本都写在竹简布帛上，不分篇章，没有句读。西汉时期的经学家面对这些文本，首先要分篇、分章、断句，而分篇、分章、断句首先要对经典文本有个整体的理解。没有这个整体的理解，不可能分篇、分章，更不可能断句。这就要求研究经典文本首先要立乎其大，对经典文本有个整体的、全面的理解，然后由大到小，这就叫章句学的方式。我曾经写过一篇《〈论语〉章句学诠释》的文章，专门谈这个问题。西汉章句学的方式是由大及小，东汉汉学的方式是由小到大，这些经典的解读方式在历史上是非常成功的。到了宋明时期，理学家发明的解读经典的方法，在于解读其中的义理，这也是非常成功的。到了今天，我们还没有发明出我们这个时代的解读经典文本的方法。当今中国文化的基本构成已经发生了重大变化。过去中国文化的基本构成是儒、释、道，到了今天，从张之洞提出中学为体、西学为用开始，西学已经侵入了中国文化，在好多领域，西学已成为当代中国文化的有机组成部分。在此背景下，我们是否可以借鉴西学的理论与方法，所谓他山之石，可以攻玉，借鉴西方古典学、西方哲学的理论与方法，采取中西融合的方式解读与诠释我们的经典。

比较而言，我更倾向于采用诠释学的理论与方法，比如要解读《论语》，按照诠释学的要求，首先要解决心智距离的问题。《论语》文本是记载圣贤讲的话，圣贤的智慧多高啊！我们作为《论语》的解读者，只是一个平凡的人。凡人与圣贤有一个心智距离的问题。我们要通过《论语》文本和圣贤对话，以一个平凡人的认知，以我们凡人的智慧，如何能达到圣贤的高度？在达不到情况下，我们能否做到和圣贤对话呢？这种对话能否进行下去？诠释学就是讨论和解决这方面问题的。《论语》产生于两千多年前，到了今天，我们能否跨越这两千多年的时空，正确理解《论语》？我们今天的文化背景与两千多年前的礼乐文化背景有很大差异，文化基本构成发生了很大变化，这中间自然存在着时间距离和文化背景的距离。如何消除这些距离，正确解读经典文本，这也是诠释学要解决的问题。诠释学还有一个更重要的问题，即如何把握和认识经典文本所构成的世界。我们以往解读《论语》，要了解《论语》文本讲了些什么，《论语》文本的义理是什么，总而言之，是把《论语》作为研究的对象来进行解读的。而诠释学却告诉我们，《论语》文本本身构成了一个存在的世界。这个存在的世界是客观的，也是主观的。就客观来讲，《论语》文本是两千多年前的那个时代，通过孔子与弟子、时人谈话的方式、讨论问题的方式，构成了那个时代的历史的世界，这是客观存在的。就主观而言，这个客观的历史的世界不是自动形成的，而要通过我们的解读把它构造出来，所以，它又是主观的。当我们把这样一个历史的世界构造出来的时候，它就变成了思想的世界。我们今天研究《论语》，往往偏重它的文本字句，而很少想到、很少考虑到《论语》文本实际上构成了一个历史的世界、思想的世界。这个历史的世界、思想的世界是什么？如何向我们呈现？我们如何去把握和认识？这一点我们做得还不够，甚至于还没有真正去做。如果真的去做了，去探讨《论语》文本构成的历史的世界或思想的世界，或许会有新的发现、新的进展。

当然，传统的研究《论语》的模式，无论是汉学的，还是宋学的，都还继续有效，都可以继续做下去。我们今天研究《论语》，除了继续采用过去很成功的模式及其理论与方法外，还应该有新的视野、新的发明、新的模式，以及新的理论、新的方法。在这样的基础上，我们才有可能发明创造适合我们这个时代的、新的解读《论语》的模式及其理论与方法。

（本文为 2019 年 6 月 22 日在孔子研究院举行的"第二届论语学论坛暨泰山学者论坛"上的发言稿）

《孔丛子》的真伪与价值

《孔丛子》是一部相当于"孔家杂记"的书，主要记述从战国初期到东汉中期孔子后代子孙的言语行事。书中时间跨度近六百年，内容广泛而丰富，对于了解汉以前孔子世家的发展、演变以及一些著名人物的嘉言懿行、家学传授等，有着重要的文献价值。

传世本由《孔丛子》《连丛子》《小尔雅》三部分组成，共二十三篇。《孔丛子》二十一篇，其中有《小尔雅》一篇；《连丛子》二篇。由于分卷不同，形成了两个版本：一个是见之于《四库全书》的三卷本，一个是为《四部丛刊》所收的七卷本。三卷本和七卷本大同小异，应该是来源于同一个祖本。

一、《孔丛子》一书的基本内容

如果我们将《小尔雅》从《孔丛子》二十一篇中分离出来，使之独立成书，《孔丛子》全书可以分为《孔丛子》《连丛子》《小尔雅》三部分。《小尔雅》与全书不类，如何羼入《孔丛子》，并且被编为第十一篇，迄今仍无合理的解释。《孔丛子》《连丛子》《小尔雅》三部分的基本内容如下：

（一）《孔丛子》二十篇

记述孔子、孙孔伋、七世孙孔穿、八世孙孔谦、九世孙孔鲋的嘉言懿行。其中，一至五篇：《嘉言》《论书》《记义》《刑论》，记孔子言行；六至十篇：《记问》《杂训》《居卫》《巡守》《公仪》《抗志》，记孔伋（子思）的言行；十二至十四篇：《公孙龙》《儒服》《对魏王》，记孔穿的言行。十五至十七篇：《陈士义》《论势》《执节》，记孔谦的言行；十八至二十篇：《诘墨》《独治》《问军礼》，记孔鲋的言行。

这二十篇可以视为孔氏五位先祖的言行集，从中可见，孔子以后，孔氏一族在长时段内人才辈出，保持了旺盛的思想活力，一直到司马迁著《史记》时仍然如此。所以司马迁为孔子作传，记述孔子一生言行事迹，兼及其后世子孙，破例给予了"世家"的规格，赞叹"孔子布衣，传十余世，学者宗之"。这里所说的"传十余世"，主要是指孔子作为一位平民思想家，能够传十余世而不衰，为学者所敬仰；此外，也指孔子子孙能够恪守先祖之业，薪火相传，达十余世。事实上，孔子世家一直到孔子第二十代孙孔融（153—208，字文举），维持了长达六百余年的光荣期。秦统一以前，孔子世家多出思想家，少见政治家；秦汉时期，适应大一统的要求而成功转型：孔子子孙纷纷走上了"学而优则仕"的道路。论"学而优"，孔子十一代孙孔安国以经学著称，他第一个整理了孔子故宅壁中发现的古文《尚书》，并为之作传，开了汉代古文经学的先河，对此后中国经学的发展产生了深刻的影响。论"学而优则仕"，孔子十代孙孔蒉、十一代孙孔臧、十三代孙孔霸、十四代孙孔光，都封侯拜相。从总体上看，为学是孔子世家所擅长的。孔子世家前二十代出现了许多思想家、教育家、学者、作家，他们都秉持孔子的理念，坚守孔子的遗训。儒学传世，是孔子世家的主流。

一至五篇记述孔子与弟子、家人、国君、卿大夫等人的言谈，内容涉及广泛，如：修身治国、《尚书》大义、日常行事应遵行的礼义规范、德刑关系，等等。这部分材料，在形式上与《孔子家语》《说苑》《韩诗外传》等书中所见的有关孔子的言论材料相接近，特点是每一则的篇幅都比较长；此外，其中有一些内容也见于《孔子家语》《说苑》《韩诗外传》等书。

六至十篇是记述孔子的孙子孔伋在鲁、卫、齐、宋等国与多人的交游和言谈，涉及的人物有曾子、曾申、老莱子、鲁穆公、齐王、卫君、孔白（字子上，孔伋的儿子）、孟子等，言谈的内容极为广泛。孔伋（约前483—前402），字子思，战国初期著名的哲学家、思想家，儒家学派的主要代表人物，幼年曾受到祖父孔子的教诲，继而受业于孔子弟子曾参。其生平事迹不可详考，仅知曾长期居留于鲁、卫两国，短期游历于齐、宋等国。鲁穆公时，被尊为师，以备顾问。《汉书·艺文志》著录《子思》二十三篇，《隋书·经籍志》著录《子思子》七卷，均已失传。现存《礼记》中的《中庸》《表记》《缁衣》《坊记》相传是子思的作品。1998年出版的《郭店楚墓竹简》中，有《缁衣》《鲁穆公问子思》《五行》等篇，多数学者认定为子思的著作。荀子以后，不少儒家学者认为子思与孟子存在某种师承关系，二人思想学说亦接近，因而被看作是一个学派，称为思孟学派。思孟学派在中国思想史上具有很大的影响力。

十一至十四篇是孔穿与公孙龙、平原君、信陵君、魏王、齐王的言谈记录。《公孙龙》篇记孔穿与公孙龙辩论"白马非马""坚白异同""臧三耳"尤其精彩。公孙龙是战国时期名家的代表人物，孔穿敢于与其辩论，而且能够取胜，可见孔穿比公孙龙更加擅辩。孔穿，字子高，孔子七世孙，生卒年不详，享年五十七岁。孔穿学识渊博，机智善辩。他生当战国中晚期的乱世，遵循"天下无道则隐"的祖训，不求仕进，先后游说楚、魏、赵、齐等国，与魏王、齐王、平原君赵胜、信陵君魏无忌等相友善。据《孔子家语后序》记载，孔穿著有《儒家语》十二篇，名曰《谰言》。《汉书·艺文志》著录《谰言》十篇，有人认为此即孔穿所作，唐代颜师古已辨其非是。《谰言》久已失传。

十五至十七篇是孔谦与魏王、赵王、韩王、卿大夫的言谈记录，以及孔谦在魏、赵两国为政的事迹。孔谦，字子顺，又字子慎。孔穿之子，孔子八世孙，生卒年不详。孔谦在魏国从政为相，在外交上采取与赵国联合的方针，在内政上整顿官吏，"改蘖宠之官以事贤才，夺无任之禄以赐有功"，惹得一些丢官失职的人纷纷表示不满。魏王初期对孔谦很信任，封其为文信君；后来慢慢疏远了孔谦。孔谦一再陈述治国大计，魏王均不采纳。孔谦不愿尸位素餐，于是告病回家。

十八至二十一篇是孔鲋反驳墨家对孔子和儒家的批评，以及孔鲋与陈涉讨论军礼和其他问题的记录。孔鲋，字子鱼，又称子鲋；一名甲，又称孔甲；孔谦之子，孔子九世孙；生卒年不详。孔鲋生当战国末年，博通经史，与魏国名士张耳、陈余等友好。秦始皇统一中国后，继续奉行法家政策，实行文化专制主义，焚书坑儒。孔鲋将家中讲学用的《论语》《孝经》《尚书》等儒家经典收集起来，藏于孔子旧宅壁中。然后，率弟子逃往嵩山，隐居讲学。陈胜起义后，孔鲋在陈余的劝说下出山，陈胜亲自出迎，拜其为博士、太师。不久，孔鲋感觉进言不被采纳，任职六旬（一说六个月）后托疾告退，死于陈。

（二）《连丛子》二篇

主要记载汉代孔子后裔的作品与言论。《连丛子》，又称《续孔丛子》，旧称孔子十一世孙孔臧将其所作的赋与书裒辑成卷，附于《孔丛子》之后；因为题材不一，丛聚成书，所以称为《连丛》，又称《连丛子》。传世《连丛子》分上、下两部分，列为《孔丛子》第二十二篇和第二十三篇。

《连丛子》上，共收九篇作品，其中：四篇赋及二封书信是孔子十一世孙孔臧的作品；一篇序，是"宗人子通"为孔奇《左氏传义诂》所作的序，"宗人子通"，其人不可考；《叙书》《叙世》二篇，不知作者，从《叙世》提及孔子十九世孙孔和来看，作者应是与其同时或在其后的某一位孔氏子孙。

《连丛子》下，共有十一章，无章名，主要记述孔僖、孔季彦父子以及其他孔氏族人的言语行事。

（三）《小尔雅》

列为《孔丛子》第十一篇，实际上可以独立成书。《小尔雅》，又称《小雅》，全书分为《广诂》《广言》《广训》《广义》《广名》《广服》《广器》《广物》《广鸟》《广兽》《度》《量》《衡》十三篇，是一部解释字词、名物的书。因为与《尔雅》类同，并且多补《尔雅》之未备者，故称《小尔雅》。

《汉书·艺文志》著录《小尔雅》一篇，是否即此《小尔雅》，学者们尚有不同意见。《小尔雅》的内容、体例与《尔雅》十分接近。《尔雅》是解释儒家经典的辞书，《小尔雅》也是。据黄怀信教授统计，"《小尔雅》所收600多词语中，有40%以上可释于三《礼》，近30%可释于《左传》及《诗经》，10%左右可释于《尚书》，还有不少可释《谷梁传》和《公羊传》"。[1]在体例上，《小尔雅》模仿《尔雅》原有的《释诂》《释言》《释训》《释器》《释鸟》《释兽》等篇目，设《广诂》《广言》《广训》《广器》《广物》《广鸟》《广兽》等篇目，以补充《尔雅》相应各篇应收而未收的内容。《小尔雅》还增设《广义》《广名》《广服》《广度》《广量》《广衡》六篇，特别是关于度、量、衡的三篇，为《尔雅》所无。《小尔雅》与《尔雅》既属同类，关系又如此密切，说明两书必有其可进一步研究、揭示的内在关联。

二、《孔丛子》的由来及其真伪

《孔丛子》旧题孔鲋撰。可是，汉代两部最著名的目录书——刘歆《七略》与班固《汉书·艺文志》却没有《孔丛子》的记载，一直到三国魏时，经学家王肃（195—256）才在《圣证论》中提及《孔丛子》。从孔鲋到王肃四百多年间无人提及《孔丛子》，这不能不让人怀疑其来历；再加上《孔丛子》中有一部分内容被学者们怀疑非孔鲋所能撰，所以，自宋明以后，《孔丛子》多被视为伪书。

《孔丛子》的作者究竟是谁呢？学者至少提出了四种意见：

王肃伪造说。认为王肃首先伪造了《孔子家语》，接着又伪造了《孔丛子》，以便两书互证为真。

---

① 黄怀信：《一本很有价值的古典辞书——〈小尔雅〉》，见氏著：《古文献与古史考论》，齐鲁书社2003年版，第54页。

宋咸伪造说。宋咸是第一个为《孔丛子》作注的学者。朱熹认为《孔丛子》文气软弱，不似西汉人作所，于是怀疑是宋咸伪作。

孔鲋所撰，孔臧所附。《隋书·经籍志》和新旧《唐书》都著录了《孔丛子》，题孔鲋撰。宋咸为《孔丛子》作注，指出前六卷二十一篇为孔鲋所撰，后一卷《连丛子》上下篇为孔臧所附益。

孔子二十世孙孔季彦或其后某位孔子子孙搜集先人言行材料，编订而成。

实际上，从考证作者入手来论证《孔丛子》的真伪，在方法论上存在不少问题。从《孔丛子》全书构成来看，《孔丛子》二十篇、《连丛子》二篇、《小尔雅》一篇，实际上皆可独立成书，它们决不是一位作者所撰，所以，根本就不存在一个全书的作者问题。

《孔丛子》二十篇，在题材上与《说苑》《韩诗外传》相类似，都是一些孔子子孙的言行片断，篇幅短小。这类言行片断，必非记述于一时一人之手；而且，推测其数量不少，分布于零星散处。到了汉代，孔子子孙中有人加以搜集、整理，编订成书，于是有了《孔丛子》。因此，《孔丛子》没有作者，只有编者。这位编者很可能是孔鲋。但是，孔鲋没有最后完成全书的编订工作，他的后人（儿子或孙子）继承其未竟的事业，连带将孔鲋的言行一并编入书中，于是读者可见书中第二十一篇记孔鲋之死。

《连丛子》作为一本书而言同样只有编者，但是，《连丛子》书中的若干篇章却可以认定作者，如孔臧的四篇赋、二封书信。

《小尔雅》是有作者的，只是其作者的身份是一个难以破解的谜；黄怀信教授推测是孔骈、孔子立父子所作，[1] 在目前缺乏有力证据的情况下，不妨看作是有参考价值的一种说法。

既然《孔丛子》全书的编者或作者问题如此复杂而难以解决，那么我们考察《孔丛子》的真伪问题，不必着眼于编者或作者问题，而可将重点放在

---

[1] 黄怀信：《〈小尔雅〉的源流》，见氏著《古文献与古史考论》，第50页。

考察书中材料的来源问题及真伪问题。从方法论上说，只要书中材料不是伪造的，有真实可靠的来源，便可以断定《孔丛子》为真。所以，要想真正解决《孔丛子》的真伪问题，必须对书中材料一一考证，能够证实或证伪几分，问题便解决几分。比如说，我们现在大致可以判断，《连丛子》二篇中的材料基本上是真实可靠的，那么，《连丛子》基本上也是真实可靠的，据此可以说《连丛子》是真不是伪。至于《连丛子》编者的署名问题，无关《连丛子》真伪问题的大局。

当然，对《孔丛子》全书的材料来源与真伪问题做出详尽的考证，是一件繁难的工作。笔者在此只是提出问题，而不是解决问题。要想解决问题，艰苦而细致的考证是必不可少的。可喜的是，已有学者不惮繁难，在做《孔丛子》全书材料的考证工作，持之以恒，必有所获。①

三、《孔丛子》的珍贵价值

《孔丛子》一书在儒家文献中一向不受重视，不仅研究者少，而且连其许多有价值的材料都不被引用。实际上，《孔丛子》具有多方面的价值，如文献价值、史料价值和思想价值等。以下着重介绍《孔丛子》二十篇与《连丛子》二篇的史料价值和思想价值。至于《小尔雅》的价值，黄怀信教授已有充分的论述，此不赘述。

首先，作为一部类似于"孔家杂记"的书，它提供了许多有关孔子世家的珍贵史料。李学勤先生认为，《孔子家语》和《孔丛子》是汉魏间孔子家学的两部重要文献。②比较而言，《孔子家语》重点是记述孔子及其弟子的言行事迹，《孔丛子》却是重点记述孔子后世子孙的言行事迹。所以，从孔子家学的传承和孔子世家的角度来看，《孔丛子》的价值大于《孔子家语》。孔子以后，

---

① 黄怀信教授与孙少华博士关于《孔丛子》的考证工作尤其值得关注和赞赏，他们取得的相关成果极大地推进了《孔丛子》的研究工作。

② 李学勤：《竹简〈家语〉与汉魏孔氏家学》，载《孔子研究》，1987年第2期。

从三世孙孔伋到九世孙孔鲋，数代闻人的若干言行事迹，全凭《孔丛子》的记述而为后人所知。《连丛子》不仅记述了汉代孔氏的谱系、家学、名人的情况，还记载了孔子家族的一个特殊的继承制度：孔子八世孙子顺生有三个儿子，长子和次子享有孔氏继承权，却又有分别：长子一系继承殷统，次子一系继承祀孔权。小子一系无继承权，却因为军功而封侯（见《连丛子》上《叙书》）。孔氏家族的特殊继承制，以往鲜为人知，没有引起人们的重视。这与《孔丛子》长期被视为伪书有关系。其实，《叙书》的记载应该是真实可靠的。孔子家族的这一特殊继承制，无疑是宗法社会继承制的一个罕见的样本，值得认真研究。

同样应该引起注意的是，孔子世系的计算问题。从《连丛子》的记载可知，在汉代，孔子世系的计算不是从孔子开始，而是从孔子的父亲叔梁纥开始算起。孔子世家的第一代祖先是谁，表面上似乎仅仅关系到孔子世系的肇始和排列问题，其实，问题不止如此。如果与宗法制联系起来考察，一个家族的血缘谱系，不仅与该家族划分大宗、小宗有联系，也与该家族内的亲亲、尊尊直接相关。按照宗法制划分大宗、小宗的规定，汉代孔子世家以叔梁纥为始祖，则从叔梁纥往下传至五世，由于"亲亲之义，五世而尽"，必须从第五世的嫡子中选择嫡次子另立小宗。此小宗再传至五世，又别立小宗。如此类推，就会形成一个大宗与若干小宗对列、若干小宗必须共同拥戴大宗的格局。在这个格局中，大宗永远尊叔梁纥为始祖，从叔梁纥开始，一代一代实行嫡长子继承制。由此不难明白：为什么孔子八世孙子顺的长子继承殷统，次子主持祀孔事宜，原因就在于汉代的孔子世家尊叔梁纥为始祖。[1] 尊叔梁

---

① 汉代孔子世系与其继承制度密切相关。2009 年，笔者为译注本《孔丛子》撰写"前言"时，发现了汉代孔子世系与孔氏继承制度有难解之处，却未及详究，匆忙做出此一草率结论。2011 年，拟将两者合并做详细探究，又发现孔子世系是更复杂的问题，于是舍难就易，仅仅做了孔氏继承制的讨论，写成《汉代孔子世家特殊继承制》一文，收入本书中，相关问题当以此文为准。

纥为始祖，并以叔梁纥代表殷统，说明孔子临死前叹息"予，始殷人也"（《史记·孔子世家》），为其后世子孙念念不忘。后来，孔子世家改奉孔子为始祖，由衍圣公的长子为大宗继承人，次子主持子思祭祀事务。

司马迁为孔子作传，不置于"列传"，而是升格为"世家"。看看《孔丛子》记述的孔子以后几位子孙的言行事迹，再看看司马迁亲自到孔子故里考察，"观仲尼庙堂、车服、礼器，诸生以时习礼其家"，可知，孔子以后，孔子子孙十分珍惜作为圣人之后的光荣，恪守先祖教诲，修德讲学，世代不替，形成了良好的传之久远的家学、家风，如第十七篇《执节》所记赵王对孔谦说："从古及今，载德流声，未有若先生之家者也。"正因为如此，孔子后世，人才辈出，孔家成为名副其实的世家。

其次，《孔丛子》具有重要的思想价值。《孔丛子》在宣扬、阐发孔子思想方面，做了两方面的努力：一是经由孔子子孙而不断重温孔子的教导，二是书中有不少关于孔子子孙如何不忘本，如何为人处世，如何修德讲学的内容，向人们展示了圣人之后的风范和情操。至于在儒家思想的创新和发展方面，似乎没有特别过人之处，但是，仍然有闪光之点。比如，第六篇《杂训》记子思与悬子讨论禅让与革命的问题，子思提出了一个观点："夫受禅于人者则袭其统，受命于天者则革之。"这是说，经由禅让而和平获得政权者，应该承袭其前任的传统；因为天命转移，经由暴力而夺得政权者，应该革故鼎新，改正朔，易服色，与民更新。禅让与革命，是古代政权更替的两种方式。禅让是和平的，革命是暴力的。为什么"受禅于人者则袭其统"？这是因为禅让是选贤与能的最高表现，是政权在贤能与贤能之间的和平交接。在禅让中，一代又一代贤能开创的事业，自然能够传承下去。为什么"受命于天者则革之"？因为在天命转移的过程中，上一个政权贪污腐化，丧失民心，天命不再保佑这个政权；取而代之者实行仁政，与旧政权决裂，没有继承关系，所以必须改造旧社会，革除旧制度，塑造新社会，展现新气象。

再如第二十一篇《答问》记陈胜与孔鲋讨论文献记载的可信度问题，表现了一种可贵的怀疑精神。陈胜读《国语》，认为《国语》记载骊姬夜里向晋献公哭进谗言的事不可信，理由是"人之夫妇夜处幽室之中，莫能知其私焉。虽黔首犹然，况国君乎？"显然，陈胜的质疑有理、有力，表现了他不盲从、不迷信的理性精神，与孟子所说的"尽信书，不如无书"约略相同。孔鲋回答陈胜的质疑，不是从道理上而是从制度上给予说明。从道理上说，夫妇夜里在卧室的交谈，极为隐秘，不为外人知，在这一点上，国君与平民的确是完全一样的。可是，在制度上，国君与平民却大不一样。国君始终有史官相伴随，"外朝则有国史，内朝则有女史。举则左史书之，言则右史书之"。正因为如此，晋献公与骊姬的床笫之私、房中之事才被女史记录了下来，从而为人所知。显然，孔鲋的说明也合情合理。今人阅读及此，不禁为陈胜的质疑叫好，也能够从孔鲋回答质疑的思路中受到启发。这就是《孔丛子》文本的魅力所在。

（本文原载《齐鲁文化研究》总第八辑，2009年；又见2009年中华书局出版的译注本《孔丛子》"前言"）

伏生与汉代今文经学

两汉时期是儒家经学的全盛时期。在遭受了秦王朝焚书坑儒的沉重打击之后，儒学在汉代慢慢走上了复苏之路。仅仅几十年的光景，儒学就迅速上升为官学，享有了"独尊"的地位。汉代儒学不同于先秦儒学，其中一个重要的不同点是，汉代儒学不再像先秦儒学那样是一种原创性的思想，而是变成了一种诠释性的学问——经学。经学是儒学经典的诠释之学。儒学经典在汉代有《诗》《书》《礼》《易》《春秋》五种，号称"五经"。五经各有相对独立的传授系统，并先后被立于学官，置博士，受到政府的大力扶持。五经中的《书》，即通常所说的《尚书》，其在汉代的传授系统始于伏生，换言之，伏生是汉代《尚书》学的第一传人。

一、伏生及其家世

伏生，名胜，字子贱，生乃尊称，生卒年不详，济南人，曾任秦博士。博士一职，源自战国时期，至秦代，列入百官，掌教弟子、通古今、承问对、辨然否诸事。秦代博士七十人，有方士，有儒生，以齐鲁籍人士居多，尤以齐人为最多。① 伏生是齐地济南人，齐地多方士，但他不是以方士身份而是以儒生身份出任秦博士的。秦始皇焚书坑儒，伏生和叔孙通、羊子等秦博士中的齐鲁儒生一样幸免于难，逃归家乡隐居，秦亡汉兴，以《尚书》教授于齐鲁之间，始为人知。

伏生的家乡济南，至汉初始设政区。汉高祖六年（前201年），封其子刘肥为齐王，"食七十余城。诸民能齐言者皆与齐"（《汉书·高五王传》），济南即在其中。高后元年（前187年），立其兄之子吕台为吕王，"割齐之济南郡为吕王奉邑"（《汉书·高五王传》），是为"济南"这一名称在历史上的首次出现。吕台拥有济南只有短短的八年时间。诸吕之乱被平息后，文帝元年（前179年），便"尽以高后时所割齐之城阳、琅邪、济南郡复予齐"（《汉书·高五王传》）；文帝十六年（前164年），济南由郡升国，封齐王刘肥的一个儿子刘辟光为济南王。十年后，即景帝三年（前154年），济南王因参与叛乱被杀，国废，复为郡。伏生在文帝时期以治《尚书》著称于世，当时他年近九十，很可能他的晚年就是生活在文帝时期济南先为郡、后为国这一时段内。这时的济南以东平陵（在今章丘）为治所，其辖区大致包括今章丘、历下、邹平、济阳以及商河、淄川的一部分。伏生的故里在邹平。据《邹平县志》记载，邹平境内有多处伏生遗迹，如韩店镇苏家村西有伏生祠，位桥镇有伏生墓遗址，韩店镇共家村有伏生洞，等等。

伏生的祖先，据说可以追溯到孔子弟子宓子贱。宓子贱（前521—？）②，春秋末年鲁国人（一说宋国人），名不齐，字子贱，孔子弟子，视听言动有君子之风，故孔子称赞他说："君子哉若人！"（《论语·公冶长》）宓子贱曾任单父（在今山东单县）宰，无为而治，"身不下堂而单父治"（《吕氏春秋·察贤》）。其为政之贤与子产、西门豹齐名，故有"子产治郑，民不能欺；子贱治单父，民不忍欺；西门豹治邺，民不敢欺"（《史记·滑稽列传》）之说。有著作传世，《汉书·艺文志》儒家类著录《宓子》十六篇。《颜氏家训·书

---

① 张华松：《秦代的博士与方士》，载氏著《齐文化与齐长城》，中国戏剧出版社2000年版，第42页。

② 关于宓子贱生年的记载，《史记·仲尼弟子列传》说他"少孔子四十九岁"。

证》篇考证宓子贱的"宓"字应作"虙"，宓子贱即虙羲之后，并记"今兖州永昌郡城，旧单父地也，东门有子贱碑，汉世所立，乃曰：'济南伏生，即子贱之后。'是知虙之与伏，古来通字，误以为宓，较可知矣。"可见，南北朝时期人们尤多知济南伏生是孔子弟子宓子贱之后。

伏氏在汉代是经学世家。伏生的先人，除宓子贱以外，有无治经之人不得而知。自伏生治《尚书》开始，其家世传经学，人才辈出，终两汉之世治经家风不息。不过，伏生之学不是由其子孙而是由其弟子发扬光大，据说，伏生之学传至其孙已不能守，故其后伏氏不再以治《尚书》传世，而是转向了治《诗》。汉武帝时，伏氏迁居东武（今山东诸城），后有伏理师从匡衡治《齐诗》，创立了《齐诗》伏氏学，传于其家。伏理之子伏湛"少传父业，教授数百人。成帝时，以父任为博士弟子"（《后汉书·伏湛传》）。后官至大司徒，东汉建武六年（30年）封不其（今山东即墨西南）侯，子孙世袭。伏理另一子伏黯亦传父业，作《齐诗》章句《解说》九篇，官至光禄勋。伏理之孙伏恭少传伏黯之学，曾在朝廷举行的经学考试中名列第一，授博士职。汉明帝时，为大司空，位列三公。伏恭以伏黯《齐诗》章句《解说》篇幅过长，为之删削浮词，定为20万言，以便于学习和流传。伏湛玄孙伏无忌，承袭不其侯爵，[①]传家学，永和元年（136年）参与校定宫中秘藏五经、诸子百家和艺术等典籍。汉桓帝元嘉年间（151—153），奉诏与黄景、崔寔等人共撰《汉记》。伏无忌则采集古今资料，去粗取精，著《伏侯注》一书。自伏生之后，伏氏历两汉四百年，世传经学，累代公卿，号称"伏不斗"，是山东著名的经学世家。

二、伏生与《尚书》的传授

儒学发展至汉代，迅速进入了经学时代。如果说先秦儒学主要是邹鲁缙

---

① 伏湛始封不其侯，其后由伏氏世袭。伏湛之后，由其三子伏翕袭爵。伏翕卒，由其子伏光袭爵。伏光卒，由其子伏晨袭爵。伏光卒，由其子伏晨袭爵。伏晨卒，由其子伏无忌袭爵。伏无忌卒，由其子伏质袭爵。伏质卒，由其子伏完袭爵。伏完娶桓帝女阳安长公主，其女伏寿为献帝皇后。伏完卒，其子伏典袭爵。建安十九年（214年），曹操杀献帝皇后伏寿，诛伏氏。

绅之士创立的，那么，汉代经学则主要是齐鲁儒生的事业。司马迁曾经深入考察山东一带的民风民俗，齐鲁地区的儒学之盛给他留下了极其深刻的印象，所以他在《史记》中一而再、再而三地予以记述：

> 天下并争于战国，儒术既绌焉，然齐鲁之间，学者独不废也。（《史记·儒林列传》）

> 夫齐鲁之间于文学，自古以来，其天性也。故汉兴，然后诸儒始得修其经艺，讲习大射乡饮之礼。（《史记·儒林列传》）

> 邹、鲁滨洙、泗，犹有周公遗风，俗好儒，备于礼。（《史记·货殖列传》）

在"儒术既绌焉"的情况下又遭受了焚书坑儒的打击，儒学遭遇了自其产生以来的第一次生存危机，独赖齐鲁儒生间的薪尽火传，才将那不绝如缕的学脉延续了下来。汉兴，儒学解放，齐鲁儒生"始得修其经艺"，父子治一经，师生修一艺，《诗》《书》《礼》《易》《春秋》五经各自形成了相对独立而又严格的传授系统。齐鲁以外的其他地区，间有硕学鸿儒，亦属零星散处，远不如齐鲁那样人才济济①。各地经师起初在民间自立门户讲学，后来声闻于朝廷，从文帝时期开始，乃陆续有所选择地征立于学官，置经学博士。到武帝时，规模已具，五经皆置博士，而大儒董仲舒犹嫌不足，他进一步建议"罢黜百家，独尊儒术"，以确立儒家经学在官学中的垄断地位。

伏生正是在文帝时期齐鲁儒生纷纷脱颖而出的时候被发现的。当时，儒家经典已受到相当的重视，《诗》《论语》《孝经》《孟子》《尔雅》皆置博士②，其他各经如《礼》《易》《春秋》等虽未见记载置博士，但是，按照《诗》

---

① 《汉书·儒林传》称："汉兴，言《易》自淄川田生；言《书》自济南伏生；言《诗》，于鲁则申培公，于齐则辕固生，燕则韩太傅；言《礼》，则鲁高堂生；言《春秋》，于齐则胡毋生，于赵则董仲舒。"这八人皆是汉初治经卓然成家者，而齐鲁儒生占六人。

② 《汉书·楚元王传》："文帝时，闻申公为《诗》最精，以为博士。"这是文帝时《诗》置博士之证；赵岐《孟子题辞》："孝文皇帝欲广游学之路，《论语》《孝经》《孟子》《尔雅》皆置博士。"

置博士之例，也应该均置博士，而且都有闻名于世的专门经师。唯独《尚书》是一例外，以其文字古奥而未闻有治之者。朝廷注意到这一点，乃在民间广为搜罗治《尚书》的人才，于是发现了伏生，欲召入朝中教授《尚书》。

然而，这时伏生年九十余，老迈不可远行，朝廷只好下令由主管教育的奉常（景帝时改称太常）派其属官掌故晁错前往伏生住所请教。伏生口授，晁错笔录。因伏生年老，口齿不是很清楚，他又不会说当时通行的、各地都能听懂的"正言"，于是就让女儿羲娥在一旁代为翻译解说，而羲娥说的也是齐地方言，晁错是颍川人，仍然有十之二三听不懂，只是略知大意而已。《尚书》在伏生、晁错间授受之际的情形大致如此。

应该指出，朝廷派晁错从伏生受《尚书》，可谓用非其人。晁错是法家，对儒学不热心，对《尚书》无兴趣，对他而言，从伏生受《尚书》只是一桩寻常的公事而已，所以他返回朝廷后，并无特殊表彰《尚书》之举，更没有从此热衷于《尚书》的学习与宣扬。① 因此，晁错从伏生受《尚书》，在经学史上，无论对《尚书》的传授，还是对《尚书》学的形成，都没有多大实际意义。

当时，真正对《尚书》的传授和《尚书》学的形成做出贡献的是伏生的两个弟子——张生和欧阳生。

原来，早在秦始皇焚书坑儒之际，伏生就将《尚书》藏于墙壁之中，待到秦亡汉兴，惠帝时废除挟书律，政治环境稍稍宽松，伏生才从墙壁中取出《尚书》，以教授于齐鲁之间。这期间，伏生培养出了两个很有名的弟子。

一个是张生，济南人，名字失考，生乃尊称，生平事迹不详，仅知其在文景时期任经学博士。张生从伏生学成之后，转授鲁人夏侯都尉，夏侯都尉授其族子夏侯始昌，夏侯始昌再传其族子夏侯胜。夏侯胜"后事简卿，又从欧阳氏问。为学精熟，所问非一师也"（《汉书·夏侯胜传》）。夏侯胜始立《尚书》大夏侯氏之学。夏侯胜的族子夏侯建，先从夏侯胜受业，后又师事欧阳

儒学史研究

———

① 有一种观点认为晁错也算伏生的弟子，窃以为不妥。晁错是以政府官员的身份而不是以弟子身份前往伏生处受《尚书》，而且此后他也没有以治《尚书》为业，不能与伏生的两个弟子张生和欧阳生相提并论。

高，并且还曾进一步"从《五经》诸儒问与《尚书》相出入者，牵引以次章句，具文饰说"（《汉书·夏侯胜传》），亦成一家之言，号称《尚书》小夏侯氏之学。两学并立，叔侄反唇，夏侯胜讥讽其侄"章句小儒，破碎大道"，夏侯建批评其叔"为学疏略，难以应敌"（《汉书·夏侯胜传》）。到宣帝时，大小夏侯氏之学① 俱立于学官，置博士，与欧阳氏一起成《尚书》学三家博士鼎立之势。

伏生的另一个著名弟子是欧阳生，名容，字和伯，千乘（今山东广饶）人。他未曾出仕，在民间专心治学，以《尚书》教授同郡兒宽。② 兒宽"有俊材，初见武帝，语经学。上曰：'吾始以《尚书》为朴学，弗好。及闻宽说，可观。'乃从宽问一篇"（《汉书·儒林传》）。可见，正是兒宽改变了汉武帝对《尚书》的看法。后来，兒宽又转而教授欧阳生的儿子。从此，欧阳氏世世以治《尚书》为业，遂成专门家学，到欧阳生曾孙欧阳高时，乃大显于世。欧阳高总结了累世所传家学，作《欧阳章句》三十一卷③，创立了《尚书》欧阳氏学，他本人则在武帝时被立为书经博士，成为整个《尚书》学有史以来的第一个博士。其后，欧阳氏善守家学，人才辈出，到东汉时，"学为儒宗，八世博士"（《后汉书·儒林传》），可谓盛极一时。

三、伏生与今文《尚书》学

伏生自幼苦读《尚书》，据说他十岁开始攻读《尚书》时，"以绳绕腰领，一读一结，十寻之绳，皆成结矣"（康熙《邹平县志·杂志·轶事》）。他能够成为《尚书》学大师不是偶然的。他所传授的《尚书》是汉代第一个为人所

---

① 应当说，《尚书》大小夏侯氏之学主要出自张生。但夏侯氏几代人，师承复杂，学不专一，如夏侯始昌"通《五经》，以《齐诗》《尚书》教授"（《汉书·夏侯始昌传》），可见，大小夏侯氏之学的形成还受到了其他经学因素的影响。

② 一说晁错传《尚书》于兒宽，见王充《论衡·正说》。

③《汉书·艺文志》"六艺略"《尚书》类著录《欧阳章句》三十一卷，未注明作者。唐代陆德明认定作者是欧阳高，他在《经典释文·叙录》中说："欧阳氏世传其业，至曾孙高，作《尚书章句》，为欧阳氏学。"

知、所见的《尚书》本子，由于是用当时通行的隶书写定，故称今文《尚书》，以与后来发现的古文《尚书》相区别。伏生对《尚书》所作的解说，部分保留在《尚书大传》中，对于汉代今文《尚书》学的产生和发展起到了重要的指导作用。

伏生以《尚书》授张生、欧阳生和晁错三人，由于年代久远，记载疏略，也由于《尚书》本身问题的复杂性，还存在一些值得深入探讨的问题，以下选择其中的三个加以讨论和说明。

(一) 伏生所传《尚书》的篇数和篇目问题

据《史记》《汉书》记载，伏生从壁中取出他藏的《尚书》时，发现少了数十篇，只剩下了二十九篇，他就以这二十九篇《尚书》[①] 教授于齐鲁之间。可是，刘歆、王充等人都说二十九篇《尚书》中有一篇后得，刘歆说这后得的一篇是《泰誓》，得之于汉武帝时；王充虽未明言这后得的一篇是哪一篇，但他对这一篇的由来却言之甚详："至孝宣皇帝之时，河内女子发老屋，得逸《易》《礼》《尚书》各一篇，奏之。宣帝下示博士，然后《易》《礼》《尚书》各益一篇，而《尚书》二十九篇始定矣。"(《论衡·正说》)按刘歆、王充所说，伏生所传《尚书》其实只有二十八篇，而不是二十九篇，那么，究竟哪一说正确呢？两千多年来，许许多多的学人考证过这一问题，迄今没有定论。有一种观点认为："据近出土汉熹平《石经·书序》残石，上连《文侯之命》，篇目下有'廿八'二字，那么《泰誓》是第廿九无疑，这真正是汉时《尚书》为二十九篇，而非二十八篇的铁证。"[②] 这一观点值得重视。认为伏生所传《尚书》为二十九篇应接近事实。

与篇数有联系的是篇目问题。伏生所传的今文《尚书》二十九篇篇目是：

(1)《尧典》；(2)《皋陶谟》；(3)《禹贡》；(4)《甘誓》；(5)《汤誓》；

---

① 《尚书》是夏商周三代的历史文献选集，经由孔子整理编定成书，但《尚书》究竟有多少篇，有多种说法。参见蒋善国：《尚书综述》，上海古籍出版社1988年版，第4—6页。

② 蒋善国：《尚书综述》，上海古籍出版社1988年版，第24页。引文中的《泰誓》应是《秦誓》。

（6）《盘庚》；（7）《高宗肜日》；（8）《西伯戡黎》；（9）《微子》；（10）《泰誓》；（11）《牧誓》；（12）《洪范》；（13）《金縢》；（14）《大诰》；（15）《康诰》；（16）《酒诰》；（17）《梓材》；（18）《召诰》；（19）《洛诰》；（20）《多士》；（21）《无逸》；（22）《君奭》；（23）《多方》；（24）《立政》；（25）《顾命》；（26）《费誓》；（27）《吕刑》；（28）《文侯之命》；（29）《秦誓》

由于如前所述篇数有二十八篇和二十九篇两说，于是便出现了一个篇目问题，主要涉及《泰誓》《书序》《顾命》和《康王之诰》四篇。一说认为原有二十八篇，加上后得的《泰誓》，才有二十九篇；一说也认为原有二十八篇，但不是加上《泰誓》而是加上《书序》，才有二十九篇；一说认为原二十九篇，无《泰誓》，分《顾命》与《康王之诰》为二，后来增入《泰誓》，便将《顾命》与《康王之诰》合二为一，仍保持了二十九篇的数目；一说认为原二十九篇，包括《泰誓》在内，但《泰誓》是有其目无其书，发现了《泰誓》正好填补了这一有其目无其书的缺失。以上各说纷纭杂陈，让人莫衷一是。至于西晋末年梅赜献孔安国《古文尚书传》，又一次引发了今文《尚书》的篇目问题，因为梅赜所献乃伪书，可存而不论。

（二）《尚书大传》的作者问题

《尚书》文辞古奥，佶屈聱牙，向称难读。因此，两汉治《尚书》者为之传，为之章句，为之解故，为之注，等等，连篇累牍，不计其数。《尚书大传》是汉代解说《尚书》的第一部著作，旧题伏生所作。《汉书·艺文志》著录《尚书》"经二十九卷，传四十一篇"。"传四十一篇"即《尚书大传》，《汉书·艺文志》未注明作者。后来，郑玄作《尚书大传注》，在序中称："伏生为秦博士，至孝文时，年且百岁，张生、欧阳生从其学而受之。……生终后，数子各论所闻，以己意弥缝其阙，别作章句，又特撰大义，因经属指，名之曰传。刘向校书，得而上之，凡四十一篇。"[1] 这是说，《尚书大传》是伏生弟子集师说而成，并非伏生所作。但是，隋唐以来多认为《尚书大传》乃伏生的著

---

① 转引自余嘉锡：《四库提要辨证》（第一册），中华书局1980年版，第28—29页。

作，如《隋书·经籍志》明确指出："伏生作《尚书传》四十一篇，以授同郡张生。"清代学者陈寿祺辑轶其书，作《尚书大传定本》，推崇"伏生《大传》，条撰大义，因经属恉，其文辞尔雅深厚，最近《大小戴记》七十子之徒所说，非汉诸儒传训之所能及也"（《清史稿·陈寿祺列传》）。以上两说并存，自然就产生了《尚书大传》的著作权问题。如果仔细分析一下郑玄的说法，也许问题不难解决。郑玄说张生、欧阳生等在伏生卒后"别作章句"，"以己意弥缝其阙"，这说明其中夹杂"己意"，不单纯是记其师说，故可以称之为"作"。《大传》则是张生、欧阳生等"特撰大义"而成。在这里，"撰"，是述、编辑的意思；"大义"，是伏生口说的大义。伏生弟子尊奉师说，各述所闻，集而成书，故《大传》可以称之为"述"。如此，则《尚书大传》颇类似于《论语》《公羊传》《穀梁传》的情况，即使不署伏生的名字，也是出于伏生，是述伏生之学，而且从其称"传"之例[①]来看，《尚书大传》的地位明显高于欧阳章句、夏侯解故一类的著作，如果不是出自伏生，而是其弟子张生、欧阳生所作，恐怕是不会称"传"的。

（三）今古文《尚书》问题

汉代经学有今古文之分之争，两者的差异主要表现在经的文字和经的解说上。荀悦《申鉴·时事》篇说："仲尼作经，本一而已，古今文不同，而皆自谓真本经；古今先师，义一而已，异家别说不同，而皆自谓古今。"汉代的《尚书》学亦复大致如此。

伏生传授的《尚书》是今文经，古今无异辞。到汉武帝时，先在民间发现了一篇古文《泰誓》[②]，后又在孔子故宅墙壁中发现了一部完整的古文《尚书》，于是这就出现了《尚书》今古文的问题。不过，在当时，《尚书》今古文

[①] 在汉代，解经之作是分层次的，最高的称"传"，其次是"记"，然后是章句、注释等。由于"传"的地位非同寻常，人们往往以"经传"并称，甚至于将"传"提升为"经"，如《春秋》三传——《左传》《公羊传》《谷梁传》后来被列入"十三经"。

[②] 此《泰誓》属古文，参见孔颖达《尚书序·正义》引《别录》曰："案王充《论衡》及《后汉史》，献帝建安十四年黄门侍郎房宏等说云：'宣帝本始元年，河内女子有坏老子屋得古文《泰誓》三篇。'"

问题还是一个不成其为问题的问题。因为，那篇后得的古文《泰誓》，据刘向《别录》称，交给了博士，"使读说之数月，皆起传以教人"；既曰"传以教人"，又未闻单篇流行，很有可能已改用当时通行的隶书书写，并被收入伏生所传的《尚书》中。从孔壁中发现的古文《尚书》，计四十五篇[1]，比伏生所传的二十九多篇出十六篇，皆用古字书写[2]，孔安国将其献于武帝后，因遇巫蛊事而被悬搁，未立于学官，乃藏之于秘府。孔安国是孔子十一世孙，秉承家学，精研诗书，他得到这部出自先祖故宅壁中的古文《尚书》，自是十分珍惜，除了献给朝廷外，他本人则"以今文读之，因以起其家"（《史记·儒林列传》）。孔安国《治古文尚书》，给当时的孔氏家学增添了一项新的内容，但是，由于仅限于民间的层面，有时甚至于仅限于家学的小范围内，还由于古文《尚书》被藏于秘府，鲜为人知，所以，整体说来，并未对立于学官的今文《尚书》产生什么影响。

需要说明的是，孔安国治古文《尚书》，"以今文读之"，实际上是用当时通行的隶书将其重新书写了一遍，即伪孔安国《尚书序》所说的"隶古定"；也就是说，古文《尚书》被发现后，又用今文（隶书）书写了一遍，实际上也变成了今文。但这并不意味着它与今文《尚书》字字句句完全一样。今古文《尚书》在文字上仍有差异，以同一篇而论，有字数多少的不同，如《酒诰》今文比古文少二十五字，《召诰》今文比古文少四十四字等；有文字的不同，如《尧典》今文"辨章百姓"，古文作"平章百姓"；今文"协和万邦"，古文作"叶和万邦"等。所以，尽管是用同一种文字书写的，人们仍很容易将它们区

---

① 孔壁古文《尚书》的篇数，各说不一。从《汉书·艺文志》说孔安国传其书后，"以考二十九篇，得多十六篇"，故总计四十五篇。

② 《汉书·艺文志》称孔壁古文《尚书》"皆古字也"，未言何种文字。《孔传大序》始称"皆科斗文字"。后来一些学者认为所谓古字、科斗文字云云，就是籀文，或出自籀文的篆文。近代学者王国维作《战国时秦用籀文六国用古文说》，明确指出："六艺之书行于齐鲁，爰及赵魏，而罕流布于秦。……其书皆以东方文字书之。汉人以其用以书六艺，谓之古文；而秦人所罢之文与所焚之书，皆此种文字，是六国文字即古文也。……而孔子壁中书与《春秋左氏传》，凡东土之书，用古文不用大篆，是可识矣！"

别开来。另外，由于当时是今文《尚书》的一统天下，孔安国治古文《尚书》，似乎考虑到了如何与今文《尚书》"接轨"的问题，所以他只治与今文《尚书》相同的二十九篇，至于那多出的十六篇则存而不论。受此影响，那十六篇"逸书"一直无人理会，到东汉马融时，仍然是"绝无师说"。从孔安国治古文《尚书》，可以看出，伏生所传的今文《尚书》凭借其官学优势，对古文《尚书》的生存和发展产生了巨大的影响。

古文《尚书》直到西汉末年在刘歆、王莽的合力支持下才一度立于学官，时间虽短，却随着整个古文经学兴起的大势而引起人们的注意，传习者日众，影响亦渐大，以至于在东汉时期可以和立于学官的今文《尚书》分庭抗礼。东汉末年，郑玄打破今古文经学的门户之见，兼采两家之长，作《尚书注》，今古文《尚书》学乃渐趋统一。

（本文原载《济南文史论丛初编》，济南出版社，2003 年）

儒学史研究

董仲舒对儒家仁学的创新与发展

　　仁学是早期儒家的重要的思想成果，也是儒家为中国文化宝库贡献的珍贵的思想资源。仁学最早由孔子创立，之后，孔子的弟子曾参对仁学有着充分的认识与领悟，第一个发表了"仁以为己任"的文化宣言。此后，儒家诸子、诸学派，特别是思孟学派，都对仁学三致其意，做了应有的诠释与发挥。新出土的简帛儒家文献包含着不少的儒家仁学思想资料，丰富了我们对仁学的认识。

　　仁学，即人学，是关于人与人文主义的理论学说。仁学的核心是爱人。仁学有三个要点：一是张扬人的价值，以人为"大写的人"，强调天地万物以人为贵[1]；二是要求推己及人，将人比人，以人应享有的理解、尊重、关怀去对待他人，"己所不欲，勿施于人"（《论语·颜渊》）；三是发扬"仁者爱人"的精神，培养、扩充人的恻隐之心，树立博爱、大爱的理念，乐于助人，乐于爱人，乐于成人之美。仁学既是修身之学、内圣之学，也是为政之学、外王

---

[1] 郭店楚简儒家文献《语丛一》："天生百物，人为贵"；儒家经典《孝经·圣治章》："天地之性，人为贵"。汉代刘向《说苑·杂言》："天生万物，唯人为贵，吾既已得为人，是一乐也。"这些显然表明"人为贵"是儒家的普遍认识。

之学。

　　早期儒学是我国春秋战国时期生气勃勃、富于理论原创性的显学。进入秦汉以后，儒家的进取性减弱，保守性增强，绝大多数的儒者沉潜于儒家经学而自得其乐。只有少数几位儒者一身二任，既是思想家又是学问家，汉初董仲舒即是其中之一。

　　董仲舒作为学问家，对"春秋公羊学"有着精深的研究，是当时公认的大师级的人物；作为思想家，他对儒家仁学有着深刻的领悟，并对其做出了合乎学理逻辑与合乎时代需要的诠释、说明与发挥，推动了儒家仁学在汉代的进一步发展。

一、确认"仁"的外在的超越性本原

　　仁是从哪儿来的？仁的根源何在？这个问题既可以从思想史进行探讨，追根溯源，寻找仁学的萌芽、发生与发展；也可以做逻辑上的形上追问，探索仁的超越性本原究竟何在。

　　早期儒家显然偏重后者。孟子曾经提出了一个极有影响力的看法，即他认为仁根源于人心，具体来说，就是根源于人的恻隐之心，他说："恻隐之心，仁之端也"（《孟子·公孙丑上》）；又说："恻隐之心，仁也"（《孟子·告子上》）。恻隐之心，在孟子那里，又称作"不忍人之心"（《孟子·公孙丑上》）；合而言之，孟子称其为良心或本心，后世学者称其为仁心。在孟子看来，良心或本心既是"天所与我者"，是天赋予人的，也是"我固有之"和"人皆有之"的。所以，良心或本心具有超越性、普遍性和内在性的特点。将良心或本心视作仁的形上本原，是孟子的发明，具有逻辑上"第一公设"的特点。人们追问仁的形上本原，到良心或本心为止；良心或本心之外，超出了理性范围，人们茫然无知，存而不论。

　　孟子的思维具有哲学的力度与高度。他直接将仁的形上本原问题置于学理逻辑的链条顶端予以讨论，只要逻辑坚实，左右采获之所得亦必坚实。遵循孟子的思路而超越孟子是不可能的。所以，孟子之后二百余年在仁的形上本原问题上无突破。

　　董仲舒被称为汉代的孔子。他推崇儒家仁学，愿为发扬光大仁学而殚精竭虑。他必须在儒家仁学的全部发展成果的基础上重新思考仁学的问题，这时，作为哲学家的董仲舒遇到的第一个问题，自然是仁的本源问题。仁的本源问题直接关系仁的牢固性和可靠性问题。只有将仁置于坚实的基础之上，才有可能建立起高耸的仁学大厦。显然，董仲舒不同意孟子的仁为人的本心或良心说，因为在孟子那里，人的本心或良心是天所赋予的，因而也是第二性的。董仲舒越过人的本心或良心这一环节，直接将仁与天对接，把仁的本源归之于天，他说：

　　　　仁之美者在于天。天，仁也。……人之受命于天也，取仁于天而仁也。(《春秋繁露·王道通三》)

　　　　仁义制度之数，尽取之天。(《春秋繁露·基义》)

　　　　霸王之道，皆本于仁。仁，天心。(《春秋繁露·俞序》)

　　在董仲舒看来，天的本质属性是仁，仁就是"天心"。人之所以有仁，人间世之所以有仁义制度，是因为人受命于天。

　　有善必有恶，有仁必有不仁。恶与不仁又是从哪儿来？董仲舒从善恶二元论的角度给予了回答。他认为，人有贪、仁之性，原因在于天有阴、阳之气：

　　　　人之诚，有贪有仁。仁贪之气，两在于身。身之名，取诸天。天两有阴阳之施，身亦两有贪仁之性。(《春秋繁露·深察名号》)

　　又说：

　　　　阳天之德，阴天之刑也。阳气暖而阴气寒，阳气予而阴气夺，阳气仁而阴气戾，阳气宽而阴气急，阳气爱而阴气恶，阳气生而阴气杀。(《春秋繁露·阳尊阴卑》)

　　董仲舒的论证很简单：天人相副，人身与天相对应，人的贪性来源于天之阴气，人的仁性来源于天之阳气。将仁归之于天，是早期儒家仁学的题中应有之义，但是，再进一步，将仁归之于天的阳气却是董仲舒的新发明、新进展。

董仲舒与孟子不同，他偏重从外在超越性的层面来探讨仁的根源问题，[①] 这对于后世程朱理学从天或天理的层面探讨仁的本源问题或许是一个启发。

二、在中国思想史上第一次明确提出"博爱"的原则

仁学的核心是爱人。孔子主张"泛爱众，而亲仁"（《论语·学而》），孟子提出"仁民而爱物"（《孟子·尽心上》），将"泛爱众"和"仁民"视作仁的本质规定。可是，孟子却坚决反对墨子的"兼爱"说。"兼爱"指平等地爱一切人，爱人如己，爱他人的父母兄弟如同爱自己的父母兄弟，爱他国之人如同爱本国之人，等等。这与"泛爱众"并无根本的不同，孟子为什么要坚决反对呢？原来，在儒家的观念里，仁爱植根于血缘亲情，仁爱必须从"亲亲"做起。父子、兄弟之间有着血缘上的一体之亲[②]，所以父子、兄弟之间的"孝悌"被看作仁的根本。人在血缘上有亲疏远近，仁爱随之也有厚薄等差。爱自己的父母必厚于爱他人的父母，将对自己父母的爱等同于对他人父母的爱，实际上是将自己的父母等同于他人的父母，这在孟子看来，等同于眼中无父母，是不能容忍的。[③] 孟子将仁爱安顿于血缘亲情之上，并不意味着画地为牢，在他看来，仁爱还要进一步推己及人，突破血缘关系，"老吾老以及人之老，幼吾幼以及人之幼"（《孟子·梁惠王上》），向着更广泛的博爱发展。在这个层面上，孔子的"泛爱众"，孟子的"仁民"，与墨子的"兼爱"并无不同。不仅如此，儒家的仁爱，沿着其"亲亲而仁民，仁民而爱物"的内在逻辑，还发展到了惠及天地万物的高度。怜悯飞禽走兽，爱惜一草一木，视一切生

---

① 董仲舒亦从历史的层面做探讨，他在《春秋繁露·三代改制质文》中说："主天法商而王，其道佚阳，亲亲而多仁朴……主地法夏而王，其道进阴，尊尊而多义节。"

② 早期儒家认为，人间世有"三至亲"，父子、兄弟、夫妻有一体之亲，是为三至亲。

③ 孟子认为墨子讲兼爱是"无君无父"，而"无君无父"是禽兽。显然，孟子的论证逻辑有问题。在兼爱上，将己之父母视若人之父母，并非无视己之父母的存在，由此得出"无父"的结论是不妥的。

命与人的生命息息相关，皆有其值得珍爱的价值和意义，这是儒家仁爱有之、墨家"兼爱"无之的境界。

董仲舒对于早期儒家仁学有着透彻的理解与领悟，他在孔子的"泛爱众"、孟子的"仁民"说的基础上，第一次明确提出了"博爱"说。他认为圣人的教化，是"先之以博爱，教之以仁也"（《春秋繁露·为人者天》）。博爱，是董仲舒对儒家仁学的新概括。后来，唐代韩愈据此提出了"博爱之谓仁"（《原道》）的说法，直接将仁爱视作博爱。博爱作为仁的基本内涵，董仲舒有一个经典性的表述：

> 仁者所以爱人类也。（《春秋繁露·必仁且智》）

仁爱的对象，在孔孟那里，是"民"或"众"，[1]董仲舒则认为是"人类"。显然，"人类"的概念比"民"或"众"的概念更具有广泛性和普遍性。董仲舒曾经指出："仁者，爱人之名也。"（《春秋繁露·仁义法》）人，在早期儒家的观念里，是与天、地并列的"三才"之一，是惟一可以与天地万物相对待的独立存在者。"民"或"众"相对于人来说是次生的概念。"民"相对于君而言，"众"相对于寡而言，都在人的范畴之内。孔子讲"仁者爱人"，自然包含爱所有的人，亦即爱人类。可是，孔子虽然有"类"的概念，[2]却没有将"类"的概念应用于人，提出"人类"的概念，所以也就没有提出"爱人类"的主张。到了战国后期，"类"的概念广泛应用，物有其类，人有其类，《吕氏春秋》甚至有《爱类》篇，阐发了仁者爱人必爱其同类的道理。《爱类》篇开宗明义，指出：

> 仁于他物，不仁于人，不得为仁。不仁于他物，独仁于人，犹若为仁。仁也者，仁乎其类者也。（《吕氏春秋·爱类》）

董仲舒说的"仁者，所以爱人类也"，与《吕氏春秋·爱类》说的"仁也者，仁乎其类者也"，异曲同工，其中的继承关系一目了然。仁爱是爱人类，

---

① 孔子讲"泛爱众"，"博施于民而能济众"；孟子讲"仁民"，等等，都把"民""众"作为仁爱的对象。

② 如孔子办学，主张"有教无类"。

从仁爱的内涵来说，并无创新之处；然而，从仁爱的概括性表述来说，却是董仲舒得益于时代的进步而做出的创新，它将仁爱的普遍性更加清晰地凸显了出来。

仁爱是博爱，是大爱。除了爱人、爱人类之外，仁爱还有"爱物"的内涵。董仲舒对此也有积极的回应与发挥。他说：

> 质于爱民，以下至于鸟兽昆虫莫不爱。不爱，奚足谓仁？（《春秋繁露·仁义法》）

仁爱不是人类的自私自利之爱，而是必进一步惠施于鸟兽草木乃至天地万物之爱。康有为（1858—1927）欣赏董仲舒此说，予以阐发指出：

> 孔子之道，最重仁。人者，仁也。然则天下何者为大仁，何者为小仁？鸟兽昆虫无不爱，上上也。凡吾同类，大小远近若一，上中也。爱及四夷，上下也。爱诸夏，中上也。爱其国，中中也。爱其乡，中下也。爱旁侧，下上也。爱独身，下中也。爱身之一体，下下也。可为表表之。（《春秋董氏学》）[1]

康有为以仁爱的范围与力度为标准，将仁爱划分为上、中、下三个层次，每个层次又各分为三个等级，我们按其"可为表表之"的说法，可以制作一个仁爱表如下：

康有为仁爱等级表

	上仁	中仁	下仁
上	鸟兽昆虫无不爱	爱诸夏	爱旁侧
中	凡吾同类，大小远近若一	爱其国	爱独身
下	爱及四夷	爱其乡	爱身之一体

康有为的这个仁爱表，将仁爱从爱己身之一体开始，逐层推广、扩充，一直到达鸟兽昆虫，把仁爱的层次与范围划分得清清楚楚。

董仲舒将仁爱定义为博爱，不仅直接启发了韩愈、康有为、孙中山等

---

[1] 见刘梦溪主编：《中国现代学术经典·康有为卷》，河北教育出版社1996年版，第251页。

人[①]，在中国思想史上影响深远，而且还与西方基督教的博爱学说相契合，有力地证明了儒家的仁爱与基督教的博爱的一致性，以及东西方在人与人相亲相爱上"人同此心，心同此理"的一致性。

三、区分仁义，提出仁法、义法的概念，阐明仁法在于爱人、安人

儒家倡导仁义。"孔曰成仁，孟曰取义"，仁义之道也就是孔孟之道。在早期儒家那里，仁义并称不始于孔子而始于孟子[②]。仁义并称，表示仁义相似相近，是同类的概念，但二者又有差异。孟子时代，儒家已意识到仁与义的差异，并做了不少的积极探讨，形成了一种比较有影响的"仁内义外"说。从传世文献看，告子是第一个提出"仁内义外"的儒家学者，[③]而为孟子所反对。孟子主张仁义俱为内在，都根源于人的本心。实际上，告子的"仁内义外"说，是早期儒家的一个相当流行的说法，这已被新出土的简帛儒家文献所证实。[④]董仲舒同样注意到了仁与义的差异，但他似乎对"仁内义外"说不感兴趣，反而提出了另一种"仁在爱人，义在正我"的理论。

董仲舒将人与人的关系归结为人我关系，认为仁义其实是对治人我关系的。他说：

> 《春秋》之所治，人与我也。所以治人与我者，仁与义也。以仁安人，以义正我，故仁之为言人也，义之为言我也，言名以别矣。（《春秋繁露·仁义法》）

仁与义对治人我关系有分工：以仁爱人，以义正我。以仁爱人，是仁的基本规定，是为仁之法，简称"仁法"。以义正我，是义的基本规定，是为义

---

① 孙中山曾说："中国古来学者，言仁者不一而足。据予所见，仁之定义，如唐韩愈所云'博爱之谓仁'敢云适当。……谓之博爱，能博爱，即可谓之仁。"见孙中山演讲：《军人精神教育》，载《中华民国史事纪要》（初稿），1921年九月至十月版。

② 其实，老子、墨子都早于孟子而使用"仁义"一词。仁义并称，不是孟子的发明。

③ 告子的学派归属是一个有争议的问题，笔者倾向于同意告子为儒家说。

④ 许多学者对此有论述，可参见梁涛：《郭店竹简与思孟学派》，中国人民大学出版社2008年版，第386—389页。

之法,简称"义法"。他说:

> 《春秋》为仁义法。仁之法在爱人,不在爱我。义之法在正我,不在
> 正人。我不自正,虽能正人,弗予为义。人不被其爱,虽厚自爱,不予
> 为仁。(《春秋繁露·仁义法》)

在董仲舒看来,仁与义各有其适用的范围与对象,亦各有其实现的路径与方法。

因为"仁法"是爱人,所以董仲舒认为,人不应该局限于自爱、爱我,而是要超越自我,从自我走出来,推己及人,关爱他人。他比较了几种爱的情况,如"王者爱及四夷,霸者爱及诸侯,安者爱及封内,危者爱及旁侧,亡者爱及独身"(《春秋繁露·仁义法》),爱的范围愈狭隘,境界愈低下,事业愈局促,安全性愈小。所以,他说:"独身者,虽立天子诸侯之位,一夫之人耳,无臣民之用矣。如此者,莫之亡而自亡也。"(《春秋繁露·仁义法》)一个人只爱自己,不爱他人,虽然贵为天子、诸侯,亦是孤家寡人的"独夫"或"一夫",没有合作者,更没有拥戴者和追随者,最后的结局只能是自取灭亡。爱人是普遍的人类情感,从爱人出发,必然走向生活上的利人、助人、安人。董仲舒引经据典,阐述以仁安人的重要性与必要性。孔子主张的先富后教,"博施于民而能济众"(《论语·雍也》);《诗经》中的"饮之食之,教之诲之",等等,在他看来,都是安人的经典言论。而历史上若干残害人民的"一夫",害人、杀人,落得身败名裂的下场,从反面提供了厚自爱、不爱人的经验教训。

与"仁法"是爱人不同,"义法"是正我。《中庸》有"义者,宜也"之说。董仲舒认为:"义者,谓宜在我者。宜在我者,而后可以称义。故言义者,合我与义以为一言。"正因为义乃宜在我者,宜在我者为正,不宜在我者为不正,正即义,所以义的必然要求是正我。换言之,义的适用范围与对象是我,而不是他人。"义法"是正我,不是正他人。儒家历来主张,人在错误、过失面前,应该反求诸己,"躬自厚而薄责于人",这在董仲舒看来是合乎义的;如果相反,怨天尤人,一味推诿于他人,那就违背了义。"义法"的首要原则是

正我。己身不正，虽然能够正人，也不得称其为义。孔子认为，为政者必须为人正派，以身作则，"政者，正也。子帅以正，孰敢不正？"（《论语·颜渊》）也同样是首先强调为政者的正己，并没有过多地要求正人。儒家并非不重视正人，孔子要求弟子"克己复礼"，就包含着以礼正人的意味。但是，儒家首先要求的是正我，然后才是正人；或者说，正我行有余力，才可以正人。而且，即使是正人，在儒家看来，最好也是教人自正，即：给予适当的启发、教诲、诱导，由当事人自己改正、修正而反之于正，而不是生硬地、强迫性地规范他人，矫正他人的行为。前者是自律，后者是他律。董仲舒的义在正我说，正是自律性的道德学说。

董仲舒以仁为爱人、以义为正我的划分，显然是对儒家仁义学说的创新与发展。我们可以从早期儒家的仁义学说中寻找源头或线索，以证董仲舒的创新与发展，并非戛戛独造，而是其来有自，[①] 但是，我们更应该看到董仲舒对早期儒家仁义思想资料的梳理、引申、发挥、总结、概括，以至于提出新见、新说。这正是孔子以后儒家思想创新与发展的普遍规律。

（本文原载《济南大学学报》社会科学版 2009 年第 6 期）

---

① 周桂钿先生是汉代思想以及董仲舒研究的专家，他已经指出董仲舒的仁义新说的立论根据。参见周桂钿：《汉秦思想史》，河北人民出版社 2000 年版，第 142—143 页。

张尔岐的学问与思想

张尔岐是明末清初山东大儒，以治经学造诣极深而远近闻名，又以治"三礼"卓然成家而赢得顾炎武的佩服。顾炎武称："独精三礼，卓然经师，吾不如张稷若"[1]；又称赞张尔岐"根本先儒，立言简当，以其人不求闻达，故无当世之名，而其书实似可传"[2]。明清时期，南北学风延续了千百年来的差异：北方之学致广大，南方之学尽精微。张尔岐为学博闻多识，沉思义理，同时具备了致广大、尽精微的特点，被时人誉为山东自郑玄、孙复、石介以后一人而已。

一、生平及社会角色

张尔岐是山东济阳人[3]，生于明万历四十年（1612 年），卒于清康熙十六年（1677 年），字稷若，号蒿庵，又号汗漫道人。出身于世代农耕之家，到了

---

[1] 顾炎武著，华忱之点校：《顾亭林诗文集》，中华书局 1983 年版，第 134 页。

[2] 顾炎武著，华忱之点校：《顾亭林诗文集》，第 60 页。

[3]《济阳县志·卷八·人物志》（乾隆）记张尔岐为济阳西乡宜约人，即今济阳县店子乡张稷若村人。

其父张行素这一代，才由耕而读，耕读并举。张尔岐幼年受家学熏陶，稍长从师学习举子业。取得诸生资格后，多次参加科举考试，竟无一中。明崇祯十二年（1639年），满族军队入侵，大掠山东，其父及三弟死难。遭此横祸，张尔岐深受刺激，一日忽然狂作不安，一把火烧掉了自己的科举书籍，欲投水自尽；又想身着道士服，弃家出世，遁入山中，都是因为顾念堂上老母，才强自抑制，一一作罢。

清顺治元年（1644年），天崩地解，明清鼎革，君父之恨、家国之痛促使张尔岐彻底放弃了科举。此后有两次机会，似可走"学而优则仕"的道路，而张尔岐却自塞其路。一次是清顺治三年，刚刚建立的清王朝组织科举考试，地方上主其事的官员知张尔岐学问精深，推荐他参加秋试，他以贫病而婉谢；一次是清顺治七年，张尔岐被选送到北京国子监学习，他以母老而辞谢。张尔岐如此决绝于科举，是因为君父之仇创巨痛深，直至六十岁时仍然"心期一点终难了"[①]。他曾作《满江红·杜宇》以写其"当年情事，遭逢太酷"：

> 杜宇何来，抵死的、冷啼热哭？都只为，当年情事，遭逢太酷。万里河山铺锦绣，一朝世运成反复。最难堪、骨肉寄谁行，怜孤独。 矜巧舌，文章熟。夸善斗，爪趾秃。论君臣旧礼，空名何赎。百口难传亡国恨，群雏且饱官仓谷。浩东风寄语绿杨枝，愿多福。

张尔岐放弃科举后的生活道路，基本上是教学和治学的双重奏。教学，为童子师，为应付科举的需要，焚弃了的八股文重新拾起，聊以养家糊口；治学，焚膏继晷，兀兀穷年，潜心研究经史，有多种著作传世，如《仪礼郑注句读》《周易说略》《老子说略》《蒿庵集》《蒿庵闲话》等。

因为"当年情事，遭逢太酷"，张尔岐取《诗经·小雅·蓼莪》中的"匪莪伊蒿"之意，自题其所居草庐曰"蒿庵"。蒿莱柴门，蓬茅败屋，张尔岐起居其中，"终身不服彩、啖肥、娱音乐，……其所寝处，血迹斑斑，无日不属

---

① 张尔岐：《自挽》，见张尔岐著，张翰勋整理：《蒿庵集·蒿庵集捃逸·蒿庵闲话》，齐鲁书社1991年版，第266页。

儒学的知识、思想与智慧

·280·

石首也"①。而且，赡养老母至孝：兄弟三人分家析产，他作为兄长自择其最差的一份；二弟残废，他代为输纳赋役终身，临终易箦之际，又立遗嘱要求他的三个儿子继续代纳赋役。在乡间闾里，张尔岐真正做到了孝悌，为之示范，树之风声。

张尔岐自述："余固陋，鲜四方交。唯日闭门拥图书，自附尚友而已。"②的确，张尔岐离群索居，不求闻达，少交游③。其时，"山东名士与复社者九十余人，而尔岐俯仰一室，若无闻知"④。他一生不离乡土，其足迹大致不出济阳一县范围。从现有的资料来看，他一生中似乎仅有一次短暂的出门远行，即顺治十年（1653 年）的北京之行。此外，他曾数次往返于黄河对岸的济南，并且，在崇祯六年（1633 年），他二十二岁时，因受人诬陷，一度被关入济南府狱，后得昭雪出狱。康熙十二年（1673 年），张尔岐六十二岁，应邀前往济南参与纂修《山东通志》，与薛凤祚、李焕章、刘孔怀、顾炎武等共事，凡三年。这是张尔岐一生中离家在外淹留时间最长的一次。省志修成后，张尔岐回家不到二年即病逝。

与"学而优则仕"的士人不同，张尔岐是学而优则隐的士人。学而优则隐的士人，被称作"处士"。张尔岐自认处士的身份⑤，他一生绝大部分时间在乡间度过，被时人称为"乡里句读师"。应当说，张尔岐是一位比较典型

① 李焕章：《张蒿庵处士传》，见《蒿庵集·蒿庵集捃逸·蒿庵闲话》，第 166 页。此处"石首"，指石首公，即张尔岐的父亲张行素。张行素曾任湖北石首县驿丞。

② 张尔岐：《织斋集钞序》，见《蒿庵集·蒿庵集捃逸·蒿庵闲话》，第 85 页。

③ 张华松：《张尔岐交游考》，载《孔子研究》，2004 年第 3 期，对此作了认真考辨，指出：张尔岐的交游，除了同邑邢其谏、邓光玉、王言从、艾元衡等人以外，不过顾炎武、薛凤祚、李焕章、刘孔怀数人而已。至于江藩《汉学师承记》、李元度《国朝先正事略》皆云张尔岐与关中王宏撰、李中孚有交往，据现有文献资料，尚不足以证实。推测他们之间或有书信往来。

④ 罗有高：《张尔岐传》，见《蒿庵集·蒿庵集捃逸·蒿庵闲话》，第 179 页。

⑤ 张尔岐临终前立遗嘱、自述墓志，皆自称处士、蒿庵处士或田野处士，时人亦以处士目之。处士，指有才德而隐居不仕的人，泛指未做过官的士人。《荀子·非十二子》说："古之所谓处士者，德盛者也，能静者也，修正者也，知命者也，箸是者也。"

儒学史研究

的乡村知识分子。传统社会是身份社会，一个人的身份大致决定了他所能够扮演的社会角色。作为乡村知识分子，张尔岐基本上扮演了两种社会角色：一种是塾师，一种是处士。塾师是职业，重在谋食。处士则不然，处士是士人中的一种，是不曾出仕的士人。士人是传统乡村社会里有道德有学问的人，以其有道德，能够为民众树立做人的楷模；以其有学问，能够为民众提供知识上的指导，因而在传统乡村社会能够赢得广泛的尊敬，享有崇高的威望。士人重在谋道，而士人之出仕者往往为功名利禄所累，在谋道上或多或少打些折扣；士人之隐居不仕者倒是往往能够忘却营营，以淡泊的素心研讨学问，追寻修齐治平之道。张尔岐即属于后者，他自觉充当处士的社会角色，有责任，有担当，坚持以弘扬"正学"为己任。但是，张尔岐也并非先知先觉者，他有一个逐步觉醒的过程。他很早就志于学，但并不是一开始就志于"正学"。据他自述，他年轻时，为学兴趣广泛，一度对道家学说及方术十分着迷，精研天文、阴阳推步、太乙、奇门、六壬、风角、云物之占等，而且，能够与村民打成一片，经常"杂坐田父酒客间，剧谈神仙、方技、星卜、冢宅不绝口"[1]，还由于常常预测准确，被诧异为"神人"。一直到三十五岁，他才猛然有所省悟，知学有所归，归于经史，乃痛下决心，"自今以往，业有定记，不敢杂"。[2] 他给自己列出了一个经史书目，制订了一个学习计划，发愤忘食，刻苦攻读，日有不足，继之以夜。一旦确立了以经史为正的治学方向，便意味着张尔岐有了真正的觉醒意识，他要承担起士人的社会责任。自此，他有了根本性的转变，仿佛换了一个人似的。以前，他喜欢与人大谈术数；此后，他"平居与人言，绝口不言术数"[3]。不仅不言，而且反对祈雨一类的淫祀。他有一位好友邓光玉，在康熙八年（1669 年）七月下旬天旱时，以六十三岁高龄斋戒祈雨，自曝烈日下，坚持不食。三天后碰巧下雨了，乡里间男女老少交口称赞，纷纷以为是邓光玉祈雨所致。张尔岐闻知后，大不以为然，认为

---

① 张尔岐：《日记又序》，见《蒿庵集·蒿庵集捃逸·蒿庵闲话》，第 75 页。
② 张尔岐：《日记又序》，见《蒿庵集·蒿庵集捃逸·蒿庵闲话》，第 76 页。
③ 盛百二：《蒿庵遗事》，见《蒿庵集·蒿庵集捃逸·蒿庵闲话》，第 181 页。

此类事情一如孟子所说，——"众皆悦之，其为士者笑之"，乃致书邓光玉，提出规劝批评，称："吾侪已厕身士林，号为粗守义理者，似不宜循俗为之也"①。厕身士林，一思"读圣贤书，所为何事"，自然应当以理性的态度，担当起教化的责任，移风易俗，净化社会。张尔岐显然充分意识到了"士生今日"的道义担当和社会责任。

二、论学指意

张尔岐好学乐学，于学无所不窥。据其自述，他15岁开始攻读经史，此后，更进一步博览群书，泛滥于多门学问，如医学、诸子学、兵学、佛学、诗词、天文、术数等，无一不精通。但是，张尔岐并非泛滥不知所归，他是学有宗旨，奉程朱理学为"正学"，浸淫其中，笃守不疑。

张尔岐为学，走的是经学、理学的路子。经学、理学并重，由经学入，而落脚于理学，两方面皆取得了不俗的成就。他研治经学，采用汉人治经的方法，从句读开始，首先读懂经书，然后思索其理。这是后来清代汉学家的方法。然而，当时并无汉学之名，与张尔岐晚年订交的顾炎武是清代汉学的开山祖，故他对张尔岐的句读学大加赞赏。但是，张尔岐并不以此自限，他要进一步追寻经书中内含的那个天人性命之理。他认为程朱理学仿佛得之，于是他对程朱理学三致其意，拳拳服膺，从而张尔岐之为学又具备了宋学的特点。汉学重实事求是，宋学重理论思维，张尔岐兼备两者之长。比较而言，张尔岐博闻多识不及顾炎武，而抽象思维能力又高于顾炎武。这是赵俪生、杨向奎先生早已指出的②。可以说，既有汉学的细密工夫，又擅长宋学的理论

① 张尔岐：《与邓温伯书》，见《蒿庵集·蒿庵集捃逸·蒿庵闲话》，第55页。
② 赵俪生先生早在1985年即已指出："拿张尔岐与顾炎武比较，张在博学见闻方面，自然不及顾；但顾又不及张的思维能力高。张的理性抽象能力很突出。"（见赵俪生：《顾炎武新传》，见氏著《赵俪生史学论著自选集》，山东大学出版社1996年版，第340页）杨向奎先生也在《蒿庵学案》中指出：张尔岐的朴学著作与顾炎武相比，未免见细，但张尔岐擅长理论思维，因此，"与其说张尔岐是一名朴学士，不如说他是一位思想家"（见杨向奎：《清儒学案新编》，齐鲁书社1988年版，第372—373页）。

思维，是张尔岐为学的基本特点。

由于为学的路子不同，顾炎武曾与张尔岐讨论过学之当务的问题。顾炎武提倡有用的实学，不喜欢谈论心、性、命、理等抽象的理学命题，他写信给张尔岐，揭橥"博学于文"和"行己有耻"两条以为学鹄。张尔岐回信表示赞同，更补充认为，这两条不是并列关系，对于学之真伪而言，"行己有耻"比"博学于文"更重要，因为"学之真伪，只以行己为断。行己果有耻也，博学固以考辨得失，即言心言性亦非宛语；行己未必果有耻也，言心言性固恍惚无据，即博学亦未免玩物丧志之失。此愚见所以于一语中更服此语之有裨世教也"①。认为博学而后的真实践履，反求诸己是否得当于心，见诸行事是否深切著明，是判断学之真伪的标准；在学行关系上，强调"行己"优先于"博学"，主张以"行己有耻"统领"博学于文"。正因为强调"行"的重要性，他虽自认"性好沉思，喜论著"，却仍然声称：

> 士生今日，欲倡正学于天下，似不必多所著述，正当以笃志力行为先务耳。②

明清之际的大思想家、大学问家，无论南方的顾炎武、黄宗羲、王夫之，还是北方的孙奇逢、傅山、颜元，都一致反对晚明王学的空疏学风，主张博学必须落实在经世致用上，提倡有益于国计民生的实学。张尔岐对此亦三致其意。他为学志在经史，但时时留心世事，在《蒿庵闲话》中，就有许多关于历法、地理、货币、救荒、医药、农耕、赋税、礼俗等的考辨札记，这不仅仅说明他治学兴趣广泛，更说明他重视学以致用，关心民瘼，以实学为民生服务。

当时，在实学思潮的推动下，学人们多有专门的论学之作，如傅山、陈确有《学解》，颜元有《存学编》，陆陇其有《学术辨》，熊赐履有《学辨》，伯行有《论学》等，黄宗羲、顾炎武等也多有与友人论学书。这些论学之作的共同特点是，针对晚明"束书不观，游谈无根"的空疏学风，主张黜虚崇实，重新

---

① 张尔岐：《答顾亭林书》，见《蒿庵集·蒿庵集捃逸·蒿庵闲话》，第50页。
② 张尔岐：《答顾亭林书》，见《蒿庵集·蒿庵集捃逸·蒿庵闲话》，第50页。

厘定为学的内容、宗旨、原则、方法，强调学以致用。张尔岐一生为学，同样关心学之为学的问题，他作《学辨》五篇，依次辨志、辨术、辨业、辨迹、辨成，可惜只有一篇《辨志》流传于世。冰山一角，不能反映其为学思想的全貌。即以《辨志》篇而论，古今学人皆重视立志，认为：为学须先立志，志立而后方向明、宗旨定。一个人志于道，不会耻恶衣恶食；志在富贵，不会"仁以为己任"。张尔岐显然看到了立志的重要性，他说：

> 志也者，学术之枢机，适善适恶之辕楫也。

> 志乎道义，未有入于货利者也；志乎货利，未有幸而为道义者也。

> 志乎道义，则每进而上；志乎货利，则每趋而下。①

高尚其志，志在谋道，日以修道、讲学为事，真积力久，今日多一分"知"的心得，明日长一分"行"的智慧，必能每进而上，渐渐提高人的品位；反之，降低其志，志在谋食，日以计算、赢余为业，昼则鸡鸣而起，夜则披星奔走，孳孳为利，不知疲倦，或至每趋而下，渐渐陷溺其心。而且，"志之定于心也，如种之播于地也，种粱菽则粱菽矣，种乌附则乌附矣……粱菽成，则人赖其养；乌附成，则人被其毒……呜呼，学者一日之志，天下治乱之原，生人忧乐之本矣"②。因此，张尔岐告诫说："人之于志，可不慎与！"③

张尔岐认可并提倡为己之学，认为为学的目的在于充实自己的学养，成就自己的人格，提升自己的境界，而不是沽名钓誉，以博学炫耀于人，以多闻夸示于人。他为学注重心性修养，讲究切合实际，反对无病呻吟，更反对人云亦云，喜欢创新，敢于创新。即使在从事科举、习作八股文的时候，他也不肯袭用他人成说，而是独立思考，自出新意。每临考试，不改初衷，"胜负得失，一不介于怀，唯以深思独喻为愉快而已"④。无怪乎其屡试不售。

既然为学不计外在的成败得失，沉潜品味，反复推索，"唯以深思独喻为

---

① 张尔岐：《学辨·辨志》，见《蒿庵集·蒿庵集捃逸·蒿庵闲话》，第41—42页。

② 张尔岐：《学辨·辨志》，见《蒿庵集·蒿庵集捃逸·蒿庵闲话》，第43页。

③ 张尔岐：《学辨·辨志》，见《蒿庵集·蒿庵集捃逸·蒿庵闲话》，第42页。

④ 张尔岐：《自订〈书义〉序》，见《蒿庵集·蒿庵集捃逸·蒿庵闲话》，第77页。

愉快而已", 则张尔岐推崇的, 以及他所身体力行的, 无疑是纯粹的为己之学。他认为, 为学应认作是自家本分, 是成己做人的需要, "务取益于身心, 不旁参以功利"①, 主要的目的是"德润身", 而不是为了"富润屋"。本着这种非功利主义的为学精神, 张尔岐反对明中晚期十分流行的"功过格"。所谓"功过格", 类似于记录善恶的流水账簿, 将每日所行之善一一记下, 每日所有之过失一一记下, 日积月累, 算算功积多少, 过积多少, 将功补过, 看看余者有几何, 然后择日焚香告天, 祈求吉休福庆之报。这种做法的理论根据是, 天道福善祸淫, 善恶必有报应: 积善之家, 必有余庆; 积不善之家, 必有余殃。可是, 天意从来高难问。司马迁以大历史学家的眼光审视了千百年间许多人物的命运及结局, 发现善人未必有善终, 恶人暴戾恣睢却常常以寿终, 如果说"天道无亲, 常与善人", 司马迁不禁怀疑: "余甚惑焉, 倘所谓天道, 是邪非邪?"(《史记·伯夷列传》)司马迁的困惑, 在一般民众那里同样存在。

而"功过格"主要就是针对中人以下设计的, 是一种神道设教的把戏。当人们信从其理的时候, 它能够起到劝善去恶的作用; 当人们不见或少见其灵验, 质疑其理的时候, 它就失去劝善去恶的作用, 变成一张废纸。张尔岐看到了这一点, 指出"功过格"实际上并无多少劝善的作用。不只如此, 张尔岐更进一步从学理上揭露了"功过格"不过是教人与鬼神作交易, "日起食人一饭, 予人一药, 周人一钱物, 便利人一言语, 放一鱼鸟虫蚁, 皆注之籍, 曰: 吾为善矣。终日衒其小惠微勤, 与天地鬼神为市", 一个人每做一点善事, 便望天地鬼神给予一点善报, 行善的动机不是出于对善本身的追求, 行善的目的也不在于利他而在于利己, 所以, "其心之为公, 为私, 为诚, 为伪, 不待辨而较然也"。② 在张尔岐看来, 为了利己而行善是私善, 出于望报而行善是伪善, 私善和伪善表面看来也是一种善, 似乎聊胜于无, 也比恶要好一些, 但与公善和诚善比较起来, 却是狭隘的, 不能持久的, 归根结底是不善。张尔岐认为, 为善乃是人之为人的本质要求, 是人的分内事, 是人不可逃避的义务。

---

① 张尔岐:《经学社疏》, 见《蒿庵集·蒿庵集捃逸·蒿庵闲话》, 第143页。
② 张尔岐:《袁氏立命说辨》, 见《蒿庵集·蒿庵集捃逸·蒿庵闲话》, 第46页。

他说:

> 有所为而为善,便是不诚。不诚便是不善。有矜炫于人而为善者,
> 有希图报应而为善者。世俗衰薄,不堕此,便入彼。若能知是本分上事,
> 不为便不可为人,真实改过迁善,方是两脚踏实地。①

为善是人"本分上事,不为便不可为人",这是为善的惟一理由,也是充足理由,除此之外,再也不需寻找别的什么理由。即使为善不能带来一丝一毫的福庆报答,人也不能不为善。张尔岐指出的这个为善的理由,从儒家伦理思想发展史来看,显然属于孟子、董仲舒、朱熹、王阳明等相继揭示的一种非功利主义的主流观点,即为善是人的本性要求,是人的道德义务;为善在本质上与功利无涉,孟子说:"何必曰利,亦有仁义而已矣。"(《孟子·梁惠王上》)董仲舒说:"正其谊不谋其利,明其道不计其功。"(《汉书·董仲舒传》)因此,应该但求为善,不问为善的结果如何;倘若为善的过程中带来了某种福庆报答,亦不需排斥,受之而已。张尔岐从人的"本分上事"指出为善的理由,既不同于王阳明的"致良知"说,也不同于程朱的"天理""道心"说,是他自己独立思考的结果。就现在所能见到的张尔岐的思想文本而言,他似乎只是指出了这个为善的理由,没有展开论证,因此,其学理的深度仍未达一间。

明中晚期,在士人阶层阳明学大盛,在草根阶层"功过格"及类似"功过格"的劝善书十分流行,尤以袁黄②的《立命说》为影响最大。一些儒家学人指出"功过格"是杂糅儒释道而形成,但是,其目的毕竟是劝善,对草根阶层而言也确实有着某种劝善的作用,所以还能够持宽容态度,个别的持赞赏态度。张尔岐虽然生活在乡村,十分熟悉草根阶层,他却以弘扬"正学"为己任,坚决反对"功过格",指斥袁黄的《立命说》为异端邪说。他认为,劝善

---

① 张尔岐:《蒿菴闲话》,见《蒿菴集·蒿菴集捃逸·蒿菴闲话》,第392页。
② 袁黄(1533—1607),原名表,字坤仪,号了凡,江苏吴江人。明万历十四年进士,曾任知县和兵部主事。著述颇丰,其中《诫子文》四篇,合刊为《了凡四训》,广为流传,影响甚大。

惩恶的道德教育不应区分中上、中下，他说：

> 君子之教人也，中道而立，能者从之。乌有揣人之不足以为善，而姑以私且伪者诱之，使苟不至于杀人害物而已者耶！人苟自进于善，何论中下；苟不自进于善，徒日习其私者伪者，乃适成其为中下耳。士人读书立身，将以中下自域耶？君子教人，将尽天下之人驱之中下耶？①

孔子曾经注意到学有高深，讲学的对象应随之有所区别，即"中人以上，可以语上也；中人以下，不可以语上也"（《论语·雍也》）。这倒并不是孔子对"中人以下"的歧视，而是根据为学规律而提出的见解。道德教育是否也应如此，值得研究，张尔岐的态度是明确的，他坚决反对区分中上、中下。

三、哲学思想

张尔岐是学问家，也是思想家。他为学不仅主张笃志力行，也重视理论。他与顾炎武论学时，顾炎武认为理学家言心言性那一套多涉空虚，殊不可取，多少含有轻视形上学的意味。张尔岐不同意顾炎武的看法，他认为天人性命之学不可不讲，事事物物都有一个理，不认识一事之理，很难说对一事有了充分的认识，心、性、命、天等也是如此。性命之理虽然是抽象的，但未尝不散见于日常生活之中，如果能够见微知著，默而识之，验之于己，用心体会，优裕渐积，必会有所自悟。学人的本分不仅仅在于认识外在的世界，还要认识你自己。即使穷尽了天下事事物物之理，也不能说已经圆满完成了认识的任务，因为还有一身之理未曾涉及。一身之理是心性之理，是生命之理，其重要性丝毫不亚于天下事事物物之理。不认识一身之理，知有未至，其行未必能够尽善，以此修身，人皆知其不可。张尔岐进一步指出：如果儒家学人轻视甚至放弃认识你自己这一任务，对心性之理置若罔闻，"将令异学之直指本体，反得夸耀所长，诱吾党以去。此又留心世教者之所当虑也"②。此处所谓"异学"，当指佛教而言。张尔岐分别从学理和教化两个层面充分肯定了言心言性的形上学的重要性和必要性。

---

① 张尔岐：《袁氏立命说辨》，见《蒿庵集·蒿庵集捃逸·蒿庵闲话》，第47—48页。
② 张尔岐：《答顾亭林书》，见《蒿庵集·蒿庵集捃逸·蒿庵闲话》，第51页。

张尔岐重视理论思维，也擅长运用理论思维，赵俪生先生曾经举出两个例子加以说明，其中一个例子是：张尔岐在《周易说略序》中，用"影似"这个概念说明卦、爻象对天下之人、事、物及其运动变化的统摄，他说：

> 天下之人物，与人物之一切动静，质言之则不可胜穷。而拟其影似，则六十四卦三百八十四爻而可毕者，质言则专，专则滞，故愈详而愈多失；拟其影似则略于事而言理，略于理而言理之象。于是乎事所不得兼者，理得而兼之；此之理不得兼彼之理者，理之象则无不得而兼之也。①

赵俪生先生赞叹："'影似'二字，实在太妙了。他说的'影似'，就是理性思维的抽象作用。"②此说甚是。但也应该进一步指出，"影似"作为一个诠释易象的概念，大抵是张尔岐和刁包同时独立使用的。③刁包也曾经指出：

> 卦者，挂也，悬挂物象以示人也。卦设，则有可观之象。象者，仿佛、影似之谓也。④

"影似"不是形似，又近于形似，因为有形才有影；"影似"不是神似，又近于神似，因为影与神有一些共同之处。"影似"兼备形似与神似两方面的特点，用来解说卦、爻象不是形似，不是神似，而是"影似"，是令人赞叹的妙用。不过，张尔岐有时也认为卦、爻象是形似，说"卦爻之象也者，乃造化事物之理之形似也"⑤。毕竟形似与"影似"更为接近，可以互相置换使用。

张尔岐常常静坐一室，沉思天人性命之学，极深研几，创获颇多。大致

·289·

儒学史研究

————————

① 张尔岐：《周易说略序》，见《蒿庵集·蒿庵集捃逸·蒿庵闲话》，第56—57页。

② 赵俪生：《顾炎武新传》，见《赵俪生史学论著自选集》，第341页。

③ 刁包（1603—1669），字蒙吉，号用六，河北祁州人，著名学者。与张尔岐同时而稍长，并且与张尔岐一样学宗程朱，但未见二人有交往。刁包约1660年撰成《易酌》一书，使用了"影似"这个概念；张尔岐的《周易说略序》作于1667年，据此可知，是刁包首先使用了"影似"这个概念，但从二人大致同时却无交往来看，又从刁包《易酌》书成而流传未广（陆陇其1683—1690年任河北灵寿县知县时，欲刊《易酌》而未果）来看，张尔岐当未见刁包《易酌》一书，因此，张尔岐、刁包虽然几乎同时使用"影似"以释易象，却当为二人各自的独出心裁。

④ 刁包：《易酌》（卷十一），四库全书本。

⑤ 张尔岐：《周易说略》，齐鲁书社1993年版，第327页。

说来，主要表现在以下三个方面。

（一）理气论

宋明理学家喜欢引用"气"这一范畴，一则给"理"安置一个挂搭处，一则用来解说宇宙万物的生成。张尔岐也同样如此。值得注意的是，张尔岐虽然服膺程朱理学，但在理气关系上却不守程朱的理本论，而是更多的认同和接受张载的观点。他认为，理气相须相依，一并作用于万物。就万物之生成而言，"气始万物之形，理始万物之性"；就万物之构造而言，"气成万物之形，理成万物之性"。[①] 在这个意义上，可以说，理气同为万物的根源；但是，再进一步，就理气关系而言，何者更为根本？张尔岐认为是气。

在张尔岐看来，气是宇宙万物的本原。他认为，宇宙生成之前，只有一个太极，"太极动而生阳，静而生阴"[②]，于是有了阴阳二气。所谓阴阳二气，其实只是一气，只因其有动静之不同，故有阴阳之分别。有了气，一动一静，动静循环，于是有了气的流行；一阴一阳，阴阳摩荡，于是有了气化。气化是万物生成的机制，也是万物生成的过程。万物有始有终，"始之所以生者气化之聚，自阴之阳也，终之所以死者气化之尽，自阳之阴也"[③]。气化有"自阴之阳"和"自阳之阴"两个相反的方向，由此导致气聚而生物和气尽而死物两种截然不同的结果。气化流行，生生不息，张尔岐在诠释《易传·彖上》"大哉乾元，万物资始"时，进一步指出：

> 天道之运，惟是一气，而一气之始动即为元，万物皆取此一元之气，以为生生之始。[④]

在诠释《易传·彖上》"至哉坤元，万物资生"时，又指出：

> 方资始之时，仅有其气，及坤元发育，则气肇而为形。坤元者，万物之所资以生其形者也。其所以资生乎万物者，岂坤之自生乎物哉？乃

① 张尔岐：《周易说略》，第285页。

② 张尔岐：《周易说略》，第313页。

③ 张尔岐：《周易说略》，第290页。

④ 张尔岐：《周易说略》，第8页。

顺承乎天之施，气至则生耳。①

从这里的"惟是一气""仅有其气"的表述来看，张尔岐在万物资始、资生的层面上，排除了理的存在和作用，坚持了彻底的气本论。在此前提下，张尔岐不同意道家的宇宙生成论，他在解说《老子》第四十二章"道生一，一生二，二生三，三生万物"时，指出："一谓气，二谓阴与阳，三谓阴与阳会合之气。"② 这是将道或理视为更根本的东西，置于气之上、气之先。对此，张尔岐明确指出："此言生一生二，与儒者不同。"③ 张尔岐又针对《老子》第四十章"天下之物生于有，有生于无"，评论说："老氏谓无能生有，则'无'以理言，'有'以气言，以无形之理生有形之气，截'有无'为两段，故曰'有元'为二。"④ 既表示了对"截'有元'为两段"的不认可，也表示了对"无形之理生有形之气"的不认可。道家的气论与儒家有同有异，但在把道或理视为宇宙本原的层面上，道家和儒家各有其主张者，亦各有其持不同意见者。张尔岐属于持不同意见者，他不取理本论，坚持气本论，与张载、王廷相、王夫之等理学家的主张保持一致。张尔岐与王夫之同时代而生年略早，他与王夫之一南一北，共同把气本论推向了新的发展阶段。

张尔岐在宇宙万物生成的层面上坚持彻底的气本论，不给道或理预留空间，而宇宙万物皆有其道或理，那么，道或理又从何而来？张尔岐的回答是从气化而来。气化是一个过程，呈现为阴阳二气的一动一静，相与摩荡。阴阳二气一动一静，动静循环，必有其自然而然的条理或逻辑，此即道。张尔岐说：

> 夫所谓道者何也？道本不离乎阴阳，而实不倚于阴阳者也。若分言阴阳，只谓之阴阳，不得谓之道，惟是静则为阴，动则为阳，既一阴而又

---

① 张尔岐：《周易说略》，第20页。

② 张尔岐：《老子说略》，齐鲁书社1993年版，第35页。

③ 张尔岐：《老子说略》，第35页。

④ 张尔岐：《蒿菴闲话》（卷一），见《蒿菴集·蒿菴集捃逸·蒿菴闲话》，第342页。

一阳，动静无端，循环不已，是即太极本然之妙，乃所谓道也。①

道不是别的，乃是"气化之自然"，——"气化之自然者，天地之道也。"②道没有任何神秘之处，道不过是气化过程固有的条理或逻辑而已。道不离气，道存在于气化过程之中，没有气化过程，也就没有道。因此，气是本原，是第一性的；道依附于气而生成而存在，是第二性的。在张尔岐的观念里，道与理同属于气化之流行，同属于气化流行所固有的法则，二者是同一层面的概念，没有什么分别，这明显不同于"古人言道，恒赅理气"③的传统观点，即认为道是气化之流行，理是气化流行之条理或规律，把道与理区别开来，将道置于理之上。张尔岐善于独立思考，有着自己的见解，不肯人云亦云。

（二）心性论

心性论是宋明理学的大宗，无论程朱一派还是陆王一派，都对此反复探究，极深研几，有着丰富积累。张尔岐关于心、性、命的言说④，一如其理气论，是越过阳明学，接着程朱理学讲的，因为是接着讲，不是照着讲，所以有同有异。

心、性、命的言说，首先要解决其来源问题。张尔岐认为，心、性、命不是本原性的存在，不是自生自在，而是其来有自。他说："气机之推迁，自率其常也。而万物得之，各为一性，各为一命。"⑤气化流行，生生不息，不仅万物赖以生之、长之，而且，气化流行自有其内在之理，此即"自率其常"的"常"，也可以称为常理，万物得此常理"各为一性，各为一命"，从而产生了性与命。性与命的分别在于："盖以理一也，其凝成者谓之性，其流行者谓之命"。至于心，张尔岐认为，心是天地的本质属性；天地生养万物，生生不息，此即是天地之心。他说：

---

① 张尔岐：《周易说略》，第292页。

② 张尔岐：《周易说略》，第65页。

③ 戴震著，何文光整理：《孟子字义疏证·绪言》，中华书局1982年版，第83页。

④ 据徐志定于康熙五十八年（1719年）所作《周易说略序》称："至于蒿菴杂作《性命》等篇，又直登理奥，而数百年未传之秘赖以传焉。"可知，张尔岐有《性命》等篇，可惜今已不见。

⑤ 张尔岐：《周易说略》，第9页。

天地以生物为心。①

　　夫天地生物之心，亘古今而无间者也。方其阴盛之日，肃杀方行，生意闭室，天地之心疑于灭息矣。至此一阳来复，其所以资始乎万物者于此复萌，而后知化育之机，固无时而息也。不可以见天地之心也乎？②

　　天地之心也就是生物之心，万物在生成过程中各得此生物之心以为心，此心一以贯之于天地万物之中，与性、命一样，是客观的、普遍的存在。

　　人的心、性、命同样如此。张尔岐在把目光转移到人，着力考察人的心、性、命时，坚持从天人关系出发，认为"夫天与人之相及也，以其气而已"③。气是理解和把握天人关系的关键。一方面，人秉气而生，如张尔岐所说，"天之生是人也，犹父母之生子也，气至则生矣"④。另一方面，在"气至则生"的同时，人的生命亦获得了气化之理以为本性，张尔岐说：

　　斯时气方萌动，而理乘以行，全是天道之本然，无一毫渣滓杂于其间，是可目之为善也。此理在天曰善，及其气之既凝，成为形质，则此理遂付于人物，人得之而为民彝，物得之而为物则，则所谓各正之性也。⑤

　　同是一个气化之理，"人得之而为民彝，物得之而为物则"，"民彝"与"物则"，即人性与物理，具有根源意义上的统一性。天之生人，人不仅得其理，亦得其心：

　　天地以生物为心，人即得此生物之心以为心。⑥

　　不仅得其心，更得其命：

　　天之生是人也……气至则生矣。而人之得之也，则曰命。其得失也，

儒学史研究

---

① 张尔岐：《周易说略》，第 322 页。

② 张尔岐：《周易说略》，第 118 页。

③ 张尔岐：《天道论上》，见《蒿庵集·蒿庵集捃逸·蒿庵闲话》，第 14 页。

④ 张尔岐：《天道论上》，见《蒿庵集·蒿庵集捃逸·蒿庵闲话》，第 15 页。

⑤ 张尔岐：《周易说略》，第 292—293 页。

⑥ 张尔岐：《周易说略》，第 11 页。

若器受物，狭则受少，宏则受多而已矣，其命是也。①

可见，人的心、性、命皆来自天，来自气。

追其根，溯其源，是为了更好地认识和把握人的心、性、命。因为次生和原生具有相同的遗传基因，本质上的同一性大于其变异性。以心而论，如上所说，张尔岐认为，"天地以生物为心，人即得此生物之心以为心"，这说明，在张尔岐看来，人心与天地之心具有直接的同一性，人心不过是天地之心在人身上的复制，因此，认识和把握了天地之心，也就认识和把握了人心。天地之心是生物之心，其最基本的功能和特质是"生"，也就是《易传·系辞下》所说的"天地之大德曰生"。这个"生"有两层含义：一是作为动词的"生"，有生育、产生、生长等含义，表示生生不已；一是作为名词的"生"，有生命、生意、生成等含义，表示生意盎然。人心以天地之心为摹本，同样具有这样一个生生不已、生意盎然之心，此心的初始状态即孟子所说的"恻隐之心"，其生成之后即儒家通常所说的"仁心"。正因为看到了这一点，宋明儒喜欢以生生释仁，认为仁的本质即在于生命之活泼、健壮和永续发展。

基于人的性与命同样来自天的理由，张尔岐反复指出：

人性与天地本一理。②

万物之理，皆在吾性分之内。③

吾心之理与在天地之理，浑合无间。④

万理会于一心，而一心统乎万理。⑤

天地之理，乃至万物之理，既然在"吾性分之内"，与"吾心之理"浑合无间，则由此可知，从体认"吾心之理"入手，可以认识天地万物之理；反之，从"格物致知"开始，也有助于认识"吾心之理"。

---

① 张尔岐：《天道论上》，见《蒿庵集·蒿庵集捃逸·蒿庵闲话》，第15页。

② 张尔岐：《周易说略》，第290页。

③ 张尔岐：《周易说略》，第147页。

④ 张尔岐：《周易说略》，第290页。

⑤ 张尔岐：《周易说略》，第125页。

人毕竟不同于万物，人是万物之灵，人的心、性、命不仅具有本体论的意义，也具有认识论和伦理学的意义。张尔岐对此也曾三致其意，比如，他比较关注"命"的问题，针对时人对命的困惑，探讨了何谓命，以及如何知命、安命的问题。他认为，人之命，实本天命而来，天命是天道流行的规律、法则，"天道之本然而不可争者，命也"①。性与命都来源于"一气之运"，具有本原意义上的同一性；而性是由"气之既凝"而形成，命是由"一气流行"而呈现，性与命又具有生成意义上的差异性。"一气之运"，动静循环，阴往阳来，即是"天道之本然"。天道下贯于人而为人道，人道贵在有义，"人道之当然而不可违者，义也"②。如果说，命即"天道之本然而不可争者"，为人所难知，那么，义即"人道之当然而不可违者"，却易为人知。因此，人之于命，无论是知命，还是安命，"实不以命为准也，而以义为准"，即以义为标尺，"义所不可，斯曰命矣"。③所谓知命，是"以义知命"，"凡义所不可，即以为命所不有也"④。所谓安命，是"以义安命"，"义所不在，斯命所不有矣"⑤，知命所不有而安之若素。这是圣贤的人生态度、人生境界。至于芸芸众生，则皆以智力知命，力争之，智取之，知其无可奈何而后乃安之若素。张尔岐赞赏和提倡的当然是圣贤的人生态度、人生境界。

(三) 有对论

所谓有对论，指"凡物皆有对"的思想。张载和程朱曾经先后提出并讨论过"一物两体"和"凡物皆有对"的问题。张尔岐精研《周易》《老子》，他结合两书中的辩证法思想，对"凡物皆有对"有了更深刻的领会和认识，并提出了天下"无无对之物"⑥作为回应。

---

① 张尔岐：《蒿菴闲话》卷二199条，见《蒿庵集·蒿庵集摭逸·蒿庵闲话》，第390页。

② 张尔岐：《蒿菴闲话》卷二199条，见《蒿庵集·蒿庵集摭逸·蒿庵闲话》，第390页。

③ 张尔岐：《蒿菴闲话》卷二201条，见《蒿庵集·蒿庵集摭逸·蒿庵闲话》，第391页。

④ 张尔岐：《蒿菴闲话》卷二199条，见《蒿庵集·蒿庵集摭逸·蒿庵闲话》，第390页。

⑤ 张尔岐：《蒿菴闲话》（卷二），见《蒿庵集·蒿庵集摭逸·蒿庵闲话》，第391页。

⑥ 张尔岐：《周易说略》，第144页。

有对、无对之"对"，指矛盾对立的两方。一方立，另一方随之俱立，双方相互对立又相互依赖，相反而相成，有时共存于某一事物之中，表现为事物的"两端""两体"，如气有阴阳，理有虚实，执中有过与不及，等等；有时存在于两种事物之间，表现为两种事物互为敌体，结成对子，如矛与盾，主体与客体，思维与存在，等等；有时不执着于事事物物，表现为普遍性的存在，如和与同，有与无，形上与形下，等等。总之，一切事物，以及事物的属性、趋向，都不是孤立自在的，而是必有其对，如张尔岐所说："有与无之相生，难与易之相成，长与短之相形，高与下之相倾，声与音之相和，前与后之相随，皆若是而已矣。"①

在张尔岐看来，有对，如张载所揭示的"一物两体"，或今人通常所说的"一分为二"，是事物的普遍的存在形式或构成形式。即使有对的事物也同样如此。比如，有与无，张尔岐坚持以形理言有无，不赞成以理气言有无。以理气言有无，是道家的言说方式，以理为无，以气为有，认为有生于无，将有无截分为两段，看作是次序性的先后关系。以形理言有无，是张尔岐的言说方式。一般来说，形理不二，有其形即有其理，但是，有时也会出现"形虽无而理则有，理虽无而形则有"②这样两种情况，这时，有无与形理并不一一对应，而有无仍然互为其对，有是无之对，无是有之对。无有，焉能为无；无无，焉能为有。有无双方相互依赖，各以对方为自己存在的理由和根据。

应顺带指出的是，道家的言说方式是把有无看作是历时性的因果关系，只能说有生于无，不能说无生于有，因为生成的过程不可逆转。张尔岐的言说方式是把有无看作是共时性的因果关系，即有即无，有无相生，互为因果。应该说，这两种言说方式各有其视角、路径，因而各有所长，亦各有所得。

张尔岐提出"无对之物"的概念，这表明他实际上区分了有对之物和无对之物。无对之物，是"以同裨同"之物，其本质特点是"同"，就是说，它只

---

① 张尔岐：《老子说略》，第5页。
② 张尔岐：《蒿庵闲话》（卷二），见《蒿庵集·蒿庵集捃逸·蒿庵闲话》，第342页。

是单一之物的简单堆积，如以水灌水，以火添火，只有同一性而无差异性，因而没有运动变化，不能产生新事物。有对之物，是"以他平他"之物，即：由一种要素与另一种与其相对的要素配合统一而形成，其本质特点是"和"[1]。有对之物，因为其内在的两种构成要素有差异，有差异而有交感；有对立，有对立而有摩荡；有矛盾，有矛盾而有斗争，于是就形成了它的运动变化，从而就能够生生不息。这种有对之双方的交感、摩荡、斗争，正是事物运动变化的内在根源。气就是一个最好的例子。如果气只是一团同一的、无差别的气，那么这就是一团无对的气，无对的气是死气；幸而气有阴阳，有动静，是一团有对的气。有对的气，一动一静，阴阳摩荡，形成气化流行的过程，万物即在此气化流行的过程中而产生。

有对之物及其内在的"两体"或"两端"，既然有差异，有对立，并且由此形成运动变化，那么，无论是有对的哪一方，都不会是固定的、静止的、不变的，而必然是变动不居乃至相互转化的，如：生与死，吉与凶，善与恶，动与静，刚与柔，内与外，上与下，大与小，长与短，进与退，始与终，等等，莫不如此。老子深明此理，揭示了"曲则全，枉则直，洼则盈，敝则新，少则得，多则惑"（《老子》）等诸多现象，认为天之道是"将欲歙之，必固张之；将欲弱之，必固强之；将欲废之，必固兴之；将欲取之，必固与之"（《老子》）。张尔岐深契《老子》之旨而有所申明，他说：

> 天道之盈虚，人事之倚伏，皆有其自然必至之势。如将欲歙之也，必已张之矣；将欲弱之也，必已强之矣；将欲废之也，必已兴之矣；将欲夺之也，必已与之矣。此其理至微也，而实至明，大要柔者可以胜刚，弱者可以胜强而已。[2]

---

[1] 早在2800多年前，西周末年的史伯就首开以"和""同"论物之先河，指出："夫和实生物，同则不继。以他平他谓之和，故能丰长而物归之，若以同裨同，尽乃弃矣。故先王以土与金木水火杂，以成百物。"（《国语·郑语》）后来，到了春秋末年，齐国的晏婴和鲁国的孔子都继续阐发"和""同"的思想，并将其扩展应用到人事中去。

[2] 张尔岐：《老子说略》，第29页。

老子由于看到了"弱之胜强，柔之胜刚"和"物壮则老"等等，而教人清静无为，处弱守雌。张尔岐则不然，他一方面告诫人们要惕然以惧，小心谨慎，居安思危，贵而不忘贱，高而不忘下；一方面又希望人们振作精神，发奋努力，他说：

> 盖以天下难事必起于易，天下大事必起于细也。是以圣人于天下之事，终不待其大而为之，故能成其大。①

在天下之事不待其大的时候，不能袖手观望，无所作为，而是要积极有为，精进不已，直至"致广大"。然而，事情毕竟是复杂的，"物或损之而适以益，或益之而反以损"②，动未必吉，静未必凶；有为不必成，无为不必败；在这样一些情况下，应该怎么办？张尔岐认为，应该不存私心，不计得失，"一视乎理之当然"③，只要是合乎理之当然的，必有所为，勇于承担，勇于实践。在应事接物上，"一视乎理之当然"；在爱憎取舍上，就会"一以至公而无私"④。这两方面是有联系的。以圣人为例来说，"圣人之所以为圣人，以其公天下万物为一体，屈伸消长，进退存亡，一由乎理之自然，而不自私也。"⑤圣人的境界为士人所不及，但士人下学而上达，必于圣人为可望、可慕、可学，于是就有了"士希贤，贤希圣，圣希天"、一步一步向上提升的过程；在此过程中，士人以圣贤为榜样，为人做事，一审其是否合乎"理之当然"，再辨其是否立于"廓然大公之正"，虽不中亦不远矣。

（本文原系张华松教授《张尔岐诗文选》"前言"，文末有云："张华松教授师从徐北文先生，治学有成，在齐鲁文化、齐长城研究以及济南乡邦文化研究上有着很深的造诣。近几年间或研究张尔岐，有《张尔岐交游考》《张尔

---

① 张尔岐：《老子说略》，第50页。

② 张尔岐：《老子说略》，第35页。

③ 张尔岐：《周易说略》，第147页。

④ 张尔岐：《周易说略》，第147页。

⑤ 张尔岐：《蒿菴闲话》（卷一），见《蒿菴集·蒿菴集捃逸·蒿菴闲话》，第340页。

岐年谱》之作，皆斐然成章。去年年底又成《张尔岐诗文选》一书，以吾一日之长而问序于我，我惶恐不敢应，辞而不得，乃试作此文，以代序言。写作时断时续，迁延累日，而于接近完成之际，适逢张华松教授荣任济南社科院副院长，亦以此文为祝贺云。""前言"写成后，以《张尔岐的学问与思想》为题，发表于《孔子研究》2007年第2期。发表时，编辑删去第一部分"生平及社会角色"，今据增补）

儒家教化的上贯路线与下贯路线

——以朱子学与阳明学为例证

教化是主义、思想、学说一类的东西在社会上传播、推广之后所得到的信从或信仰。教化有世俗教化和宗教教化两种。信从是世俗教化达到的效果，信仰是宗教教化达到的效果。儒家是一个学派，有其大体一致的教化之道。宗教教化与儒家教化相比要复杂得多。宗教不计其数，繁复多样，其教化之道亦因此而有多端。两者比较，在某些方面亦有"道并行而不悖"的相通之处。

一、儒家教化的基本特点

儒家教化的特点是上行下效，由此决定了其教化的两个面向、两条路线，即面向社会精英阶层的上贯路线和面向社会草根阶层的下贯路线。清代学者焦循曾对宋明儒学的"紫阳之学"与"阳明之学"在教化方面做过比较，说：

> 紫阳之学所以教天下之君子，阳明之学所以教天下之小人。（《雕菰集·良知论》）

显然，在焦循看来，朱子学代表了儒家教化的上贯路线，阳明学代表了儒家教化的下贯路线。这样的简单划分，是抓住两派教化能否面向社会草根阶层这一倾向而言的。事实上，朱子学与阳明学在教化上同宗孔孟，同植纲常，同扶名教，宗旨完全相同，教化的对象也都是面向全社会，只是侧重点有差异而已。

儒家教化是世俗教化，教化的对象是现实中的人。而现实中的人，在儒家看来，是分等级、分远近的。儒家的等级观念，与社会等级制并不完全吻合。儒家很少在制度操作层面上将人分为三六九等，却在学理层面上有一个上下尊卑之分，即把人划分为上下相对的两个层次，如孔子说的中人以上、中人以下，君子、小人，上智、下愚；孟子说的劳心者、劳力者，大人、小人，贤、不肖，等等。划分的标准固然有道德的、知识的考虑，但更重要的因素是社会身份的尊卑和社会地位的高低；而且，由于社会上层享有更多的教育资源，他们往往与教养、知识有着更多的联系；反之，社会下层则几乎没有受教育的机会，他们往往被称为群氓、愚夫愚妇等。问题是"钧是人也，或为大人，或为小人，何也？"（《孟子·告子上》）儒家认为，在"钧是人也"的层面上，人是平等的。天之生人而赋予人以"天爵"；"天爵"是人人生而俱有的本然之善，是"天命之谓性"呈现于人而使人具有的"良知良能"，人人都有一份，没有厚薄大小的差别，是完全平等的。但"或为大人，或为小人"的"人爵"却是不平等的。造成"人爵"不平等的原因，在于人的自我选择，"从其大体为大人，从其小体为小人"（《孟子·告子上》）。"大体"指人的本心，"小体"指人的耳目口鼻之官。可见，儒家的智慧不仅仅在于承认芸芸众生的不平等，也进一步把人提升至"天命之谓性"的层面，洞见并主张人性的平等。

儒家依据血缘和地缘上的亲疏远近而主张人分远近，同样也是迁就现实所致，是"据乱世"不得不然的社会主张。从现实的"据乱世"，一进至未来的"升平世",再进至理想的"太平世",则是"天下远近大小若一"①,亦即儒家津津乐道的"天下为一家,中国为一人",——这时,人无疑是平等的。然而,儒家始终未能把"太平世"的"天下远近大小若一"搬到现实的"据乱世"中来,这和宗教敢于在尘世彰显天国适成一鲜明的对照。

儒家把现实中的人划分为中人以上、中人以下两个层次,针对不同层次的人施行不同的教化,自然就会形成其教化的上贯路线与下贯路线。

二、儒家教化的上贯路线

儒家教化本质上是道德教化,就其上贯路线而言,是面向中人以上、大人、贤人、君子、上智、劳心者等社会上层,这是一个主要由士大夫和知识分子组成的社会精英群体。对于这个社会精英群体来说,儒家的教化只是教其如何充实自己,完善自己,提升自己,做一个"内圣外王"之人。"内圣"的工夫在"修己","外王"的境界在"安人""安百姓"。②"修己安人"便是儒家教化的基本内容。

在"修己"上,早期儒家把"六经"摆在了核心位置,一切教化必依"六经"而行。《礼记·经解》引孔子的话说:

> 入其国,其教可知也。其为人也,温柔敦厚,《诗》教也;疏通知远,《书》教也;广博易良,《乐》教也;洁静精微,《易》教也;恭俭庄敬,《礼》教也;属辞比事,《春秋》教也。

这是儒家"六经"的教化及其达到的效果。到了宋明理学时代,儒家教

① 儒家的"春秋公羊学"有一个"三世说",认为社会发展可以划分为"据乱世""升平世"和"太平世"三个阶段,每一阶段都有其特征:"据乱世"是内其国而外诸夏,先详内而后治外;"升平世"是内诸夏而外夷狄;"太平世"是天下远近大小若一。参见黄朴民著:《何休评传》,南京大学出版社1998年版,第160—202页。
② 《论语·宪问》:子路问君子。子曰:"修己以敬。"曰:"如斯而已乎?"曰:"修己以安人。"曰:"如斯而已乎?"曰:"修己以安百姓。修己以安百姓,尧舜其犹病诸?"尧舜是儒家公认的圣人。尧舜犹以为难以完美做到的"修己以安百姓",必是事功的最高境界,也就是圣人才能达到的境界。

化又以"天理"或"良知"为重点。朱熹一再强调:"圣贤千言万语,只是教人做人而已"(《朱子语类·学七》),而教人做人"只是教人明天理,灭人欲"(《朱子语类·学六》)。王阳明则指出:"天理即是良知。千思万虑只是要致良知。"[1] 无论是"明天理"还是"致良知",都是个人"修己"的必要工夫,是成人、成君子、成圣的必由门径。在儒家看来,"修己"以修身为本,《大学》里强调"自天子以至于庶人,壹是皆以修身为本"。从修身开始,渐至齐家,进至治国,最后达到平天下。这是儒家设计的"修己安人"的基本进路。当"修己"循着修身、齐家、治国、平天下一路上扬,达到治国、平天下的时候,自然就会成就"安人""安百姓"的功德,成就领导一国"止于至善",甚至教化整个天下"止于至善"的"外王"。这就是儒家教化的上贯路线。

在儒学发展史上,有一个值得注意的"正学"[2] 的观念。正学起初与曲学相对,表示一种合乎孔子之道的、刚正的、直捷的儒学,后来,正学与道统、正统相结合,凡合乎道统、正统的就是正学。朱子学在元、明、清三代占据了统治地位,成为官方意识形态,很自然的,也就成了那个时代的正学。由于官方高崇正学,力扶正学,也由于朱熹的《四书章句集注》被定为科举考试的标准答案,一般的读书士子们出于名利的考虑,"宁道孔孟误,讳言服郑非",朱子学享有莫大权威,即使像王阳明那样的大儒,在《朱子晚年定论》中也说他仍然需要打着朱子的旗号。朱子学被奉为正学,担负起教化天下的重任,而其主要的着力点正在于社会精英群体。

特别是清代,朱子学被康熙皇帝推崇为"大中至正"之学,广泛应用于全社会各个阶层的教化。经由科举考试而上升为官僚的士大夫集团,以及有功名的乡间绅士,是清代社会坚持修、齐、治、平的中坚力量,他们长期浸淫于朱子学,一言语,一举手,一投足,莫不合乎正学的要求与规范。他们是朱子学教化的主要对象,也是朱子学教化取得成功的见证。普通的农工商大众

儒学史研究

---

[1] 王守仁撰,吴光、钱明、董平、姚延福点校:《王阳明全集》(上),上海古籍出版社1992年版,第110页。

[2] 正学一词,首见于《史记·儒林列传》:"公孙子,务正学以言,无曲学以阿世。"

虽然也是朱子学教化的对象，但是，比较而言，朱子学对他们的教化不够用心用力，以至于他们信从的不仅有儒家的礼义，也有佛、道和某些民间宗教。

三、儒家教化的下贯路线

儒家教化的下贯路线，是面向社会草根阶层的移风易俗的教化。这是以往的研究中比较忽略的一个方面。儒家的自我定位是社会精英阶层中的士君子，即道德与知识合一的、有社会地位的人。大儒则往往自视为先知先觉者，自认为负有"使先知觉后知，使先觉觉后觉"的重任，如孟子借伊尹之口说："予，天民之先觉者也。予将以斯道觉斯民也。非予觉之而谁也？"（《孟子·万章上》）因此，儒家对于普通民众往往有一种居高临下的优越感，不易与普通民众打成一片。读一读《礼记》中的《儒行》篇，可知其中一一列举的种种"儒行"，皆高风亮节，不是匹夫匹妇所能做到的。日常生活中，有一些事情"众皆悦之，其为士者笑之"（《孟子·尽心下》），更是道出了儒家与普通民众的喜怒哀乐等情感的差异。在这样一种情况下，儒家面向普通民众所施行的教化，基本上是采取"上之化下"的示范性方式，上则身传言教，做出表率；下则见贤思齐，群起仿效。此即孔子曾经比喻的："君子之德，风；小人之德，草；草上之风，必偃。"（《论语·颜渊》）风吹草偃即是教化。《说苑·君道》篇对此有一个很好的注脚："夫上之化下，犹风靡草，东风则草靡而西，西风则草靡而东，在风所由，而草为之靡。"上之化下，风吹草偃，久而久之，化民为俗，就能收到"美教化，移风俗"的效果。正因为"上行下效，乃移风易俗之机"（《日讲礼记解义》），所以儒家特别重视社会精英阶层一言一行的教化作用。孔子强调为政者必须为民众做出表率，说："政者，正也。子帅以正，孰敢不正？"（《论语·颜渊》）又说："其身正，不令而行；其身不正，虽令不从。"（《论语·子路》）而在野的士子们，来自民间，生活于民间，作为一乡之善士，他们享有道德和知识的权威，重视家风、乡风的建设，主持制定族规、乡约，讲解礼、法，训诫子弟，自觉不自觉地担负起教化

民众的责任 ①。儒家不仅要求上层精英人士以身示范，树为民众的楷模、榜样，而且还注重从民间中发现孝廉以及其他乡贤予以表彰，以其嘉言懿行引导民风向善。翻阅一下史书，特别是地方志书，可知此类人物的传记甚多。

显然，儒家教化的上贯路线着力于修齐治平，下贯路线着力于移风易俗。政教风俗关乎世道人心。正人心，可以救世道；美风俗，可以治政教。这是儒家教化三致其意的全部内容所在，而其最终目标是要再现理想的尧舜大同之世。

如上所述，儒家习惯于"上之化下"，给人留下居高临下而施教化的印象；而且，儒家一向主张"毋友不如己者"（《论语·子罕》），"一乡之善士斯友一乡之善士，一国之善士斯友一国之善士，天下之善士斯友天下之善士"（《孟子·万章下》），似乎很难逾越士庶的分界而与匹夫匹妇直接沟通，做下层庶民的朋友。儒家似乎很难理解佛教"不问大人小儿，官员村人商贾，男人妇人，皆得入其门。最无状，是见妇人便与之对谈"（《朱子语类·学三》），由此以为"佛氏乃为逋逃渊薮"（《朱子语类·学三》）。儒家虽然只是一个松散的学派，没有供人出入的组织系统，但儒家的做派和气象，让人望之俨然，不是庶民能够轻易接近的。

值得注意的是，到了宋明理学时期，陆王学派的讲学活动才真正开始面向社会大众。陆九渊与朱熹同时代。陆九渊的心学提倡"易简功夫"，能够直接面向大众，做到通俗易懂，雅俗共赏。杨简曾经描述陆九渊的讲学：

> 先生既归，学者辐辏愈盛。虽乡曲长老亦俯首听诲，言称先生。先生悼时俗之通病，启人心之固有，咸惕然以惩，跃然以兴。每诣城邑，环坐率一二百，至不能容，徙观寺。县大夫为设讲坐于学宫，听者贵贱老少，溢塞途巷，从游之盛，未见有此。（《慈湖遗书·象山先生行状》）

陆九渊的讲学精神，虽然在宋元时期未能发扬光大，但是却能够传至明

---

① 生活在民间的士子，清代以来往往被称为绅士，他们在民间扮演的角色、发挥的作用，拙作《近代乡村文化的衰落》（载《学术月刊》1995年第10期）曾有过简单的分析和描述，可参看。

代，王阳明慧眼独具，将其重新收拾起来。王阳明教导其门人、弟子深入民间讲学，切不可居高临下，必须放下师道尊严的架子，贴近庶民，成为庶民中的一员，才能取得讲学的成效。他说：

> 你们拿一个圣人去与人讲学，人见圣人来，都怕走了，如何讲得行？须做得个愚夫愚妇，方可与人讲学。①

面对愚夫愚妇讲学，首先要做个愚夫愚妇，以平等的身份、平等的口吻去讲，才会取得"春雨润物细无声"的效果。在王阳明的号召下，阳明学派中人出了不少能够深入民间，直接面对草根阶层讲学的人。特别是阳明弟子王艮创立的泰州学派，有名可考者达487人，"上至师保公卿，中及疆吏司道牧令，下逮士庶樵陶农夫，几无辈无之"②。尤其引人注目的是，有不少人竟然是从草根阶层中自拔而起，如王艮本人是从事盐业的灶丁，其门下弟子朱恕是樵夫、韩贞是陶匠、林春是佣工、夏廷美是田夫、颜钧是布衣，等等。这是一个平民化的学派，师徒之间不仅修德讲学，切磋琢磨，相互勉励，而且重视平民教育，认识到向平民传道的重要性。王艮自负地认为，他是尧、舜、文、武、孔子之道的先知先觉者，不忍人们对"道"的无知，乃"不以老幼贵贱贤愚，有志愿学者传之"③。王艮率先深入民间讲学，韩贞、颜钧等人紧跟其后，如韩贞：

> 遂以化俗为任，随机指点农工商贾，从之游者千余。秋成农隙，则聚徒谈学，一村既毕，又之一村。前歌后答，弦诵之声洋洋然也。④

这样一种面向平民大众的讲学活动，其旨趣不在于研讨，而在于宣传和普及；换言之，不在于弘道，而在于传道。传道比弘道更能彰显宗教精神。阳明学派兼顾弘道与传道，以传道的精神和方式直接面向平民大众，在以往

---

① 王守仁撰，吴光、钱明、董平、姚延福点校：《王阳明全集》上，第116页。
② 袁承业编订：《明儒王心斋先生师承弟子表》，载氏编《明儒王心斋先生遗集》（附录），1912年印行。袁氏统计王艮及其门下共五传弟子人数，粗得487人，几乎遍及全国各地。其中，科举及第为官者仅41人，其余都是民间的士庶樵陶农夫。
③ 袁承业编订：《明儒王心斋先生遗集》，1912年印行。
④ 黄宗羲著，沈芝盈点校：《明儒学案·泰州学案》，中华书局1985年版，第720页。

的儒家教化上贯路线之外，另开辟了一条放下身段，"以化俗为任，随机指点农工商贾" 的下贯路线。

儒家教化的下贯路线并不等于宗教路线。泰州学派具有某些宗教性的特征，[①] 但整体而言还不能认定其为宗教。不过，正是在儒家教化的下贯路线大行其道的时候，儒学中固有的宗教性被激活，以致出现了儒学宗教化的倾向，并进一步转化为儒学宗教化的过程。

（本文原载《第三届世界儒学大会学术论文集》，文化艺术出版社，2011 年）

---

① 侯外庐主编的《中国思想通史》第四卷第二十二章《泰州学派的思想及其阶级性与人民性》，对泰州学派的宗教性特征做了很好的揭示（参见该书第 958—1002 页）。

邹鲁文化与圣人家风

邹鲁文化是以周代两个诸侯国鲁国和邾国（战国时称邹国）为中心、以周代礼乐文化为主体、吸收融合了殷商文化和当地土著东夷文化而发展起来的区域性文化。与周秦时期其他的区域性文化，如齐文化、晋文化、燕赵文化、楚文化、吴越文化、秦文化、巴蜀文化等相比，邹鲁文化堪称一枝独秀，不但孕育了儒墨两大显学，引领了百家争鸣的时代潮流，而且还具有此后蜕变、上升为中国主流文化的内在潜质。

邹鲁文化源远流长。公元前6世纪中叶，孔子诞生后不久，吴国人季札、晋国人韩宣子先后访问鲁国，他们以其所见所闻盛赞"周礼尽在鲁"，对鲁国保存的"乐"叹为观止。这时的鲁国是名副其实的周代礼乐文化的重镇。到了孔、孟生活的时代，邹鲁文化更是繁荣发达，独步一时，天下领先。一大批"邹鲁搢绅先生"，如孔子、颜子、曾子、有子、子思子、墨子、孟子等，站在时代前沿，招徒讲学，著书立说。孔子的"仁爱"和墨子的"兼爱"，是邹鲁文化沃土培育出来的两大爱的学说。孔子描绘的"天下为公"的"大同"社会，时间上领先于古希腊柏拉图的"理想国"一百多年，而在构想上比柏拉图的"理想国"更富有理想的神韵，两千多年来引导和激励着中国人对理想社会的追求和向往。孔子和墨子分别创立了并称"显学"达两百年之久的儒家和墨家学派，揭开了诸子百家大争鸣的序幕；子思和孟子又在儒家内部创立了影响深远的思孟学派。孔门和墨门弟子众多，来自四面八方，邹鲁成为贤士出入之地。孔子晚年在鲁国整理《诗》《书》《礼》《乐》《易》《春秋》，使这六部经典成为数千年中华文化承上启下的枢纽，被称为"中华文化元典"。孔子弟子及后学陆续编纂和创作的《大学》《中庸》《论语》《孟子》，被南宋大儒朱熹合称为"四书"，与《诗》《书》《礼》《易》《春秋》"五经"并行于世。正因为如此，《庄子·天下》篇在叙说中国学术思想的发展演变时，充分肯定了"邹鲁搢绅先生"的历史性贡献。他们不但在历史上开创并引领了一个诸子百家独立思考、自由言说的时代，而且还把这个时代中国思想世界的中心舞台转移到了邹鲁一带。

大道之行，行于邹鲁之邦；文明以止，止于洙泗之滨。邹鲁文化的巨大成功，还孕育了另一个让人叹为观止的奇迹：在中国历史上，被中央政府认定并封为圣人、居文庙与学校（庙学合一）之上而享受"国之典祀"的，只有五人：至圣孔子、复圣颜子、宗圣曾子、述圣子思子、亚圣孟子。而这五位圣人全部出自邹鲁，出自儒家，由此可知邹鲁文化的非同凡响。他们之所以被尊为圣人，在于他们拥有极高明的道德和智慧，学以致用，制作了"四书五经"系列的中华元典，奠定了垂法后世的仁、义、礼、智、信的核心价值观基础，创立了人们观察、分析、解决人生和社会基本问题的思想范式。文化元典、价值观、思想范式是推动中华文明按其自身逻辑永续发展的内在动力和基本规则。

很少有人注意到，儒家这五位圣人还有一项重要的贡献，那就是他们对尧舜以来优良家学、家教、家风的传承、弘扬与创新发展，形成了只有在邹鲁才得一见的圣人家风。

邹鲁优良家风，远承虞舜首倡的父义、母慈、兄友、弟恭、子孝"五教"，以孝悌治家的风尚，又直接受到了泰伯、周文王、周公几代人培育的敬天、仁爱、让国、勤俭、执中等姬姓家风的熏陶，寓继承于发展之中，做到了根深而叶茂，源远而流长。尤其是鲁国立国之初，周公对其子伯禽的教导和训诫，一篇见于《韩诗外传》的"周公诫子"，其来有自，传颂久远。鲁人仰慕周公之德，设家教，立家风，世代沿袭，形成为一项优良传统，在邹鲁一带广为传承。降至春秋时期，邹鲁一带的家风以好学、知礼为特点，成为当时远近各地"闻其风而悦之"的家风典范。

在这样一种文化大传统和家风小传统的背景下，孔子、颜子、曾子、孟子拥有最优秀的家教。他们的家教，一半出自母教：孔子、孟子自幼丧父，全靠母亲抚养、教育成人。孔母、孟母是母教的典范。这两位伟大的母亲先后独自承担起家教的重任，上承邹鲁家教优良传统，下启邹鲁孔、颜、曾、孟四氏家风，其母仪千古的风范令人赞叹不已。孔子、孟子仰承母教而成长。待到他们成家生子以后，必对慈母的家教有着强烈、深刻、鲜活的记忆，必将慈母的家教发扬光大于门庭之内，再结合他们的家教理念而予以创新发展，这就形成了孔孟二氏家风。颜子、曾子因为父亲健在长寿，不走孔孟家风形成之路；他们二人情况类似，都是父子同入孔门学习，直接受孔子的教诲和影响而形成各自的家风。颜子、曾子是一代更比一代强的后起之秀，他们对于各自家风的贡献自然更大一些。

孔子的圣人家风由一则"庭训"的典故可见一斑。孔子居家时，独自一人站在庭中，儿子孔鲤从其身旁走过，孔子叫住儿子，问："学《诗》了没有？"儿子回答："没有"。孔子接着指教："不学《诗》，就不会谈吐优雅地讲话。"于是儿子回去学《诗》。隔了几天，同样的情景再次出现，孔子又教导儿子学礼，说："不学礼，就无法立足于社会。"于是儿子回去学礼。孔子教导儿子学《诗》、学礼的家教案例，感动了弟子陈亢。陈亢原以为孔鲤毕竟是孔子的儿子，会有一些私下授受，真相却是孔子对弟子和儿子一视同仁，平等对待，孔鲤和其他弟子完全一样，并没有多学些什么。孔子的家教具有示范效应，孔子后人从这则家教案例中提炼概括出了诗礼家风，世代发扬传承，历两千五百余年而不衰。

颜子和他的父亲颜路同是孔门弟子，父子二人共同培育了颜氏家风，而颜子的贡献尤大。颜子是孔子最得意的弟子，修德、讲学堪称孔门楷模。孔门四科（德行、言语、政事、文学）以德行居首，颜子名列德行第一。颜子秉承师教，克己复礼，真正做到了非礼勿视、非礼勿听、非礼勿言、非礼勿动。颜子知学、好学、乐学，不会因为生活穷困而失去学习的乐趣，连孔子都承认颜子好学超过了自己。修德、好学、守礼是颜子为人的三大特点，也是颜子奠定的颜氏家风的三个支撑点。颜子三十五世孙颜之推著《颜氏家训》，将修德、好学、守礼的精神纳入颜氏家训，使其世代相传，到明清时期就变成了复圣家风的内核。

曾子的情况和颜子类似，也是父子同在孔门受教。父子二人共同开创的曾氏家风，以孝悌、修身、耕读为其三大特征。曾子以孝著称，司马迁在《史记·仲尼弟子列传》中说孔子以为曾参"能通孝道，故授之业，作《孝经》"。这说明曾子与孝道、《孝经》关系密切，是孔门孝道的主要传承者和发扬者。曾子重视修身，善于反省，以"吾日三省吾身"为其修身特点。曾子与父亲务农为生，一则流传甚久的曾氏父子瓜田除草的传说故事，说明曾家过的是晴耕雨读的生活。后世人们津津乐道的耕读家风，或许就创始于曾氏父子。

孟子是浸润在母教的阳光雨露中成长起来的。孟母教子有方，留下了"三迁择邻""断机教子"等传颂后世、脍炙人口的故事，被称为"母教一人"。孟子的母亲不像孔子的母亲那样三十几岁就早早过世，而是活到了八十多岁；孟子成年后，母亲也仍然能够对孟子的日常生活给予指导。孟子的思想理念以及他所开创的孟氏家风，无疑深受母亲的影响。孟子主张人的一生应该进"礼门"，走"义路"，居"仁宅"，培养浩然之气，拥有"富贵不能淫，贫贱不能移，威武不能屈"的大丈夫气概。这是孟子开创的孟氏家风的基本内涵。

孔子、颜子、曾子、孟子培育的家风，可以称为圣人家风。但是，圣人家风不以富与贵的家境为基础，不是高不可攀，而是来自于普通的家庭。像孔子、孟子这样幼年时孤儿寡母的单亲家庭，不管生活多么困苦，只要拥有良好的母教和家风，就有机会"下学而上达"，出类拔萃，成为优异人才。待到孔子、孟子成贤成圣，光大门楣，他们的家风就直接转换成了圣人家风。

儒学史研究

孔、颜、曾、孟四氏圣人家风，由家学、家教而形成，极高明而道中庸，具有领先性和示范性的特点。就其极高明而言，孔子、颜子、曾子、孟子奠定的家风，形成了家学、家教、家风的完整序列，家风以家教为基础，家教以家学为根底，成为后世孔、颜、曾、孟四氏后裔以及历朝历代名门望族效法的家风范式。就其道中庸而言，家风必由家教而形成，家教却不必来自家学。在传统社会，不少父母有着严厉的家教，不但知道课子读书，而且教育子女即使不识一字，也必须堂堂正正做人。这种缺少家学环节，仅仅由家教而形成的家风，其实正是孔子、颜子、曾子、孟子早年家庭情景的真实写照。孔母、孟母、颜父、曾父无家学，有家教，这说明绝大多数的家庭可以"见贤思齐"，向孔、颜、曾、孟四氏家风看齐。事实也是如此，两千多年来，圣人后裔不忘祖训，名门望族和寻常百姓也都向往圣人家风，以圣人家风为范本，培育自家家风，形成了无数的不同类型的优良家风，传承中华美德，作育优秀人才，改良社会风气，塑造礼义之邦。

（本文原载《光明日报》2018 年 2 月 24 日）

五教与家庭伦理

中国人自古就有极强的家庭观念，看重家庭伦理关系，制定出许许多多调整、约束、矫正家庭伦理关系的道德理念和道德规范，以此成为家庭建设的核心，使家庭成为尊卑有序、养老爱幼、团结和睦、其乐融融的生活和生产单位。这一优良传统据说肇始于尧舜时期，迄今已有四千多年的历史。

一、舜帝"五教"

司马迁推崇舜帝，是因为舜帝倡导"五教"，推行家庭伦理道德建设，以家庭伦理道德作为"天下明德"的核心内容，所以司马迁作《史记·五帝本纪》，断言"天下明德皆自虞帝始"。

所谓"五教"，最初见于《尚书·尧典》记载舜帝任命契为司徒说的一段话："百姓不亲，五品不逊，汝作司徒，敬敷五教在宽。"这是说，百姓不相亲爱，父、母、兄、弟、子关系不顺，你担任司徒，务必认真恭敬地推行五教，要注意宽厚。何为"五品"？汉代经学家郑玄解释为父、母、兄、弟、子，而王肃则认为是指"五常"。两相比较，当以郑玄的解释为是。何为"五教"？简单地说，是指五品之教。《左传》文公十八年记鲁国太史叙述尧舜治国理政的经验与智慧，说舜任用贤才，"使布五教于四方，父义、母慈、兄友、弟共、子孝，内平外成"。三国时期历史学家韦昭据此指出："五教"就是"父义，母慈，兄友，弟恭，子孝"。

尧舜时期，父权制家庭已经形成。父、母、兄、弟、子，是父权制家庭的核心成员。人们有了人伦意识的觉醒，对家庭核心成员的角色有了初步认识，知道何种家庭成员应该承担何种责任与义务；与此同时，人们也认识到每一家庭成员的角色应该有某种道德规范予以校正，以使其能够履行相应的责任与义务。于是，一些家庭伦理道德观念产生了，如："孝""亲""慈""恭""友""和""中""义""温"等，并且很快被认可、接受，普遍推广开来，成为那个时代家庭伦理道德建设的宝贵资源。正是因为有了这样的基础，舜帝抓住五种家庭核心成员角色——父、母、兄、弟、子，提炼、概括出五种相应的家庭伦理道德观念——义、慈、友、恭、孝，最终形成为父义、母慈、兄友、弟恭、子孝的"五教"。这样，父、母、兄、弟、子每一家庭核心成员都明确了应当遵循的道德准则。

二、儒家"孝悌"

儒家"祖述尧舜，宪章文武"，对尧舜极为推崇。然而，由于父权制家庭演变为家族，家族演变为宗族，人们的血缘关系变得越来越复杂。儒家梳理各种血缘关系，必须善于提纲挈领，从中寻找、发现最核心最关键的血缘关系，作为维护家庭、家族、宗族序列的基础。

儒家当然知道，在家庭组合为家族、家族组合为宗族的序列中，家庭始终居于核心和基础的地位。而在家庭中，父、母、兄、弟、子五种家庭核心成员组成纵横两种关系：一种是纵向的、起着轴心作用的父母子女关系，一种是横向的兄弟姐妹关系。儒家将这纵横两种家庭关系简化为父子关系和兄弟关系，并且从父子关系中提炼出"孝"的观念，从兄弟关系中提炼出"悌"的观念，把孝悌视为处理父子关系和兄弟关系的道德规范，进而看作是整个家庭伦理道德的核心范畴。所以，儒家特别强调孝悌，孔子弟子有若明确指出：

"君子务本，本立而道生。孝弟也者，其为仁之本与！"（《论语·学而》）这和"五教"中特别凸显母亲的慈爱对于子女成长和教育的重要性，将"母慈"与"父义"并列显然有所不同。

除了父子、兄弟关系之外，儒家还极为重视夫妇关系。夫妇关系由非血缘的男女关系转化而来，《易传·序卦》对此做了说明："有天地，然后有万物；有万物，然后有男女；有男女，然后有夫妇；有夫妇，然后有父子；有父子，然后有君臣；有君臣，然后有上下；有上下，然后礼义有所错。"父子关系、君臣关系都是由夫妇关系派生而来，所以，"夫妇之道。不可以不久也"。《礼记·哀公问》记载，鲁哀公问孔子如何为政，孔子回答："夫妇别，父子亲，君臣严。三者正，则庶物从之矣。"孔子将厘清人伦关系视作为政的纲领，这一基本思路为后来的儒家所继承。出土的郭店楚简《成之闻之》篇大约写成于孟子时代，其中提出了君臣、父子、夫妇"六位"说，即"天降大常，以理人伦。制为君臣之义，著为父子之新（亲），分为夫妇之辨"。和"六位"说相仿佛的，还有一个"八政"说。《逸周书·常训》篇将"夫妇、父子、兄弟、君臣"视为"八政"。《礼记·礼运》篇记孔子说："以正君臣，以笃父子，以睦兄弟，以和夫妇"，这里说的君臣、父子、兄弟、夫妇，和"八政"说大同小异，即内容大同，排序小异。应该说，"六位"说是对"八政"说的进一步提升，因为兄弟关系和夫妇关系同为横向的平行关系，而兄弟关系远不如夫妇关系更为重要，所以二者必去其一的话，只能舍弃兄弟关系而留存夫妇关系。

儒家论说人的血缘亲属关系，提出了三个"一体之亲"的说法。"一体之亲"是至亲，至亲即亲密无间，没有任何关系比其更亲近。这三个"一体之亲"就是夫妇、父子、兄弟，都是家庭内的伦理关系。父子一体之亲容易理解。兄弟一体之亲是指一父所出、一母所生，这也容易理解。夫妇来自不同的姓氏，原本没有血缘关系，何来一体之亲？夫妇的一体之亲，是指夫妇合体媾精，生儿育女，在生命的创造与延续中实现了一体之亲。

无论是儒家概括提炼的"六位""八政"说，还是三个"一体之亲"说，都无一例外地包含了夫妇关系，足见儒家对夫妇关系的重视程度。另外，儒家和法家共同创造和倡导的"三纲"说，前一纲"君为臣纲"属于政治上的君臣伦理，后两纲"父为子纲"和"夫为妻纲"属于血缘上的家庭伦理。在这里，家庭伦理中能够"上纲"的只有纵向的父子关系和横向的夫妻关系，而没有兄弟（姐妹）关系的位置。这说明，在"三纲"的视域内，夫妻关系重于兄弟关系。如果说在传统中国社会，一个家庭的核心和枢纽关系是父子关系的话，那么，到了现代中国社会，由于家庭结构发生了重大变化，夫妻关系无疑取代了父子关系而成为家庭的核心和枢纽关系。

三、汉代"三纲六纪"

汉代"独尊儒术"之后，儒家倡导的"齐家"作为联结修身与治国、平天下的中间环节得到了高度重视。东汉编纂的《白虎通》提出了一个著名的"三纲六纪"说，现代历史学家陈寅恪先生认为："吾中国文化之定义，具于《白虎通》三纲六纪之说，其意义为抽象最高之境。"

"三纲"是在儒家"六位"说的基础上提出来的，《白虎通·三纲六纪》说："三纲者，何谓也？谓君臣、父子、夫妇也。"因为"三纲"在近代受到了批判，有人为儒家辩护，说"三纲"是法家的发明。其实，"三纲"是儒法两家共同发明和倡导的。《白虎通》在"三纲"之外，还提出了一个"六纪"说："六纪者，谓诸父、兄弟、族人、诸舅、师长、朋友也。"《白虎通》注意区分"纲"与"纪"，认为"纲者，张也。纪者，理也。大者为纲，小者为纪"。并且认为"三纲"是"六纪"中提炼出来的"纲"，指出："六纪者，为三纲之纪者也。师长，君臣之纪也，以其皆成己也。诸父、兄弟，父子之纪也，以其有亲恩连也。诸舅、朋友，夫妇之纪也，以其皆有同志为己助也。"这是说，再进一步归纳，"六纪"可统之于"三纲"：师长一伦，可归于君臣之纪，因为师长成就了弟子，君主成就了臣下；诸父、兄弟两伦，可归于父子之纪，因为父亲的兄弟，以及自己的兄弟，与自己有血缘恩情相连；诸舅、朋友两伦，可归于夫妻之纪，因为母亲的兄弟和自己的朋友，与自己同心同德，能够给予莫大帮助。这样看来，所谓"六纪"，不过是"三纲"的延伸而已。在"三纲六纪"中，家庭伦理关系，如父子、夫妇、诸父、兄弟、族人、诸舅，恰好占据了三分天下有其二的地位。

"三纲六纪"的核心是"三纲"，那么，如何处理和把握"三纲"呢？儒家提出了一个基本原则："君为臣纲，父为子纲，夫为妻纲"。君臣、父子关系本来就是不平等的上下关系，把君与父摆在了"纲"的地位，臣与子只能乖乖听命，这似乎还可以理解。然而，夫妇关系犹如《白虎通》所说，取象于阴阳关系，本来是平等的，就像兄弟、姐妹关系一样，可是，一旦把夫摆在了"纲"的位置，就将妇置于了不平等的地位，所以，《白虎通》在"夫为妇纲"的意义上解释说："夫妇者，何谓也？夫者，扶也，以道扶接也。妇者，服也，以礼屈服也。"夫妇关系中，丈夫以道扶接其妻，妻子以礼屈服其夫。

在儒家那里，父子关系讲孝，兄弟关系讲悌，夫妇关系讲什么呢？一说讲"和"，认为夫妇之道在于"琴瑟和鸣"；一说讲"敬"，认为夫妇之间应该相敬如宾；一说讲"纲"，坚持"夫为妇纲"。如果给予一言以蔽之的取舍，是取"和"、取"敬"，还是取"纲"，似乎还没有定论，这说明夫妇关系不但不如父子关系讲孝、兄弟关系讲悌那样简单明了，而且还存在着内在的矛盾，此即夫妇之道在"和"在"敬"与"夫为妇纲"的矛盾。夫妇之道的"和"与"敬"蕴含了平等的要素，而"夫为妇纲"则把妻子一方降低到次要的、从属的地位，带有明显的不平等的意味。"三从之义"（"未嫁从父，既嫁从夫，夫死从子"）又将女子终身固定在从属的位置。可见，夫妇关系远比家庭中的其他关系更为复杂，古代哲人也没有看得那么透彻，没有把握得很准确，而这正是给今天人们构建现代性的夫妻之道预留了空间。

四、"家之四维"与家庭美德建设

儒家重视家庭伦理关系，提出处理家庭伦理关系的道德原则，无疑是值得充分肯定的。有家庭，必有家庭伦理关系。认识家庭伦理关系，知道如何处理和把握家庭伦理关系，是人生的第一课，其重要性不言而喻。问题出在处理家庭伦理关系的道德原则上。儒家认为，圣人坚持"以天下为一家，以中国为一人", 绝非臆想, 而是通人情、知人义之后所达到的必然结论。人情有七: 喜、怒、哀、惧、爱、恶、欲, 不学而能, 人皆有之。人义有十: 父慈、子孝、兄良、弟弟、夫义、妇听、长惠、幼顺、君仁、臣忠, 是从人伦中生发出来的, 需要长期的学习、训练、培养才能获得、拥有。人有七情, 知道如何选择、约束、控制; 人有十义, 也知道如何坚持"义以为上"而拳拳服膺。

时代变迁, 社会发展, 处理家庭伦理关系的道德原则与时偕行, 随着时代的变化而变化。比如, 近代以来, 自由、平等、人权、民主等思想学说传入中国, 张之洞敏锐地察觉出西风东渐必与本土"三纲"说发生冲突, 他作《劝学篇》, 强调"明纲"的重要性, 说: "故知君臣之纲, 则民权之说不可行也; 知父子之纲, 则父子同罪、免丧、废祀之说不可行也; 知夫妇之纲, 则男女平权之说不可行也。"[1] 1919 年"五四"新文化运动以后, "三纲"受到了猛烈批判, 一种注入了平等要素的新型家庭伦理关系慢慢形成。时至今日, 中国人的家庭结构发生了根本性的变化, 过去几代人同堂的、多子多女的大家庭变成了父母与子女构成的、少子化的核心家庭; 家庭成员之间的关系随之也发生了结构性的变化, 比较突出的有两点: 一是纵向的父子关系降低了其重要性, 逐渐让位于横向的夫妻关系; 二是横向的兄弟姐妹关系或有或无, 变得无足轻重。

与这种新型的家庭关系相适应, 构建现代家庭伦理道德体系, 必须改变传统社会那种以父子关系和兄弟关系为基础、以孝悌为核心的做法, 而改以夫妻关系为基础, 以平等、独立、忠诚、和谐为核心。

平等, 首先是夫妻平等, 然后是父母与子女在人格上的平等。平等, 意味着传统社会的"父为子纲""夫为妇纲"不再适用, 事实上也早被废除。

独立, 与平等、自由相互依存, 互为前提。有了平等、自由, 自然享有独立; 同理, 一旦享有独立, 也就拥有了平等、自由。独立, 意味着家庭成员之间享有平等、自由, 不仅不存在人身依附关系, 而且也不应该发生任何强制

---

① 张之洞著, 苑书义等主编:《张之洞全集》, 河北人民出版社 1998 年版, 第 9715 页。

性的关系。夫妻双方如此，父母与子女之间同样如此。

忠诚，是夫妻双方必须信守的基本原则。男女双方缔结婚姻，以爱情为基础，以忠诚为誓约，"死生契阔，与子成悦。执子之手，与子偕老"是婚姻双方彼此表达的初心。不忘初心，方得始终；初心易得，始终难守。

和谐，是放之四海而皆准的家庭美德，适用于古今中外所有类型的家庭。家庭内部的和谐，尤其是夫妻之间的"琴瑟和鸣"，不是无原则的迁就而达成的，而是在尊重家人的前提下，以宽心、宽容、宽厚的态度与方法，求同存异，达成和谐。

平等、独立、忠诚、和谐，应该是现代家庭的基本价值。这四点基本价值对于维护正常的夫妻关系尤其重要。无数事实证明，在现代社会，夫妻关系是家庭稳定的"压舱石"：夫妻关系出了问题，必定造成家庭的不稳定，而家庭不稳定，未成年子女是最大受害者。所以，完全可以说，平等、独立、忠诚、和谐是"家之四维"，一维绝则家倾，二维绝则家危，三维绝则家覆，四维绝则家亡。四维不张，家乃败亡。

"家之四维"中的忠诚、和谐，是古今通用的中华美德。除此以外，传统中华美德中的仁、义、智、礼、信、勇、友、慈、俭、让、孝、敬、宽、惠、敏等等，也应该成为现代家庭美德建设的宝贵资源。总之，守护本土资源，弘扬中华美德，适应现代家庭结构的变化，是我们今天重建家庭伦理的可行乃至必行之道。

（本文为 2016 年 10 月在贵州修文县第五届阳明文化节举办的"阳明心学·龙场论坛"上发表的论文）

儒学史研究

儒学教材的编纂与研究

守望与传承

——关于编纂中华优秀传统文化教材的思考

　　在举国上下致力于传承与弘扬中华优秀传统文化的新时代，在学校教育领域设置课程、编纂教材，以便对莘莘学子进行中华优秀传统文化的教育，已经成为越来越多的人参赞的教育事业。我忝列为参赞者中的一员，于2014年2月执笔撰写的《中国传统文化基础教材》的"出版说明"中陈述了我与我的同道之所以参赞的理由：

　　　　近百年来，中国传统文化命运坎坷，最近一二十年渐有否极泰来的转机，传承和弘扬优秀传统文化几乎成为全民共识。然而，笃行实践，培养风气，却还任重道远。"人能弘道，非道弘人"。莘莘学子是优秀传统文化的忠实继承者和实践者，肩负着延续中国文化命脉的历史使命。让优秀传统文化走进学校，走进教材，使莘莘学子能够更多的了解和认同优秀传统文化，丰富并提升对优秀传统文化的认识，增强传承和弘扬优秀传统文化的自觉意识和担当意识，在今天已经成为顺理成章的必然选择。

不曾想，中华优秀传统文化教材的编纂之风来势迅猛。2013年5月，中华书局出版了台湾地区高级中学使用的《中华文化基本教材》（修订后改为《中华文化基础教材》）；泰山出版社闻风而动，当年7月组织了以著名学人傅璇琮先生为主编的教材编写团队，着手编写中华优秀传统文化教材。我有幸赞襄其事，参与筹画论证。我一再主张我们必须因地制宜、因时制宜，与台湾版的《中华文化基本教材》明显区别开来，因为该教材在内容上仅仅取材于《论语》《孟子》《大学》《中庸》四书，这与台湾地区中小学教材的总体情况相适应，却不适合于大陆高级中学使用；我们编写的教材应该定名为《中国传统文化基础教材》，内容取材于"中华民族精神突破时期出现的伟大的思想与经典"，除了儒家的四书五经以外，还要包括其他诸子百家的经典著作。我在该教材的"出版说明"中，陈述理由如下：

> 人类文化的发展，到了公元前8世纪—公元前3世纪，在中国、印度、西亚、希腊等几大文化先进的国家和地区，先后诞生了伟大的人类精神导师，孕育出了直到今天仍有影响的思想范式。在中国，这个时期恰好是历史上的春秋战国时期，孔子、老子、孙子、墨子、孟子、庄子、荀子、韩非子……一个又一个思想大师先后登上了诸子百家大争鸣的舞台，著书立说，留下了不朽的经典著作；而由孔子整理成书的《诗经》《尚书》《仪礼》《周易》《春秋》更成为中国文化的元典。这个时期出现的思想与经典，承上启下，继往开来，奠定了此后两千多年中国传统文化的基础，构成了此后两千多年中国传统文化的核心。为此，我们要了解中国传统文化，必须从这个时期出现的思想与经典入手。

《中国传统文化基础教材》分两册，供高中一二年级教学使用，2014年2月由泰山出版社出版发行。

后续的推动力来自教育行政部门。2014年3月，教育部发布了《完善中华优秀传统文化教育指导纲要》；2016年9月，山东省教育厅发布了《山东省中小学中华优秀传统文化课程指导纲要》，随后面向全国公开受理教科书报审工作，共有9家出版社报审的15套教材通过了审查，小学、初中、高中三个学段各有5套教材可供选择使用。我参与编写的那部《中国传统文化基础教材》，经过修订，有幸入选。这15套教材已于2017年秋季全面启用。

山东作为孔子的故乡、儒学的发祥地，在推动中华优秀传统文化进入国民教育体系方面走在了全国的前列。一省的率先示范，还不足以令人沾沾自喜。一花引来百花开，百花争艳春满园，才是我们翘首以待的愿景。

在2018年2月25日在北京中法大学旧址举行的"百年之变：中华优秀传统文化进入山东必修地方课程研讨对话会"上，我讲到了现在编写中华优秀传统文化教材还存在着认识不足或认识有偏差、经验也不够丰富的问题。的确，回首百余年来我国中小学教材的编写史，再联系当今做一些对比式的反省和思考，就会发现，无论是以往的成功经验，还是已经发生的失误和走过的弯路，尤其是各种各样的具有引领和导向性质的认识，均在影响着我们走向未来的脚步。

近几年编写出版的中华优秀传统文化教材，是纳入国民基础教育体系，直接提供给小学、初中、高中阶段教学使用的正规教材，在山东还被列入地方必修课程教材。这完全不同于以往出现的面向儿童和少年的有关中国传统文化的各种诵本和读本，后者不是教材，只是辅助性读物，与此相比，正规教材有着更高的标准和更严格的要求。然而，在具体的编写进程中，往往是仓促启动，限时完成；时间进度是硬指标，高标准、严要求是软指标，两方面指标上的"软硬兼施"实际上变成了软的更软、硬的更硬，以至于硬指标占据了主导地位。这使得编写者没有足够的时间进行充分详尽的论证，没有充足的工夫进行认真仔细的斟酌和推敲，再加上编写人员学殖不一，这就难免会出现这样那样的问题。比如，中华优秀传统文化博大精深，论主流或主干，儒学一枝独秀；论教化格局，儒释道三家鼎立；论传统学科，有经、史、子、集；论现代学科，有哲学、政治、历史、文学、教育、经济、军事、医学等等，这中间究竟有哪些内容合乎现代世道人心、适合于中小学教材选用？中小学生在校读书学习期间经历着儿童、少年、成年三个成长的年龄段，教材内容必须充分考虑中小学生不同年龄段的心理特点、认知水平和实践能力，循序渐进，不躐等，不越级，这需要教育学和心理学的专家参与论证。山东省推出的上述15套中华优秀传统文化教材，出自9个编写团队，虽然各个编写团队都在认真学习、严格遵守执行《山东省中小学中华优秀传统文化课程指导纲要》，但是，由于分属9家出版社，政出多门，缺乏充分的沟通交流，在一些问题上欠缺共识，造成了彼此间的出入和差异。2000年5月底我赴台湾师范大学参加学术研讨会，趁机搜集了当时台湾地区中小学使用的国文、历史教材，翻阅后发现，中华传统文化在台湾中小学教材中所占比重甚大！其实，岂止是台湾一隅，再往上追溯，民国时期出版的中小学教材，也同样有不少值得我们珍视的优点。今天，我们要想编纂出优秀教材，必须具备三个条件：集合各方面专家做充分论证；参考借鉴以往的成功范例；一流学者切实参与。

编写中小学使用的中华优秀传统文化教材，论其宗旨，不外乎教育中小学生坚守吾土吾民的本位立场，传承中华美德，延续中华学脉，做中华文化的传人。这并不意味着中小学教育"回归传统"，更不意味着"回归传统"是中小学教育的发展方向。那么，何为"传统"？在传统问题上审问之、慎思之、明辨之，不可谓不重要。近十几年来，在儿童读经活动引发的反思中，不断有人非议1912年蔡元培宣布废止学校读经之举，非议之辞多有激烈、惊人之语。蔡元培是我国教育转型的主持者和引领者，他的教育理念开启和塑造了民国教育传统。我国教育转型开始于晚清。从1862年设同文馆到1902年开办新式学校，四十年间进展极为缓慢。1905年废科举，设学部，教育转型提速，一个全新的学校教育体系迅速成长起来。清政府为其教育新政拟定的宗旨是"中学为体，西学为用"，重视会通与实用。论会通，京师大学堂章程里有"中西并重，观其会通，无得偏废"一语；论实用，张之洞认为"中学考古非要，致用为要"[1]，西学则"西艺非要，西政为要"[2]。清政府的《明定国是诏》也说："以圣贤义理之学，植其根本，又须博采西学之切于时务者，实

① 张之洞著，苑书义等主编：《张之洞全集》，河北人民出版社1998年版，第9704页。
② 张之洞著，苑书义等主编：《张之洞全集》，第9704页。

力讲求，以救空疏迂谬之弊。"[①] 公平地说，与旧式教育相比，这无疑是巨大的进步，并且昭示着一个新的发展方向。然而，这毕竟是在清政府的主导下建立起来的，带有旧时代旧传统的痕迹。1906年清政府颁布的教育宗旨，计有忠君、尊孔、尚公、尚武、尚实五条，而特别申明前两条，说"中国政教之所固有，而亟宜发明以距异说者有二：曰忠君，曰尊孔"。[②] 1912年民国肇始，蔡元培任教育总长，顺应共和取代帝制的时代变化，更改教育宗旨，取消了忠君、尊孔两条，理由是"忠君与共和政体不合，尊孔与信教自由相违"[③]。废止读经只是更改教育宗旨在课程安排上的反映而已。其实，1909年清政府已经取消了初等小学一二年级的读经课，剩下的三四年级也只是读读《孝经》《论语》。读经之风趋弱。取消忠君、尊孔，是20世纪初我国"共和党人"的共识，蔡元培忠实地执行了"共和党人"的集体意志。也正是因为取消了忠君与尊孔，才将我国新式教育史上的两个时代——帝制时代和共和时代区别了开来，才最终完成了我国教育从传统到现代的转型。嗣后蔡元培出任北京大学校长，秉持思想自由的原则，兼容古今，并包中西，邀请被誉为"现代新儒家三圣"的马一浮、梁漱溟、熊十力前来任教，虽然马一浮未能"往教"，但这并不影响北京大学在成为新文化发祥地的同时，也成为现代新儒学的发轫之地。"旧学商量加邃密，新知培养转深沉"。蔡元培扶持旧学，奖掖新知，领袖群伦融会贯通而开出中国文化的新局，其功昭彰，岂可小觑？

尊孔与读经，以不同时代的眼光审视、衡定，所见所得自然不同。在蔡元培那个时代的人们看来，尊孔与忠君、帝制、孔教相联系，读经与尊孔、孔教、旧教育相联系，一言以蔽之，是我国传统政教所固有的东西；百年之后，我们再来审视尊孔、读经，所见所得与时俱进，实际上赋予了尊孔、读经以全

---

① 翦伯赞等编：《戊戌变法》（第二册），神州国光社1953年版，第17页。

② 璩鑫圭、唐良炎编：《中国近代教育史资料汇编·学制演变》，上海教育出版社2007年版，第534—535页。

③ 蔡元培：《对于教育方针之意见》，见《蔡元培选集》，中华书局1959年版，第8—15页。

新的形式与内容。先就内容而言，尊孔，不是尊孔子为"大成至圣文宣王"，而是尊孔子为中华民族的伟大的精神导师；读经，不是仅仅读四书五经，还要读诸子百家的经典，以及后世出现的经学、理学、史学、文学等各学科的经典。再就形式而言，尊孔以孔庙祭孔为其表达形式，传统的祭孔礼仪限于少数官员和读书人参加，而且不许女性参加，即使孔子后裔中的女性也被排除在外；如今举行的祭孔礼仪，如果不是受场地限制，可以完全放开，全民参与。

读经，在明清时期的各类学校中，几乎是唯一的教学内容，科举考试的指挥棒把一切与科举无关的东西都弃置一旁。到了晚清教育新政时期，一直到 1905 年废科举以前，新旧学校并存。旧式学校仍然只知读经，不知其他。以清代山东最大的官办书院——泺源书院为例，晚清鼎盛时学生多达千余人，无一不是志在举业；既志在举业，则所学可知。从现存可见的泺源书院课艺初编至四编所收的制义范文（也就是科举中试者所做的八股文范文）看，有不少是经义联系时事之作，翻阅后发现，大致不外乎两千余年前汉代儒生"以《禹贡》治河，以《洪范》察变，以《春秋》决狱，以三百五篇当谏书"的通经致用的套路。这实在令人叹息。学校是教育人才之地。比较一下，国外牛津大学、剑桥大学培养出像牛顿、达尔文这样的科学巨匠，而同时代国内 1893 年在武汉创办的自强学堂开设了方言、算学、格致、商务课程，1897 年在长沙创办的时务学堂开设了经学、诸子学、公理学、中外史志、格算学课程，泺源书院墨守会写文章就会治国理政的科举逻辑，仅仅培养只知经学之义、不知富强之术的人才，——明清五百余年的学校教育率皆如此，在现代工业文明高歌猛进的时代，求为国运不衰，岂可得邪！士生彼时，何思何为？看看魏源、冯桂芬、郭嵩焘、严复、康有为等，哪一位大儒不是放眼世界，追踪人类文明发展的脚步，革故鼎新，变法自强？蔡元培步武前贤，后来居上。他浸润于传统教育数十年，年仅 25 岁就经历了中进士、点翰林的人生辉煌，40 岁留学欧洲达四年之久，是真正的学贯中西的硕学宿儒。他擘画教育新政，宣布废止读经，究其实，只是废止了旧学读经的形式，把读经从一种硬性的教学制度安排中解放了出来，变成了开放的、自由的教与学的选择。民国时期，中小学不再设读经科，而国文、历史课本中却仍有儒家经典的内容，说明这时的读经已经采取了灵活的、与时代相适应的新形式。可见，蔡元培这位一手促成中国教育转型的先驱的废止读经的举措是他对读经形式的创造性转化。

（三）百余年来，前辈先贤为守护和传承中华优秀传统文化，以"周虽旧邦，其命维新，是故君子无所不用其极"的自强精神，苦心孤诣，传递中华文化的薪火；其中"极高明而道中庸"的做法之一，就是积极参与编纂中小学中华文化教科书。

晚清时期新式学校与旧式学校的区别之一，就在于有了班级和课程的设置。有课程，必有教科书。于是，利用教科书有选择地传承中华文化就成了有效路径。晚清时期中小学中讲授中华文化课程主要有修身、读经、文学、历史四门；进入民国时期，变成了修身、国文（1920年改称国语）、历史三门。1922年又做课程调整，取消修身，增设公民。修身、国文、历史、公民这些课程所使用的教科书，是中小学生学习中华优秀传统文化的载体，格外引人注目。不少饱学之士、有识之士见机而作，担负起"为往圣继绝学"、编纂中小学教科书的历史重任，如吴稚晖、张元济、蔡元培、高梦旦、杜亚泉、蒋维乔、范源濂、吕思勉、夏丏尊、胡适、黎锦晖、顾颉刚、叶圣陶、周予同、朱自清等，他们分别为中小学教科书的编纂做出了重要贡献。吕思勉和叶圣陶二人编纂的教科书比较有代表性，一为文言文的修身教科书，一为白话文的国语教科书，二者均极受欢迎，影响巨大，我们不妨取以为例做一个简单的分析，看看这两部教科书是如何传承中华优秀传统文化的。

吕思勉是淹贯博洽的学问大家，他早年执教于中小学，主持编写了修身、国文、历史、地理等多种教科书。1914年出版的《高等小学新修身教授书》共九册，系教师参考用书。在吕思勉笔下，修身的学问兼有"旧学"和"新知"，可贵的是他做到了两者的融会贯通。所谓"旧学"指本国优秀传统文化，这在《修身教授书》中体现得充分而鲜明。修身是儒家设计的社会治理系统工程的基础，《大学》强调"自天子以至于庶人，壹是皆以修身为本"，点明了修身的极端重要性。吕思勉熟知先人修身的优良传统，做出了合乎新时代要求的传承与发展。首先，他设计的修身课讲授的思路，参照了传统的修、齐、治、平的逻辑，从个人的修身讲起，循序渐进，由近及远，一步一步推及家庭、社会、民族、国家，这不但合乎小学生的认知规律，也合乎孔子主张的"修己以安人"的内在理路和精神实质；其次，修身课以传统美德为纲领，强调修身以立德为要，《修身教授书》自始至终贯彻一个"德"字，既注重讲授当时民国政府倡导的孝、悌、忠、信、礼、义、廉、耻八德，也注重阐明智慧、勇敢、和睦、诚信、恭敬、礼让、忠恕、勤俭等传统美德。在"新知"方面，教授书阐明道德，一方面区分了公德与私德，说明私德是公德的基础，修身应当从私德做起；另一方面又讲解了道德与法律的异同及其相互关系。显然，《修身教授书》正确处理了优良传统与现代文明的关系，这在当时十分难能可贵。

叶圣陶是知名教育家，他有着比吕思勉更为丰富的中小学教学经验，1932年他出版了十二册图文并茂的《开明国语课本》（初小八册、高小四册），这套课本畅销到1949年，累计发行40多版次，由此可见其受欢迎的程度。这套国语课本用白话文写成，总共480篇课文，大部分与中华优秀传统文化的内在精神和优良传统有关，涉及道德、礼仪、思想、文学、历史、人物、艺术、科技、民俗、文物、古迹等。以人物为例，课文中不但介绍了一些为中华民族的历史发展做出过重要贡献的圣贤豪杰，如孔子、蔺相如、张良、诸葛亮、玄奘、王安石、岳飞、顾炎武、林则徐、詹天佑、孙中山等，引导学生了解他们的事迹，明白做人的道理，产生仰慕效仿之情，同时也适当介绍了一些另类的反面人物，以引起学生的警戒之心。《开明国语课本》对传统并非一味赞美、全盘肯定，它传承和弘扬的是优良传统文化，揭露和批判的是专制暴政，这和共和时代的自由、民主观念相吻合。比如，第六册第三十五课《比虎更凶猛的东西》，取材于《礼记·檀弓》记载的一则"苛政猛于虎"的故事，经由白话文的改写，揭露了苛政虐民，致使百姓宁愿死于虎口也不愿死于苛政的事实。

吕思勉的《高等小学新修身教授书》和叶圣陶的《开明国语课本》，是我国现代学校制度确立以来出现的中小学优秀教科书的代表作。同类的优秀教科书还有很多，近十几年来逐渐被发现、被挖掘了出来，如商务印书馆1912

年出版的庄俞等人编写的《共和国教科书·新国文》，上海世界书局 1933 年出版的吴研因编写的《国语新读本》，大东书局 1933 年出版的蒋息岑等人编写的《新生活国语教科书》，商务印书馆 1906 年出版的夏曾佑编写的《最新中学教科书·中国历史》、1923 年出版的顾颉刚和王钟麒编写的《现代初中教科书·本国史》，商务印书馆 1911 年出版的蔡元培编写的《中学修身教科书》，等等。令人惊讶的是，晚清和民国推出的优秀教科书一经重新发现，立即赢得教育界的一片好评；有的出版社优中选优出版其中几种，竟然热销一时。这不能不引起教育界和学术界的深刻反思。这些晚清和民国优秀教科书有一个共同特点，那就是坚守吾土吾民的本位立场，守望中华文化的沃野，继承优良传统，吸收外来新知，为国家为民族培育人才。即使经历了从帝制到共和的巨大转变，这一共同特点也没有改变。然而，最近十几年来，从一种渐趋极端的文化保守主义中酝酿出了另一种文化激进主义①，其表现形式之一是否定晚清以来中国文化的转折性新发展，比如，否定"五四"新文化运动，否定蔡元培的废止读经举措，认为中国文化的转折性新发展是中断了中国文化的传统。须知，中国文化到了晚清不以西学为用就不能发展，到了民国初年不引进科学与民主就不能发展。前辈先贤"一方面吸收输入外来之学说，一方面不忘本来民族之地位"（陈寅恪语），积极编纂中小学教科书以守护、传承中华优秀传统文化，何曾中断本土文化传统？无视前辈先贤的努力，事实上造成了新的盲点。这新的盲点显然不利于当今中华优秀传统文化的创造性转化和创新性发展。

（本文原系 2018 年 2 月在北京举行的"百年之变：中华优秀传统文化进入山东必修地方课程研讨对话会"上的发言稿，后来整理成文，发表于《齐鲁学刊》2018 年第 3 期）

---

① 文化保守主义走到极端的诉求，往往是复古主义。复古主义在守旧和维新的两端选择守旧而排斥维新。复古主义一旦走上强势排斥维新一路，必然呈现出激进主义的特点。晚清有顽固守旧一派，其反对西学的态度与主张不可谓不激进。文化保守主义如果不能保持中道立场，就有可能走向文化激进主义。

儒学学科·儒学课程·儒学教材

当今的儒学发展，已经走到了这样一个关节点：将儒学的教学与研究纳入我国高等教育体系之中，设立儒学学科，设置儒学课程，编纂儒学教材，形成儒学的学科体系。一旦顺利地通过这个关节点，儒学将迎来一个扎实的、平稳的、持续的、可预期的发展时期。

儒学是中华文化的主体、主干、主流。最近，推进中华优秀传统文化的传承发展，已经被提升到了国家工程的层面，可以预见，中华优秀传统文化的传承发展将很快被纳入国民教育体系之中。2016年9月，山东先行一步，发布了《中小学中华优秀传统文化课程指导纲要》，面向全国出版界、教育界、学术界征集小学、初中、高中三个学段的中华优秀传统文化教材，经修订和评审遴选出了三个学段15种教材。在初等教育阶段，进行中华优秀文化的教育十分必要，且切实可行；在高等教育阶段，进行儒学的教学与研究，也应该是顺理成章的事情。

一、儒学学科体系

儒学的教学与研究要想纳入高等教育体系，就要有一个学科"户口"，这是基本的前提。2016年4月，刘学智、朱汉民、舒大刚、颜炳罡几位学者发出的在高等学校设立儒学一级学科倡议，我也在倡议者之列。将儒学设立为一级学科一旦付诸实践，首先就会遇到一个学科体系的问题，而儒学课程的设置、儒学教材的编写都在这个儒学学科体系之中。

儒学学科体系必须准确反映儒学的庞大知识体系，不能有遗漏。儒学历经2500多年的发展，积累的知识广博而深厚，涉及的内容繁多而复杂。儒学学科的划分不宜过细，设一、二、三级学科即可。初步设想如下：

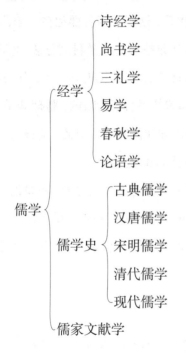

儒学教材的编纂与研究

这个设想并不周全，有一些非常重要内容没有纳入。比如考据学，考据学包括训诂学、音韵学、古文字学等，完全可以成立为一门独立的三级学科；但是，因考据学是"汉学"治经的基本手段与方法，属于"汉学"范畴，若设为三级学科，那么"宋学"也应该设相应的学科，因为"宋学"也有其区别于"汉学"的治经的手段与方法，并且"宋学"的历史、成就丝毫不亚于"汉学"。如果将"汉学""宋学"治经的手段与方法合而为一，设立一门儒家经典诠释学，应该是最好的安排。可是，儒家经典诠释学，迄今没有系统深入的研究，距离成为一门成熟的学科还有不少的距离，现在设立为三级学科，不易为学人所接受。另外一种情况是，如果在学科分类上再细一点的话，"春秋公羊学"无论从内容上还是从研究的深度与广度上，都可以作为一门独立的学科，完全可以列为三级学科春秋学之下的四级学科，然而，这又不合乎宜粗不宜细的初衷。还有一点不周全的地方是，没有把儒家哲学、儒家伦理学、儒家政治学、儒家历史学、儒家社会学、儒家文艺学等纳入进来，这些都是基于现代学科分类而划分出的专门之学，自然有其成为学科的价值和意义。但是，现代学科和传统学科是两个不兼容的体系，硬要将两者糅和在一起，显得不伦不类，所以两者宜取其一，取其一则还是按照传统学科划分儒学学科体系较为适当。按照传统学科划分儒学学科体系，有其长也有其短，其长在于合乎儒学实际，其短在于不能按照现代知识体系分析、归纳、整理儒学知识体系，倘若有人请教儒家哲学，便会茫然不知如何应对。对此，应该设法补救，补救之道在下面将要论及的课程体系中进行论述。

指出这个设想的不周全，是想说明：有一些不周全之处，不是没有想到，而是想到了却没有更好的办法予以解决，只好做些妥协。大致说来，这个设想涵盖了儒学作为一级学科的基本内容，如果说有不周全、需要补充的话，则在学科之外的课程体系中再想办法。

二、儒学课程体系

有了儒学学科体系，接下来就是设计儒学课程体系。学科体系与课程体系不完全一致。有一些学科体系涵盖不了的重要内容，可以作为专题研究的形式设立相应的课程。在教学中，与学科对应的课程应该作为必修课，与学科不是严格对应，亦即学科涵盖不了的重要内容，以及其他具有专题研究性质的课程，都可以作为选修课。必修课与选修课都是儒学课程体系必不可少的内容。在儒学课程体系中，必修课既然与学科相对应，那么，就应该设置以下15门儒学课程：

儒学一级学科的基础课：儒学通论或儒学概论。

儒学二级学科的基础课：经学通论或经学概论、中国儒学史、儒家文献学。

儒学三级学科的基础课：论语学、诗经学、尚书学、易学、春秋学、三礼学、古典儒学、汉唐儒学、宋明儒学、清代儒学、现代儒学。

然而，仅仅设置这 15 门儒学必修课还远远不够，还要补充以若干儒学选修课。设置儒学选修课的原则有二：一是要与儒学学科体系密切相关，不相关不予设置；二是儒学选修课的讲授者必须对课程内容有专门的、系统的、精深的研究，使其授课的内容能够自成体系，成其为一门学问；如果做不到这一点，借用学术界已有的研究成果加以认真地学习消化，整理出一门自成系统的学问，作为选修课，也未尝不可。按照这两个原则来衡量，儒学选修课择善而从的遴选范围还是比较宽泛的。

在儒学一级学科的层面上，应有而未有、已有而成熟的专题研究，可以设置为选修课的，至少有以下几门：儒家文化通论或儒家文明通论、东亚儒学研究、儒学域外传播与影响、儒释道关系研究、儒学与当代社会。

在儒学二级学科层面上，经学学科可以设置为选修课的有：儒家经典诠释学、考据学、经学与中国社会、汉代经学、魏晋南北朝经学、隋唐经学、宋元经学、明清经学、近代经学。

中国儒学史学科可以设置为选修课的，可多可少。就其多而言，历史上的大儒、著名的学派，都可以做专门的研究，形成专门之学，如孔子、思孟学派、濂学、关学、洛学、朱子学、阳明学、现代新儒学，等等，依此设置相应的课程，应该没有异议；就其少而言，将这些单独抽出来的专门之学，再送回原位，放在中国儒学史这门课程里讲授，也未尝不可。儒家文献学可以设置为选修课的只有一门：出土儒家文献研究。

在儒学三级学科层面上，可以设置为选修课的比较多，按学科分类看，从三礼学中可以析出仪礼学、周礼学、大戴礼记学、小戴礼记学；从易学中可以析出周易哲学、周易象数学；从春秋学中可以析出春秋公羊学。此外，还可以增设四书学、孝经学。四书学、孝经学与儒学三级学科在同一层次上。

儒学教材的编纂与研究

所设置的儒学选修课必须与儒学学科密切相关。如何理解这个密切相关？以上所说显然是一望而知的浅层次的密切相关，除此以外，还有深层次的密切相关，即包含在儒学之中、与现代学科分类相对应的若干专门之学，比如儒家哲学、儒家伦理学、儒家政治学、儒家社会学、儒家美学、儒家经济学、儒家管理学、儒家生态学，等等，这些专门之学无一不是儒学题中应有之学，而且与现代学科体系相吻合，容易引发现代社会各界人士的关注和兴趣，儒学的教学与研究者自然应该了解与掌握，在学生有选修需求的情况下，应该开设这类课程。

总而言之，儒学课程体系分必修课和选修课两大部分。儒学必修课是基础课，与儒学学科相对应；儒学选修课是必修课的辅助与补充，不必与儒学学科严格对应，可以灵活掌握与设置。

三、儒学教材体系

梳理清楚了儒学课程体系，再来审视儒学教材体系。

一般来说，教材与课程是对应的。设立什么课程，就必须有什么教材。但是，必修课与选修课的情况不一，二者的因果关系不一。必修课的因果关系，是先有课程的设置，再根据课程来编写教材，是课程在先、教材在后。选修课的因果关系，有时与必修课一致，有时不一致；在不一致的情况下，往往是授课的教授对某一专题有深入系统的研究，写成了书稿，出版了专著，于是想开这么一门相应的课程。这显然是先有了教材（书稿或专著），尔后根据教材设置课程的情况。这种情况在本科生教学中比较罕见，而在硕士生、博士生的教学中则较为普遍。

鉴于必修课与选修课遵循不同的因果逻辑，我们在构建儒学教材体系中，应该注意到两者的不同，具体情况具体对待。必修课教材的编写，自然应与必修课的设置保持一致。如上所述，儒学一、二、三级学科总共应该设置15门基础课，即15门必修课，与此相应，就应该编写15种儒学必修课教材，即《儒学通论》（或《儒学概论》）、《经学通论》（或《经学概论》）、《中国儒学史》、《儒家文献学》、《论语学》、《诗经学》、《尚书学》、《易学》、《春秋学》、《三礼学》、《古典儒学》、《汉唐儒学》、《宋明儒学》、《清代儒学》、

《现代儒学》。

比较而言，儒学选修课教材有一定的灵活性，不必与儒学课程体系一一严格对应。凡是前面提及的儒学选修课程，都应该有相应的教材，这是不言而喻的，如《儒家文化通论》（或《儒家文明通论》）、《东亚儒学研究》、《儒学域外传播与影响》、《儒学与当代社会》、《儒家经典诠释学》、《儒家经典考据学》、《经学与中国社会》、《汉代经学》、《魏晋南北朝经学》、《隋唐经学》、《宋元经学》、《明清经学》、《近代经学》、《孔子思想研究》、《思孟学派研究》、《濂学研究》、《关学研究》、《洛学研究》、《朱子学研究》、《阳明学研究》、《现代新儒学研究》、《出土儒家文献研究》、《仪礼学》、《周礼学》、《大戴礼记学》、《小戴礼记学》、《周易哲学》、《周易象数学》、《春秋公羊学》、《四书学》、《孝经学》、《儒家哲学》、《儒家伦理学》、《儒家政治学》、《儒家社会学》、《儒家管理学》、《儒家美学》、《儒家文艺学》、《儒家生态学》。

前面没有提及，却同样具有相当重要性的，有《儒家宗教性研究》（或《儒家宗教化研究》等，与此同类的还有《儒教研究》或《孔教研究》、《儒学现代转型研究》、《儒学与马克思主义》、《儒家经典传播与翻译研究》，等等，如果有专家学者对其中某一课题有浓厚兴趣和长期研究，已经写成书稿，不妨开设相应的课程，并将此书稿稍加调整，改造成教材。

这样看来，儒学必修课15门课程有15种教材；选修课至少可以开设40—45门课程，其实，根据不同授课者的"术业有专攻"，还可以开设多种课程，即使仅仅按照前面已经列出的40—45门课程计也应该编写40—45种儒学教材。合计起来，可以有60门课程、60种教材，这就将儒学一级学科完完全全支撑起来了。

以上所述，仅是个人陋见，挂一漏万，不足为训。如果能够提供一个讨论的基础、批评的靶子，则应该是"幸甚至哉"的事情了。

（本文为2017年3月5日在四川大学举办的"中国儒学学科建设暨教材编纂座谈会"上的发言稿）

后记

　　我的生活哲学是顺从自然，不固执，不强求，随遇而安。临近"耳顺"之年，原先的预期是过一种减法的生活。事多则减，能减多少就减多少；心事亦减，能不问事就不问事。慧开禅师的诗作："春有百花秋有月，夏有凉风冬有雪。若无闲事挂心头，便是人间好时节。"前两句读来无感，后两句却拨动了我的心弦。一种简素的、清净的、无闲事缠身亦不萦绕心头的生活图像慢慢清晰了起来，变成了我的向往和追求。有几分颐养天年的意思，又不完全是，或者还不敢这么早就做此安排。以往我的时间是营营役役的时间，不是可自由支配的闲暇时间。亟盼拥有闲暇，从心所欲，做点由己不由人的事。然而，事与愿违，2016年，我预期的减法生活突然间变成了加法的生活，甚至比以往任何时候都更加忙碌。闲暇对我而言仍然是奢侈品。爱好、闲暇、自由是读书做学问的三大前提条件。失其一，读书做学问弱其一；失其二，读书做学问弱其二；只剩"爱好"，哪里能够撑得起读书做学问的荒岭老屋。所以，拙书所收拙文究竟有几分学问，实在是羞涩不敢说出口，还是请读者评说吧。

　　拙书收入拙作计32篇，是从近年旧作中选取的，一望而知，皆属同一个儒学研究的主题，有访谈、发言稿、杂论、专题学术论文四个类别，涉及的内容有儒家智慧、儒学与当今社会、儒家文化与儒家文明、儒学史、儒学教材的编纂与研究五个板块，所论时间跨度上下四千年，从尧舜时代一直到当代社会。大要不出儒学的知识、思想、智慧的范围，故以此命名。

　　拙作一经问世，就不再属于私人的东西，而是公开的学术产品，任人评说，还是那句老话：顺其自然。倘若差评如期而来，吾当老老实实三省吾身：学而不思，思而不学，为文不美。咎由自取，岂可迁怒？

王钧林

2020年8月4日记于孔子故里